はじめに

２級建築施工管理技術検定試験に合格すると、主任技術者として、施工管理の技術上の指導・監督を行うことができます。

令和３年４月に施行された建設業法等の一部改正により、以前の学科試験が第一次検定（共通50問)、実地試験が第二次検定（受験種別）となり、より高度で複雑な問題がたくさん出題されるようになっています。また、２級第二次検定合格者は、１級受験に必要な実務経験を積む前に１級第一次検定の受験が可能になり、資格取得への機会拡大や資格者不足の解消に期待が高まっています。

業務で多忙な皆さんが、より確実に少ない時間で勉強できるように、本書は余計な部分をかなり削り落としています。例えば、構造力学の内容は本書に記載していません。その理由は選択問題だからです。この範囲では、14問出題されて９問を解答します。すべての問題に解答できる必要はありません。効率よく、最小限の力で合格点がとれるように考えて、このような構成にしました。また、新制度に伴って、例題も令和４年を始めとした直近の出題を中心にまとめました。

これまで、様々な業種の受験者を講習会や各種の教育機関で指導してきました。その中で共通して聞こえてくるのは、「忙しい仕事の合間に勉強するので、できるだけ出題が多い問題だけを解説してほしい」という要望です。本書は、このような皆さんのために書いたテキストです。

本書の読者の皆さんが全員合格できるよう願っています。

山元辰治

目次

EXAM PRESS®
施工管理技術検定学習書
建築土木
教科書
2級
建築施工
管理技士
第一次・第二次検定
合格ガイド
中島良明・
山元辰治
第3版

SE
SHOEISHA

本書内容に関するお問い合わせについて

このたびは翔泳社の書籍をお買い上げいただき、誠にありがとうございます。弊社では、読者の皆様からのお問い合わせに適切に対応させていただくため、以下のガイドラインへのご協力をお願い致しております。下記項目をお読みいただき、手順に従ってお問い合わせください。

●ご質問される前に

弊社Webサイトの「正誤表」をご参照ください。これまでに判明した正誤や追加情報を掲載しています。

正誤表　https://www.shoeisha.co.jp/book/errata/

●ご質問方法

弊社Webサイトの「書籍に関するお問い合わせ」をご利用ください。

書籍に関するお問い合わせ　https://www.shoeisha.co.jp/book/qa/

インターネットをご利用でない場合は、FAXまたは郵便にて、下記“翔泳社 愛読者サービスセンター”までお問い合わせください。
電話でのご質問は、お受けしておりません。

●回答について

回答は、ご質問いただいた手段によってご返事申し上げます。ご質問の内容によっては、回答に数日ないしはそれ以上の期間を要する場合があります。

●ご質問に際してのご注意

本書の対象を越えるもの、記述個所を特定されないもの、また読者固有の環境に起因するご質問等にはお答えできませんので、予めご了承ください。

●郵便物送付先およびFAX番号

送付先住所　〒160-0006　東京都新宿区舟町5
FAX番号　03-5362-3818
宛先　（株）翔泳社 愛読者サービスセンター

※ 著者および出版社は、本書の使用による2級建築施工管理技術検定試験合格を保証するものではありません。
※ 本書に記載されたURL等は予告なく変更される場合があります。
※ 本書の出版にあたっては正確な記述に努めましたが、著者および出版社のいずれも、本書の内容に対してなんらかの保証をするものではなく、内容やサンプルに基づくいかなる運用結果に関してもいっさいの責任を負いません。
※ 本書では™、®、© は割愛させていただいております。
※ 本書に参考としてURLを記載しているYouTube動画は、著者および出版社の制作物ではなく、権利は各配信元に帰属します。これらのYouTube動画の内容について、著者および翔泳社は一切の責任を負いません。また、配信元の都合により、今後閲覧できなくなる可能性があります。

本書の使い方

第1部：第一次検定対策

第一次検定の対策は、専門知識の理解が中心になります。本書は、試験範囲をすべて解説するのではなく、よく出る問題に正解できるための項目にしぼって掲載しています。また、キーワードや重要事項は、色文字や**太字**で強調してあります。側注部分には頻出テーマの種別や、重要ポイント、用語の解説を掲載しています。

よく出る 留意点 必修!
R4後、R4前、R3前、R2、R1後、R1前、H30後、H30前
【過去9試験で8回】

5.7 型枠工事

型枠工事とは、所定の形にコンクリートを打込むために用いる、木材や金属で組んだ仮設の枠を設置する工事のことをいう。毎回1問出題されている。

よく出る 必修!
過去9回で4回以上出題されている頻出のテーマです。確実におさえておきましょう。

試験に出る
近年はあまり出題されていませんが、今後出題される可能性のあるテーマです。

よく出る 留意点 必修! / **よく出る 説明 必修!**
第1次検定の他に第二次検定でも出題されるテーマです。

試験に出る 留意点 / **試験に出る 説明**
第1次検定で時々出題され、第二次検定でも問われるテーマです。

第二次検定に出る 留意点 / **第二次検定に出る 説明**
主に、第二次検定で出題されるテーマです。

留意点は経験が問われます。

説明は学習してきた成果が問われます。

これだけは覚える
マスク張りといえば…張り付けモルタルを付けてから5分以内にタイルを張り終えるようにする。

(4) マスク張り
モザイクタイル張りの…なくすために改良された…う点は、ユニット化され…見合ったマスクを用いて…張り付ける工法である。…

これだけは覚える
必ず覚えておきたい事項を簡潔にまとめました。

参考
余長（よちょう）とは、鉄筋のフックの折り曲げ終点以降の長さのこと。

以上である。
鉄筋末端部のフック
折り曲げた部分が引っ掛…筋との付着性が向上する。…内に定着させることで、性…

参考
本文の理解を助ける、用語の解説です。参考になるYouTube動画＊のURLも紹介しています。

＊配信元の都合により閲覧できなくなる可能性があります。詳しくはiiページを参照してください。

例題

単元ごとに、厳選した過去問題を掲載しています。繰り返し解くことをオススメします。ワンポイントアドバイスを参考にしっかり理解しておきましょう。

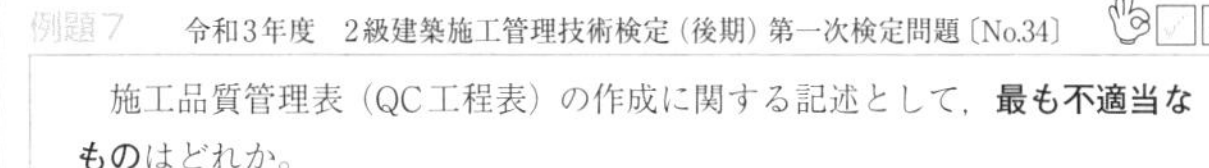

例題7　令和3年度　2級建築施工管理技術検定（後期）第一次検定問題〔No.34〕

施工品質管理表（QC工程表）の作成に関する記述として，**最も不適当なもの**はどれか。

1. 工種別又は部位別に作成する。
2. 管理項目は，目指す品質に直接関係している要因から取りあげる。
3. 管理項目は，品質に関する重要度の高い順に並べる。
4. 管理項目ごとに，管理担当者の分担を明確にする。

正解：3

ワンポイントアドバイス　QC工程表はプロセスを管理するものであるから、管理項目は作業の流れに従って並べる。品質管理の用語に関する問題は、毎回出題されている。

第2部：第二次検定対策

第二次検定の対策は演習中心です。第1部で学んだ基礎知識をもとに、実際に問題を解いてみましょう。第1章には、経験記述のサンプル解答をたっぷり用意しています。ご自身の言葉で正答を書けるよう練習しましょう。経験に合った解答例を使うとよいでしょう。各問の出題形式に慣れることも重要です。

工事概要の例

記述例2　躯体

イ．工事名	東京新中央マンション新築工事
ロ．工事場所	東京都千代田区千代田1番地3-9
ハ．工事の内容	共同住宅、SRC造、8階建て、延べ面積1,550m^2
	主な外部仕上げ：磁器質タイル張り
	主要室の内部仕上げ： 床はフローリング張り、壁は塗装仕上げ
ニ．工期	令和2年9月〜令和3年8月（工期12ヶ月）
ホ．あなたの立場	現場監督員
ヘ．業務内容	工程管理・安全管理

ワンポイントアドバイス　工期はxx年xx月まで明確に記入すること。

試験種別に合った解答例を掲載しています。

設問の解答例

事例2　鉄筋工事　建築　躯体

①工種名又は作業名等	鉄筋の各所におけるかぶり厚さによる耐久性等への影響。
②品質低下につながる不具合とそう考えた理由	かぶり厚さの不足はコンクリートのひび割れなどの耐久性に影響し、また鉄筋の腐食にもつながるため。
③②の不具合を発生させないために行ったこととその際特に留意したこと	所定のかぶり厚さ（40mm）を確保するためにスペーサーを1mに1個の設置を行い、写真で撮影記録を残した上で施工を行った。

ワンポイントアドバイス　施工管理者は工事管理者とともに、かぶり厚さの計測、目視検査を行い、写真撮影を行う。

試験情報

2級建築施工管理技術検定試験とは

国土交通大臣指定機関による国家試験。建設業法第27条第1項に基づく。第一次検定合格者に「2級施工管理技士補」の称号、第二次検定合格者に「2級施工管理技士」の称号が与えられる。「2級施工管理技士」は、建設業法で定められた専任技術者（建設業許可）主任技術者、としての資格を得ることができる。

受検資格

検定を受けるためには実務経験が必要。また、技術検定実務経験証明書によって、実務経験年数・内容等が正しいことを勤務先の代表者から証明してもらう必要がある。

第一次検定のみ、試験実施年度において満17歳以上となる方が実務経験なしに受験することができる。

受験者の最終学歴および卒業した学科によって、必要な実務経験年数が異なる。また、職業能力開発促進法による技能検定に合格したもの（技能士）は必要な実務経験年数が減免される。

受検科目

2級建築施工管理技士となるには、第一次検定・第二次検定の両方に合格する必要がある。第一次検定は、施工技術の基礎となる知識および能力を有するかどうかを判定するために行う。

第二次検定は、施工技術のうち技術上の管理および指導監督に係る知識および能力を有するかどうかを判定するために行う。

1級建築士試験の合格者、令和2年度までの「学科試験のみ」受検の合格者で有効期間内の者および第一次検定の合格者は、第一次検定免除で第二次検定を受験できる。

実務経験と受検種別

実務経験として認められる工事種別(業種)・工事内容によって受験できる試験の種別が異なる。工事に従事した立場も定められている。

実務経験として認められない工事種別（業種）・工事内容・業務等があるため、

注意が必要。詳しくは受験の手引きを参照。

表　受検資格

<table>
<tr><th rowspan="2">区分</th><th rowspan="2">受検種別</th><th rowspan="2">最終学歴</th><th colspan="2">実務経験年数</th></tr>
<tr><th>指定学科卒業</th><th>指定学科以外卒業</th></tr>
<tr><td rowspan="4">イ</td><td rowspan="4">建築または躯体または仕上げ</td><td>大学</td><td>卒業後１年以上</td><td>卒業後１年６ヶ月以上</td></tr>
<tr><td>短期大学・
５年制高等専門学校
専門学校の「専門士」</td><td>卒業後２年以上</td><td>卒業後３年以上</td></tr>
<tr><td>高等学校</td><td>卒業後３年以上</td><td>卒業後４年６ヶ月以上</td></tr>
<tr><td>その他
（最終学歴を問わず）</td><td colspan="2">８年以上</td></tr>
<tr><td rowspan="10">ロ</td><th rowspan="2">受検種別</th><th colspan="2">職業能力開発促進法による技能検定</th><th rowspan="2">必要な実務経験年数</th></tr>
<tr><th>技能検定職種</th><th>級別</th></tr>
<tr><td rowspan="4">躯体</td><td rowspan="2">鉄工（構造物鉄工作業）、とび、ブロック建築、型枠施工、鉄筋施工(鉄筋組立作業)、鉄筋組立て、コンクリート圧送施工、エーエルシーパネル施工</td><td>１級</td><td>問いません</td></tr>
<tr><td>２級</td><td>４年以上</td></tr>
<tr><td colspan="2">平成15年度以前に上記の検定職種に合格した者</td><td>問いません</td></tr>
<tr><td colspan="2">単一等級エーエルシーパネル施工</td><td>問いません</td></tr>
<tr><td rowspan="4">仕上げ</td><td rowspan="2">建築板金（内外装板金作業）、石材施工（石張り作業）、石工（石張り作業）、建築大工、左官、タイル張り、畳製作、防水施工、内装仕上げ施工（プラスチック系床仕上げ工事作業、カーペット系床仕上げ工事作業、鋼製下地工事作業、ボード仕上げ工事作業）、床仕上げ施工、天井仕上げ施工、スレート施工、熱絶縁施工、カーテンウォール施工、サッシ施工、ガラス施工、表装（壁装作業）、塗装（建築塗装作業）、れんが積み</td><td>１級</td><td>問いません</td></tr>
<tr><td>２級</td><td>４年以上</td></tr>
<tr><td colspan="2">平成15年度以前に上記の検定職種に合格した者</td><td>問いません</td></tr>
<tr><td colspan="2">単一等級れんが積み</td><td>問いません</td></tr>
</table>

図　実務経験の内容と立場

実務経験として認められる工事種別（業種）・工事内容・受検種別

①【建築一式工事（ゼネコン等）の実務経験の方】

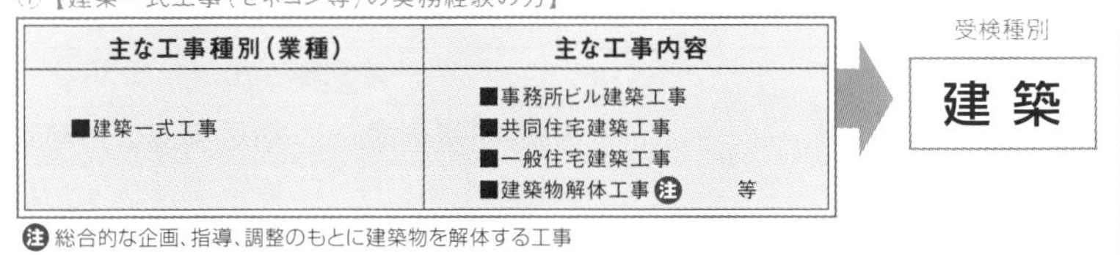

主な工事種別（業種）	主な工事内容
■建築一式工事	■事務所ビル建築工事 ■共同住宅建築工事 ■一般住宅建築工事 ■建築物解体工事 注　等

注 総合的な企画、指導、調整のもとに建築物を解体する工事

②【建築工事のうち、主要構造部分（躯体系サブコン等）に関する工事の実務経験の方】

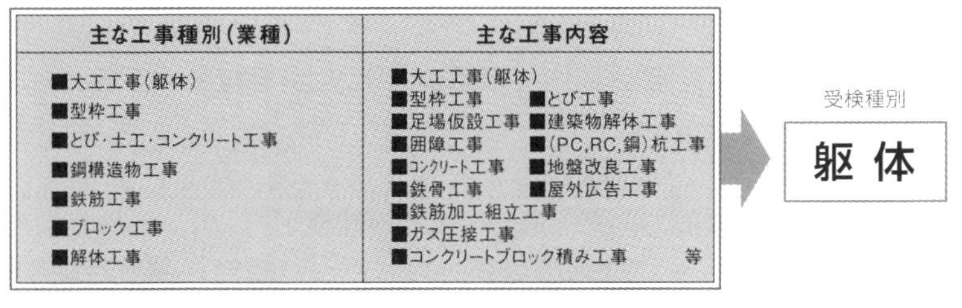

主な工事種別（業種）	主な工事内容
■大工工事（躯体） ■型枠工事 ■とび・土工・コンクリート工事 ■鋼構造物工事 ■鉄筋工事 ■ブロック工事 ■解体工事	■大工工事（躯体） ■型枠工事 ■足場仮設工事 ■囲障工事 ■コンクリート工事 ■鉄骨工事 ■鉄筋加工組立工事 ■ガス圧接工事 ■コンクリートブロック積み工事 ■とび工事 ■建築物解体工事 ■（PC,RC,鋼）杭工事 ■地盤改良工事 ■屋外広告工事　等

③【建築工事のうち、内外装（仕上げ系サブコン等）に関する工事の実務経験の方】

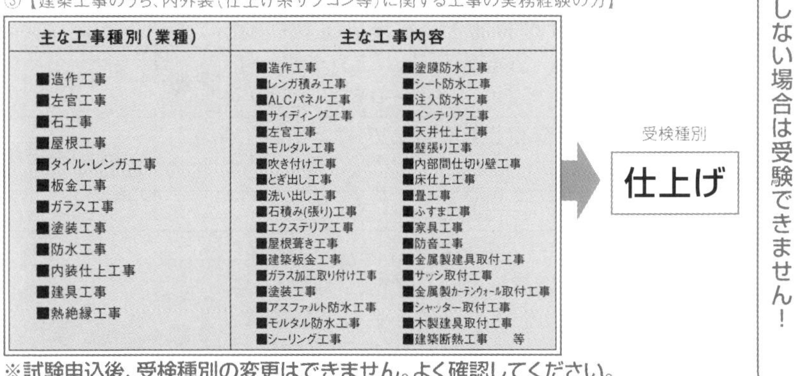

主な工事種別（業種）	主な工事内容
■造作工事 ■左官工事 ■石工事 ■屋根工事 ■タイル・レンガ工事 ■板金工事 ■ガラス工事 ■塗装工事 ■防水工事 ■内装仕上工事 ■建具工事 ■熱絶縁工事	■造作工事 ■レンガ積み工事 ■ALCパネル工事 ■サイディング工事 ■左官工事 ■モルタル工事 ■吹き付け工事 ■とぎ出し工事 ■洗い出し工事 ■石積み(張り)工事 ■エクステリア工事 ■屋根葺き工事 ■建築板金工事 ■ガラス加工取り付け工事 ■塗装工事 ■アスファルト防水工事 ■モルタル防水工事 ■シーリング工事 ■塗膜防水工事 ■シート防水工事 ■注入防水工事 ■インテリア工事 ■天井仕上工事 ■壁張り工事 ■内部間仕切り壁工事 ■床仕上工事 ■畳工事 ■ふすま工事 ■家具工事 ■防音工事 ■金属製建具取付工事 ■サッシ取付工事 ■金属製カーテンウォール取付工事 ■シャッター取付工事 ■木製建具取付工事 ■建築断熱工事　等

※工事種別・工事内容と受検種別が一致しない場合は受験できません！

※試験申込後、受検種別の変更はできません。よく確認してください。

実務経験として認められる「従事した立場」

従事した立場	［表Ⅰ］の工事に携わった時の立場
	○施工管理（請負者の立場での現場管理業務（現場施工を含む）） ○設計監理（設計者の立場での工事監理業務） ○施工監督（発注者の立場での工事監理業務）
※上記の従事した立場以外の実務経験では受験できません	

注意事項

○上記工事種別による増改築等の工事は、実務経験として認められます。

○同一受検種別内であれば、異なる工事内容であっても実務経験年数は、通算できます。

〈例〉受検種別『躯体』を受験しようとする場合、型枠工事が2年、とび・土工工事が1年で通算3年として考えます。『躯体』の鉄筋工事と『仕上げ』の内装工事を経験している場合は受検種別が異なりますので、実務経験年数は通算できません。

○実務経験期間は、連続している必要はありません。それぞれ従事した期間の合計が必要な年数に達していれば結構です。

受験日と受験地

試験は、6月と11月の第2日曜日の2回（6月は第一次検定のみ、11月は第一次検定・第二次検定の両方）実施される。

受験地は、日本国内13箇所。札幌・青森・仙台・東京・新潟・金沢・名古屋・大阪・広島・高松・福岡・鹿児島・沖縄で行われる。

6月の第一次検定の合格発表は7月中旬、11月の第一次検定・第二次検定で第一次検定の合格発表は12月末。第二次検定の合格発表は翌年2月初旬。

試験内容

第一次検定

四肢択一および四肢二択（マークシート方式）。共通の必須問題と選択問題が出題される。50問中40問に答える。試験時間は2時間30分。

<table>
<tr><th>区分</th><th>項目</th><th>問題番号</th><th>共通</th></tr>
<tr><td rowspan="5">建築学</td><td>環境工学</td><td rowspan="4">No.1 ～ No.14</td><td rowspan="4">出題数14問
解答数9問（選択問題）</td></tr>
<tr><td>一般構造</td></tr>
<tr><td>構造力学</td></tr>
<tr><td>建築材料</td></tr>
<tr><td>設備その他</td><td>No.15 ～ No.17</td><td>出題数3問
解答数3問（必須問題）</td></tr>
<tr><td rowspan="7">施工管理法</td><td>躯体施工</td><td rowspan="2">No.18 ～ 28</td><td rowspan="2">出題数11問
解答数8問（選択問題）</td></tr>
<tr><td>仕上施工</td></tr>
<tr><td>施工計画</td><td rowspan="4">No.29 ～ 38</td><td rowspan="4">出題数10問
解答数10問（必須問題）</td></tr>
<tr><td>工程管理</td></tr>
<tr><td>品質管理</td></tr>
<tr><td>安全管理</td></tr>
<tr><td>応用能力問題</td><td>No.39 ～ No.42</td><td>出題数4問
解答数4問（必須問題）</td></tr>
<tr><td rowspan="5">法規</td><td>建築基準法</td><td rowspan="5">No.43 ～ No.50</td><td rowspan="5">出題数8問
解答数6問（選択問題）</td></tr>
<tr><td>建設業法</td></tr>
<tr><td>労働基準法</td></tr>
<tr><td>労働安全衛生法</td></tr>
<tr><td>その他の法規</td></tr>
</table>

第二次検定

四肢一択（マークシート）および記述式問題。選択分野に応じて必須問題が出題される。全５問。試験時間は２時間

<table>
<tr><th>区分</th><th>問題番号</th><th>建築</th><th>躯体</th><th>仕上</th><th>備考</th></tr>
<tr><td>施工経験記述</td><td>No.1</td><td colspan="3" rowspan="4">出題数４問
解答数４問</td><td rowspan="5">必須問題</td></tr>
<tr><td>施工計画</td><td>No.2</td></tr>
<tr><td>工程管理</td><td>No.3</td></tr>
<tr><td>法規</td><td>No.4</td></tr>
<tr><td>施工</td><td>No.5</td><td colspan="3">受験種別ごとの問題を解答</td></tr>
</table>

申込み

新規受験者は書面による申込み。再受験者は書面による申込みとインターネットによる申込みを選択できる。

２級建築施工管理技術検定試験ご案内
https://www.fcip-shiken.jp/ken2/index.html

問合わせ

詳細については、以下の試験実施団体に問い合わせる。

一般財団法人建設業振興基金
電話：03-5473-1581（土・日曜日および祝日は休業日）
https://www.kensetsu-kikin.or.jp/

1 第1部 第一次検定対策

第1章 環境工学

環境工学とは、気温・湿度・日照等、建築物に影響のある自然に関することを学ぶものである。環境工学は人々の生活に密接していて、建築学の重要な部分の1つといえる。毎回3問出題される。

試験に出る
R3前、R1後、R1前
【過去9試験で3回】

1.1 日照

日照とは太陽が空から地上を照らすことであり、ここでは**日当たり**のことをいう。日照についてはよく出題される。

遮(さえぎ)られることなく実際に日が照った時間を日照時間といい、日の出から日没までの時間を可照(かしょう)時間という。

また、日照率とは、下記の式のように日照時間を可照時間で割って百分率で表したもの。

$$日照率 = \frac{日照時間}{可照時間} \times 100(\%)$$

これだけは覚える
夏至の可照時間といえば…南面は3番目に短い。
冬至の可照時間といえば…南面が一番長い。

(1) 壁面の方位と可照時間

表1-1のように、季節によって可照時間は変化する。また、南面の夏至の可照時間は最大ではないことが分かる。

南面の可照時間に注目！
春分・秋分＞冬至＞夏至

北面の可照時間に注目！
冬至、春分・秋分がなく、夏至に最大となる。

表1-1　壁面の方位と可照時間

壁面の方位	夏至	春分・秋分	冬至
南面	7時間0分	12時間0分	9時間32分
東西面	7時間14分	6時間0分	4時間16分
北面	3時間44分	0分	0分
南東・南西面	8時間4分	8時間0分	8時間6分
北東・北西面	6時間24分	4時間0分	1時間26分

参考
春分　昼と夜の長さがほぼ等しくなる日。春分を境に昼が長くなっていく。3月21日ころ。
夏至(げし)　昼が最も長く、夜が最も短くなる日。6月21日ころ。
秋分　昼と夜の長さがほぼ等しくなる日。秋分を境に夜が長くなっていく。9月23日ころ。
冬至(とうじ)　昼が最も短く、夜が最も長くなる日。12月22日ころ。

可照時間を比較するとき、表1-1のように1年を月で表さず、「夏至」「春分」「秋分」「冬至」という表現をすることに注意する。

(2) 日照の効果

太陽光線は、その波長によって紫外線、可視光線、赤外線に分けられる。表1-2のように、種類ごとに光線が及ぼす効果が異なる。

表1-2　太陽光線の種類と効果

種類	効果
紫外線	消毒や日焼け等の化学作用がある。
可視光線	網膜を刺激し、光として明るさを与える。 太陽熱エネルギーの約1／2を占める。
赤外線	熱作用、光電作用、蛍光作用がある。

太陽光全体のうち、赤外線は50～59%、可視光線は40～45%、紫外線は1～2%の割合で含まれている。

これだけは覚える

直達日射量といえば…直接地上に到達する日射量。

天空放射量といえば…上空で散乱（きらきらしている状態）・反射している日射量。

全天日射量といえば…直達日射量＋天空放射量。

(3) 日射

日射とは、太陽から地上に到達する熱量のこと。大気圏を通って直接地上に到達する直達日射（ちょくたつ）と、大気中の微粒子により散乱・反射して地上に到達する天空放射とに分けられる。直達日射と天空放射の合計を全天日射量という。

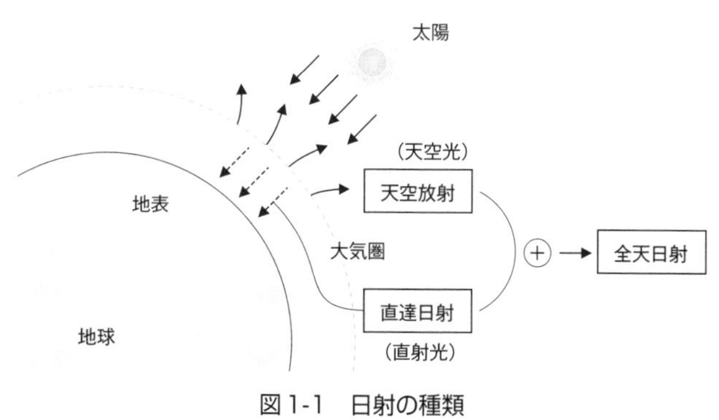

図1-1　日射の種類

図1-2は、北緯35°付近（東京）のある地点における、水平面および各方位の1日当たりの直達日射量を表したものである。

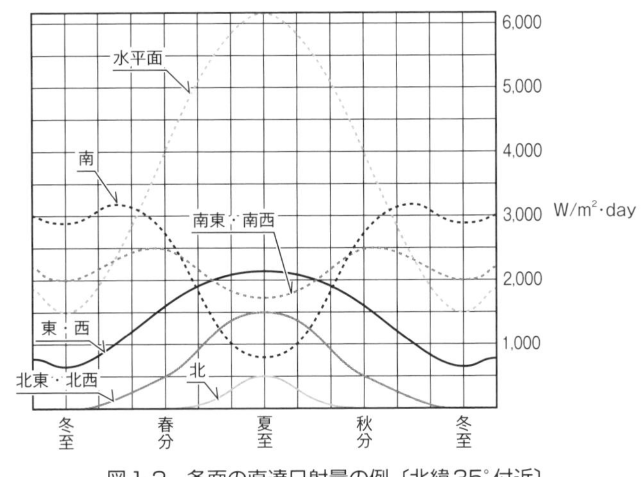

図1-2　各面の直達日射量の例〔北緯35°付近〕

例題1　令和3年度　2級建築施工管理技術検定（後期）第一次検定問題〔No.2〕

日照及び日射に関する記述として，**最も不適当なもの**はどれか。

1. 日照時間は，日出から日没までの時間をいう。
2. 太陽放射の光としての効果を重視したものを日照といい，熱的効果を重視したものを日射という。
3. 1年を通して終日日影となる部分を，永久日影という。
4. 天空日射量とは，日射が大気中で散乱した後，地表に到達する日射量をいう。

正解：1

ワンポイントアドバイス　日照時間とは、実際に日照があった時間をいう。日照・日射に関する問題は、試験2回に1回程度出題されている。

1.2 採光・照明

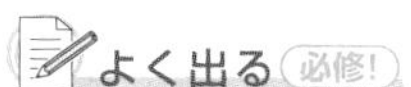

R4後、R4前、R3後、R3前、R2、R1後、H30後、H30前
【過去9試験で8回】

採光とは、室内に日光等を取り入れることをいう。照明器具（人工光源）によって、太陽による採光照度不足を補うことを**照明**という。採光・照明についてはよく出題される。

(1) 光束量・照度・光度・輝度

人の目に入る光の量を光束量（こうそくりょう）（単位：ルーメン）といい、$1m^2$の面に入る光束量を照度（しょうど）（単位：ルクス）という。照度は、光源からの**距離の２乗に反比例**する。

光源の光の強さを光度（単位：カンデラ）といい、単位面積当たりの人の目に入る光の強さを輝度（きど）（単位：カンデラ）という。

昼光による照度分布の最低照度と最高照度との比を均斉度（きんせいど）という。部屋の**奥行が深く**なるほど均斉度は悪くなる。

これだけは覚える

均斉度といえば…室内の明るい部分と暗い部分の割合（比）。

(2) 昼光（ちゅうこう）

太陽の光を昼光という。前述の図1-1のように、昼光は直射光と天空光に分けられる。直射光とは直射日光のことである。天空光は、太陽の光が空中に拡散したもので、空の明るさがこれに当たる。

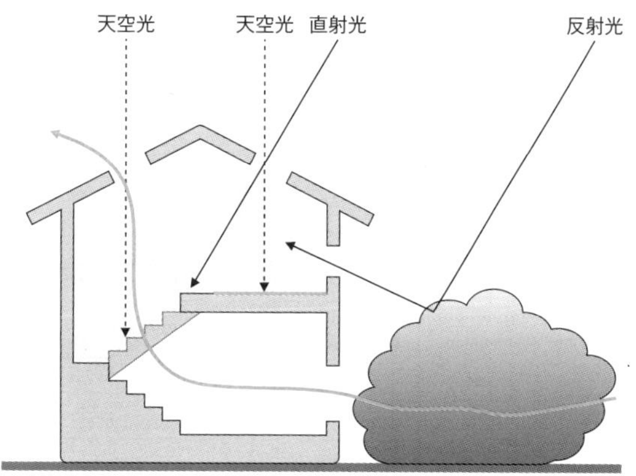

図1-3　昼光

これだけは覚える

昼光率といえば…室外の明るさに対する室内のある面の明るさの割合（%）。

屋外の明るさに対する室内のある面の明るさの比を、昼光率という。採光による室内の明るさを表すために用いる。昼光率は、以下の式で表す。

$$\text{昼光率} = \frac{\text{室内のある面の水平面照度}}{\text{その時の全天空水平面照度}} \times 100\,(\%)$$

室外の障害物のない場所（全天空を望むことができる場所）における、直射日光を含まない水平面照度を、全天空水平照度という。

照度（単位：ルクス）と、明るさのおおよその目安を表1-3に示す。これらの値は、周囲の状況等によって変化するので注意すること。

表1-3　自然光の条件と照度

条件	全天空照度（ルクス）
特に明るい日	50,000
明るい日（薄曇り、雲の多い晴天）	30,000
普通の日（標準の状態）	15,000
暗い日（最低の状態）	5,000
非常に暗い日（雷雲、降雪中）	2,000
快晴の青空	10,000

〔備考〕：いずれも直射日光は含まれていない

建物の用途や種類によって、適切な照度は異なる。表1-4のように、JISの**照度基準**（JIS Z9110）が定められている。

表1-4　主な照度基準（JIS Z9110より抜粋）

建物の用途	場所	推奨照度（ルクス）
住宅	居間（団らん・娯楽）	200
	食堂・台所	300

次ページに続く

建物の用途	場所	推奨照度（ルクス）
事務所	設計室・製図室	750
	事務室	750
	階段	150
	屋内非常階段	50
学校	普通教室	300
	廊下	100
劇場・映画館	ロビー	200
病院	診察室	500

これだけは覚える

採光といえば…太陽の光を室内に取り入れること。

(3) 採光のための窓

採光は、側窓、天窓、高窓などによって得られる。

天窓は、同じ面積の**側窓の3倍**の採光が得られ、均斉度も得られるが、雨仕舞が難しく、コスト面でも難がある（美術館や博物館に適する）。

側窓(かわまど)は、面積当たりの昼光率は小さく、均斉度もよくないため、数、大きさが必要になる。

高窓は、工場等の奥行がある建物に有効である（美術館や博物館に適する）。

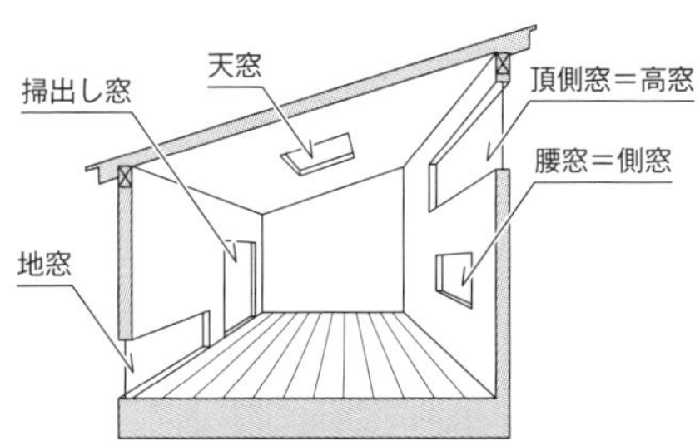

（掃出し窓／地窓／腰窓＝側窓、頂側窓＝高窓）

図1-4　窓の種類

採光計画

採光の光源は太陽である。しかし、太陽からの直射日光は、変動が激しく光源として直接に利用できないし、有害にもなる。そのため、採光計画では、天空光を光源としている。

例題2　令和3年度　2級建築施工管理技術検定（後期）　第一次検定問題〔No.3〕 

採光及び照明に関する記述として，**最も不適当なもの**はどれか。

1. 室内のある点における昼光率は，時刻や天候によって変化する。
2. 昼光率は，室内表面の反射の影響を受ける。
3. 全天空照度は，直射日光による照度を含まない。
4. モデリングは，光の強さや方向性，拡散性などを視対象の立体感や質感の見え方によって評価する方法である。

正解：1

ワンポイントアドバイス　昼光率は、時刻や天候による全天空照度の変化の影響を受けない。採光・照明に関する問題は、試験2回に1回程度出題されている。

（4）照明光源

照明のための光源には、一般的に白熱灯と蛍光灯が多く用いられる。それぞれ表1-5のような特徴がある。

表1-5　白熱灯と蛍光灯の特徴

比較項目	白熱灯	蛍光灯
陰影	はっきりとしている	やわらかい
輝度	高い	低い
光束	少ない	多い
光源温度	高く発熱量が多い	低く発熱量が少ない
光色	暖かみがあるが赤みが多い	昼光に近いが演色性がよくない
光束当たりの発熱量	多い	少ない
寿命	1,000～1,500時間	2,000～3,000時間
工事費	安い	高い

白熱灯と蛍光灯以外にも、表1-6のような照明光源が用途に応じて使われる。

表1-6　その他の照明光源

種類	主な用途
ハロゲンランプ	高輝度・昼光色で劇場、スポットライトに使用される。
水銀ランプ	始動時間が長く、演色性が悪いため、一般の照明には適さない。体育館や野球場などに使用される。
ナトリウム灯	オレンジ色をしていて、トンネルや道路照明に使用される。
LED照明	発光ダイオード（LED）を使用した照明器具。LEDは、低消費電力で長寿命といった特徴を持つ。街燈、家庭用シーリング等、蛍光灯からLEDに変わりつつある。

照明器具の種類による直接・間接照明のイメージを図1-5に示す。

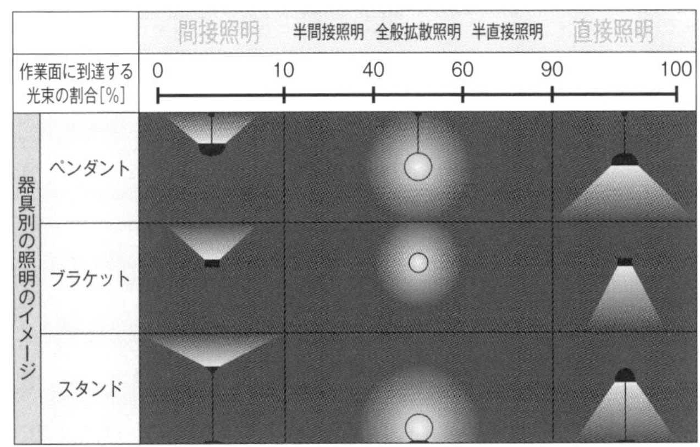

図1-5　間接照明と直接照明

間接照明とは、天井や壁面、物などを照らす光のこと。空間の一部を照らすことを目的としているので、「部分照明」「補助照明」という呼び方もある。

直接照明とは、天井から人や床に向かって直接光を当てる光のこと。部屋全体を照らすことを目的としているので、「全体照明」「主照明」と呼ばれることもある。

よく出る 必修!

R4前、R3前、R2、R1前、H30前
【過去9試験で**5**回】

1.3 換気・熱

建物内部で発生する水分、熱、粉じん、排気ガス、有害ガス等を排出して、新鮮な空気に入れ替えることを換気という。換気熱についてはよく出題される。

換気の方法には、機械（ファン）を使用しない自然換気と、機械を使用する機械換気がある。

(1) 自然換気

自然換気には、図1-6のように室内外の温度差による換気（重力換気）と、風力による換気（風力換気）がある。

これだけは覚える

重力換気といえば…室内の温度が暖かいほど換気量は多くなる。
風力換気といえば…窓の開口面積を大きくとるほど換気量は多くなる。

重力換気の換気量は、室内外の**温度差が大きいほど**、上下の開口部の垂直距離が大きいほど多くなる。

風力換気の換気量は、風速と開口部の面積にほぼ比例する。

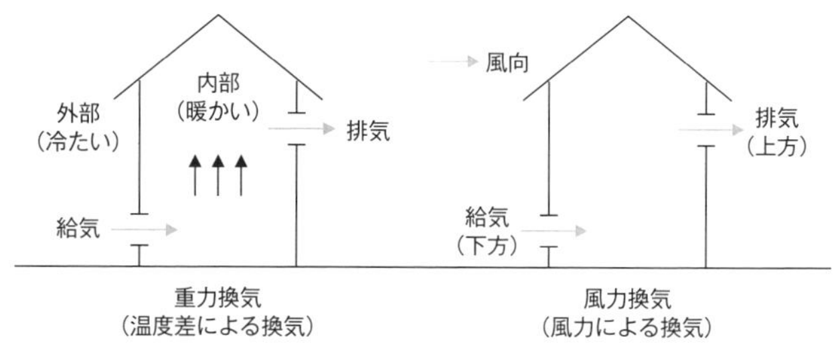

図1-6　自然換気の方法

(2) 機械換気

これだけは覚える

機械換気といえば…第1種～3種の方式が重要。空気は正圧から負圧に自然に流れる。

機械換気には、第1種換気方式、第2種換気方式、第3種換気方式の3つがあり、その特徴によって適用される場所が異なる（表1-7）。

表1-7　機械換気の方法

種別	第1種換気方式	第2種換気方式	第3種換気方式
方式	給気［機械］→ 室内 圧力±0 → 室外 排気［機械］	給気［機械］→ 室内 圧力（正）→ 圧力（負）室外 排気［自然］	給気［自然］→ 室内 圧力（負）→ 圧力（正）室外 排気［機械］
適用	調理室、機械室の換気に適用	ボイラ室、発電機室、クリーンルームに適用	厨房、湯沸室、便所に適用

表1-7の［機械］は、換気扇等の機械で強制的に換気することを示している。［自然］は、機械を使用しなくても換気が行えることを示す。

第1種は空気圧に差がないので、給気も排気も機械で行う。第2種は室内が正（＋）なので、給気は機械で、排気は自然で行える。第3種は、室内が負（－）なので給気が自然で排気は機械で行う。

これだけは覚える

換気回数といえば…1時間当たりの換気回数。部屋が大きいほど換気回数は少ない。

(3) 換気回数

ある部屋の空気が**1時間当たり**何回入れ替わるかを示す値を換気回数という。以下の式で表す。

$$N〔換気回数(回/h)〕=\frac{Q〔必要換気量(m^3/h)〕}{V〔室容積(m^3)〕}$$

換気量が一定の場合、室容積が大きいほど換気回数が少なくなる。

必要換気量

換気を行う際に求められる、必要な空気量（気積＝m^3/h）のことを指す。例えば住宅等の居室で、床面積50m^2、天井の高さ2.5mとした場合の必要有効換気量は、「0.5（1時間当たりの換気回数）×50m^2×2.5m」の計算で62.5m^3/hとなる。

必要換気回数／量

レストランの厨房は、住宅（窓のない浴室）よりも１時間当たりの必要換気回数が多い。

１時間当たりの必要換気量は住宅より事務室が多い。

例題３　令和３年度　２級建築施工管理技術検定（後期）第一次検定問題〔No.1〕 

通風及び換気に関する記述として，**最も不適当なもの**はどれか。

1. 風圧力による自然換気では，換気量は開口部面積と風速に比例する。
2. 室内外の温度差による自然換気では，給気口と排気口の高低差が大きいほど換気量は大きくなる。
3. 室内における必要換気量は，在室人数によらず一定になる。
4. 室内が風が通り抜けることを通風といい，もっぱら夏季の防暑対策として利用される。

正解：３

ワンポイントアドバイス　必要換気量は、室内を適正な空気状態に保つために導入する外気量であり、室の容積には比例しない。試験２回に１回程度の出題だが、連続して出題されていることもある。

(4) 建築物環境衛生管理基準

一般的に空気中の酸素濃度は約**21%**、二酸化炭素濃度は約**0.03%**とされている。

表1-8の一酸化炭素と二酸化炭素の**含有量**に注目すること。二酸化炭素の含有量は一酸化炭素の含有量より100倍多い。

表1-8　建築物環境衛生管理基準

基準項目	管理基準
浮遊粉じんの量	0.15mg／空気1m^{3}以下
一酸化炭素の含有量	6ppm（0.0006%）以下
二酸化炭素の含有量	1,000ppm（0.1%）以下

(5) 熱伝導

壁体の内部に温度差が生じると、熱はその温度勾配に従って流れる。これを熱伝導という。

熱伝導率

温度差による熱の伝わりやすさを熱伝導率という（数値が大きいほど熱が伝わりやすい）。熱伝導率には、以下の特徴がある。

①熱伝導率が小さいほど、熱が伝わりにくい
②空隙（げき）を持つ材料（密度が小さくなる）ほど熱伝導率は小さくなる
③多孔質材料は、含湿率（水分の含む率）が増すと断熱性能が低下し、熱伝導率が大きくなる
④壁などの空気層が20mm程度までは断熱効果が上がり、それ以上になると断熱効果は一定になる

図1-7のように、断熱材をRC壁と内壁の間に設けることで温度勾配が変化する。

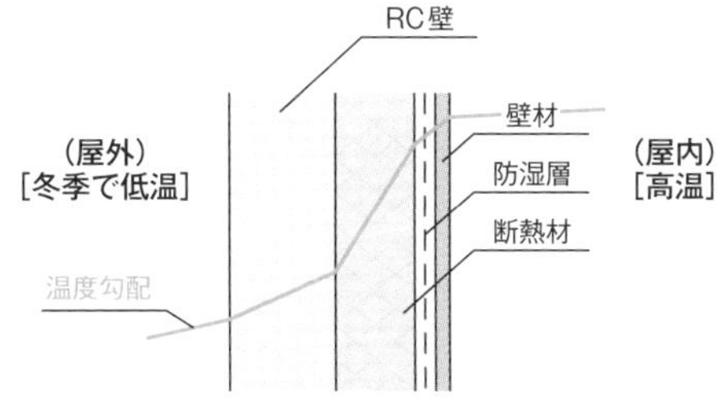

図1-7　冬季における断熱材と温度勾配

(6) 結露（けつろ）

室内の空気が窓ガラスや壁面に触れて冷やされると、空気中の水蒸気が凝縮して露となって現れる現象を、結露という。また、壁体内部の水蒸気圧が飽和水蒸気圧より高いと発生する結露を、**内部結露**という。

湿った空気が冷やされて、空気中に存在する一部の水蒸

参考

熱伝導と温度勾配の関係
温度勾配が急なほど断熱効果がある。つまり熱伝導率が小さい。

空隙
物と物との隙間のこと。

これだけは覚える

温度勾配といえば…壁の中を変化する温度の状態。断熱材は温度勾配が急。

よく出る 必修!

R4後、R3後、R3前、R1前、H30後
【過去9試験で**5**回】

これだけは覚える

結露といえば…寒い時季、室内側のガラスに露となって現れる現象。室の隅角部や小屋裏に発生しやすい。

気が凝縮し水滴となり始める温度を、露点温度という。また、空気中に含まれる水分の割合（%）を相対湿度、空気1m^{3}中に含まれる水分の量（g）を絶対湿度という。温度が上がると、相対湿度が下がる。

これだけは覚える

露点温度といえば…水滴が発生し始める温度。露点温度にならないようにすると結露が発生しない。

結露の防止策

内部結露は、気密性の高い壁材を使用したり、壁内の湿った空気が屋外に抜けられるようにすることで対策を講じる。具体的には、以下の方法がある。

①内断熱の場合は、**断熱層を低温側**に、**防湿層を高温側**に設ける（図1-7参照）

②複層ガラスを用いる

③室内の湿度を抑える

④室内の換気を行い、内壁の表面温度を上げる

⑤冷橋・熱橋（ヒートブリッジ）を作らない

これだけは覚える

結露の防止策といえば…壁の断熱性を高めること。

熱橋（ねっきょう）とは、壁に埋め込まれた貫通材の周辺の室内側表面温度が外気温に近づく状況をいう。

例題4　令和4年度　2級建築施工管理技術検定（後期）第一次検定問題〔No.1〕 

冬季暖房時の結露に関する記述として，**最も不適当なもの**はどれか。

1. 外壁の室内側の表面結露を防止するためには，室内側の表面温度を露点温度以下に下げないようにする。
2. 室内側の表面結露を防止するためには，外壁や屋根等に熱伝導率の高い材料を用いる。
3. 外壁の室内側の表面結露を防止するためには，室内側表面に近い空気を流動させる。
4. 室内側が入隅となる外壁の隅角部は，室内側に表面結露が生じやすい。

正解：2

ワンポイントアドバイス　表面結露を防止するには、熱伝導率の低い材料を用いる。結露に関する問題は、試験2～3回に1回程度出題される。

1.4 音

R4前、R3後、R2、R1後、R1前、H30前
【過去9試験で**6**回】

音とは、物体の振動である。音を出す物体がふるえて空気などの振動として伝わったもので音が出る。音についてはよく出題される。

(1) 三要素

住宅や事務所などで、非常に重要な音の伝わり方には、表1-9のように、音の高さ、音の強さ、音色の3つの要素がある。

これだけは覚える

音の三要素といえば…高さ、強さ、音色の意味を理解すること。

表1-9 音の三要素

音の高さ	振動数・周波数によって決まる。
音の強さ	音のエネルギーの大小によって決まる。
音色	音波の波形によって決まる。

音の強さは**距離の2乗に反比例**する。音の強さが2倍になると、**音圧レベルは＋3dB**大きくなる。

(2) 吸音

参考

マスキング効果
小さな音が、別の大きな音によって聞こえなくなる現象。

回折（かいせつ）
波動としての性質から障害物の端を通過して音が背後に回りこむ現象。

音は、物（壁）に当たると吸収される。このことを吸音という。

また、吸音の大きさを数値で表したものを吸音率という。吸音率は、入射した（入ってきた）音と、反射した（はね返した）音の差を入射した音で割って求める。吸音率は一般に、低音より高音に対する方が大きい。

コンクリート等の硬い素材は、中音域から高音域の音を遮断する効果がある。

吸音材料

吸音材料は、表1-10のように多孔質吸音材料、板振動型吸音材料、共鳴型吸音材料の3つに分類される。各々の音域に適した効果がある。

表1-10　吸音材料の種類と効果

多孔質吸音材料	高音の吸収に適する。岩綿・石綿・グラスウール等。
板振動型吸音材料	低音の吸収に適する。合板・せっこうボード等。
共鳴型吸音材料	特定周波数での吸音に適する。

吸音率

壁にエネルギー（Ei）の音が入射するとき、一部は壁で反射され（Er）、一部は壁内部に熱エネルギーとして吸収され（Ea）、残りのエネルギーは壁の反対側に透過する（Et）。入射エネルギー（Ei）に対して、反射されなかったエネルギー（Ea）＋（Et）の比率を「吸音率」という。

コンクリート間仕切り壁の音の**透過損失**は、一般に**低周波数より高周波数**の方が大きい。透過した音が、入射音よりどれだけ弱くなったかをデシベルで表したものを透過損失という。

これだけは覚える

透過損失といえば…透過損失が大きいほど、遮音効果が高い。

(3) 遮音

音を透過させないようにすることを遮音という。遮音は、**単位面積当たりの質量**の大きい壁ほどその効果が大きい（RC壁）。

(4) 室内音響

室内で発生した音は、その音が鳴り止んだ後も、天井や壁等で反射して、各壁の材料に吸収される。

反響

直接音に対して**1／20秒**（**行程差17m**）以上ずれて強い反射音があると、音が2つに分かれて聞こえる。これを、反響（エコー）という。

これだけは覚える

残響時間といえば…部屋の大きさが大きいほど残響時間が長くなる。

残響

音が鳴り止んでからも室内にわずかながら音が残る。この現象を残響という。また、室内の音源が停止してから**60dB**減少するのに要する時間を残響時間という。

残響時間は、以下の式で表す。**室容積に比例**し、**吸音力に反比例**する。

残響時間
＝0.161×V〔室容積（m^3）〕／A（吸音力）

これだけは覚える

NC値といえば…NC値が大きいほどうるさく感じる。

騒音

騒音の評価にはNC曲線が用いられ、その値としてNC値が使用される。NC値が大きいほどうるさく感じる。

騒音は、一般的な住宅で35～40dB（NC値20～30）、事務所で50～55dB（NC値35～40）、特に静かな部屋で25～30dB（NC値20～30）程度である。

表1-11　NC値の範囲と騒音の状態

NC値	騒音の状態
20～30	非常に静か
30～35	静か。会話距離10mまで
35～40	電話支障なし。会話距離4m
40～50	電話が少し困難。会話距離普通で2m、やや大声で4m
50～55	電話少し困難。会話距離やや大声で2m
55以上	非常にやかましい。電話困難

これだけは覚える

カクテルパーティー効果といえば…複数の音の中から1つだけがはっきり聞こえる状態。

カクテルパーティー効果

2つ以上の音を同時に聞いているとき、その中の1つの音を選択して聴取できることをカクテルパーティー効果という。

例題5　令和4年度　2級建築施工管理技術検定（前期）第一次検定問題〔No.3〕 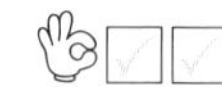

音に関する記述として，**最も不適当なもの**はどれか。

1. 吸音率は，壁面に入射した音のエネルギーに対する吸収された音のエネルギーの割合である。
2. 正対する反射性の高い壁面が一組だけ存在する室内では，フラッターエコーが発生しやすい。
3. 窓や壁体の音響透過損失が大きいほど，遮音性能は高い。
4. 材料が同じ単層壁の場合，壁の厚さが厚いほど，一般に音響透過損失は大きくなる。

正解：1

ワンポイントアドバイス　音については、用語の意味や、性質に関する問題が、試験が2回に1回程度出題されている。

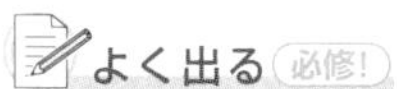

R4後、R3前、R1前、H30後
【過去9試験で**4**回】

1.5　色彩

色彩とは、色または色合いのことである。色彩についてはよく出題される。

(1) 性質

色を表す体系を表色系という。代表的な表色系に、マンセル表色系、オストワルト表色系などがあり、建築の分野ではマンセル表色系がよく用いられる。

色の3要素を分かりやすく理解するのに色立体がある。その1つマンセル色立体は、図1-8のように、垂直軸に明度、水平軸に彩度、円周に色相で表される。

これだけは覚える
マンセル色立体といえば…純黒0、純白10。

明度は色の明るさの度合いのことで、**純黒の0**から、**純白の10**までの11段階で表す。彩度は鮮やかさの度合いを表す。色相とは色合いのことで無彩色と有彩色に分けられる。無彩色は白・灰色・黒のように色どりを持たない(N0＝黒、N10＝白)。有彩色は青み・赤みなどの色合いを持つ。

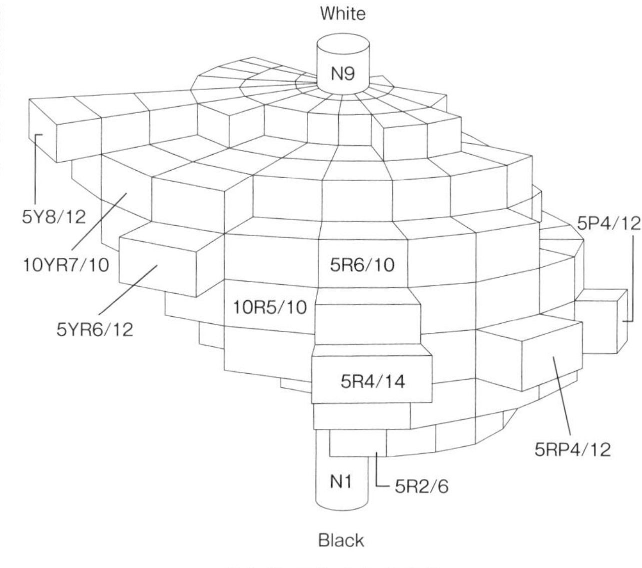

図1-8　マンセル色立体

これだけは覚える
色相・明度・彩度といえば…順番が重要。

色相・明度・彩度は、以下のように表現する。

表示方法 …… 色相・明度／彩度

(2) 心理効果

青色と赤色の光を同時に暗い部屋で見ると、青色の方が目立って見える。赤色は暗く見える。

これだけは覚える
演色といえば…色の見え方。

このように、光源の色や照明の違いによる色の見え方を演色という。色には表1-12のような性質と効果がある。

表1-12　色の性質と効果

寒暖	明度が高いと寒色に、明度が低いと暖色に、彩度が高いと暖色の傾向が強くなる。
進退	明度が高いと進出的になり、明度が低いと後退的になる。彩度が高いと進出的になる。

これだけは覚える

混色といえば…加法または減法。

混色

互いに異なる色彩を混ぜ合わせて新しい色彩を作ることを混色という。混色には表1-13の２通りがある。

表1-13　混色

加法混色	色を混ぜ合わせると白色に近くなる現象
減法混色	色を混ぜ合わせると明度が減り暗くなる現象

(3) 対比効果

対比効果とは、２つの違うものを同時に見比べて、どのように感じるかを表したもの。代表的なものに表1-14のような対比がある。

表1-14　対比効果

面積効果	同じ色のものでも面積の大きいものは小さいものより彩度が高く感じる。
補色残像	ある色を見つめてから白色を見つめると、初めの色の補色を感じる。
照度効果	照度の高いところでは明度が高く、彩度が高く感じる。
拡大収縮	明るい色は一般に拡大して見える。暗い色は収縮して見える。

補色とは、色相環の中で、対向位置にある２つの色をいう。この２色を混ぜると灰色になる。演色とは、光源の色および照明方法の違いによる物体の色の見え方をいう。純色とは、各色相環の中で最も彩度の高い色をいう。

例題6　令和3年度　2級建築施工管理技術検定（前期）第一次検定問題〔No.3〕 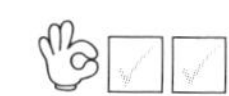

色に関する記述として，**最も不適当なもの**はどれか。

1. 一般に明度が高い色ほど膨張して見える。
2. 一般に同じ色でもその面積が小さいほど，明るさや鮮やかさが増して見える。
3. 2つの有彩色を混ぜて灰色になるとき，その2色は互いに補色の関係にある。
4. 補色どうしを対比すると，互いに強調しあい，鮮やかさが増して見える。

正解：2

ワンポイントアドバイス　面積効果のこと。正しくは、同じ色でもその面積が大きいほど、明度や彩度が増して見える。用語の意味や、色の性質に関するものが2年に1回程度出題されている。

第2章 一般構造

建築における一般構造においては、建築を堅固にできるように検討することが重要である。対象は、地盤、基礎、柱、梁、および、RC造、S造、木造、SRC造等に分けられる。毎回5問出題される。

試験に出る

R3後、R3前、H30後
【過去9試験で3回】

2.1 地盤

地盤とは、**地表からある深さまでの土層または地層**のことをいう。

一般に時代が古いほど地耐力が大きくなるが、建築物の支持地盤となるのは洪積層または第3紀層（第1種地盤）である。また、簡易な建築物や摩擦杭による場合は、沖積層および第4紀層（第3種地盤）に支持させることも多い。

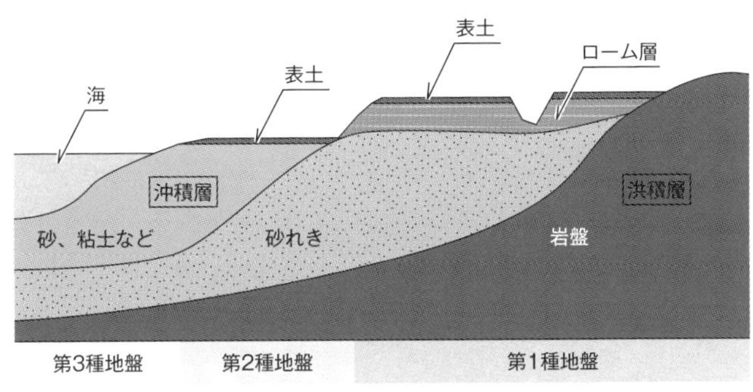

図2-1　地盤の種類

(1)土

土は、表2-1のように、粒子の大きいものから、れき(礫)、砂、シルト、粘土の4つに種別される。

これだけは覚える

地盤といえば…れき>砂>シルト>粘土。

表2-1　土の種別

種別	粒径
れき	粒径2mm以上
砂	粒径2～0.074mm
シルト	粒径0.074～0.005mm
粘土	粒径0.005mm以下

これだけは覚える

圧密沈下といえば…粘土地盤。

(2) 圧密沈下

粘土は透水性が悪いため、年月とともに沈下を起こす。この現象を圧密沈下という。

これだけは覚える

液状化といえば…砂地盤。

(3) 液状化

表層近くの地下水が地震時に揺らされ、水分が上昇し地盤が液状になる現象のこと。液状化が発生しやすい地盤には、以下の特徴がある。

- 地表面から20m以内の深さにある
- 地下水で飽和している
- N値が概ね15以下である
- 砂質土で粒径が比較的均一な中粒子砂等からなる

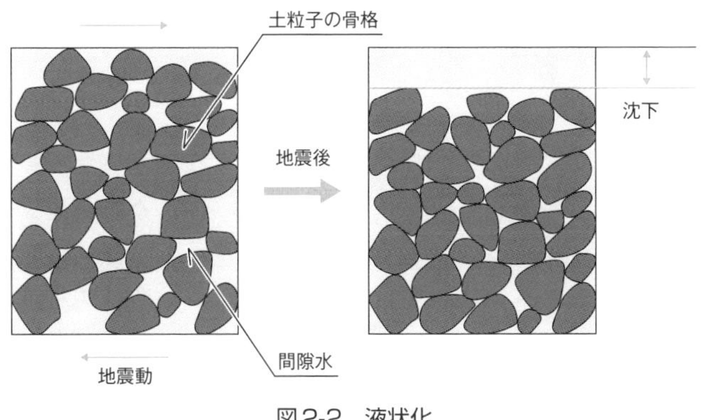

図2-2　液状化

写真2-1　交番が液状化により砂に埋まり傾いた例

よく出る 必修!

R4後、R4前、R3前、R2、R1前、H30後、H30前
【過去9試験で**7**回】

2.2 基礎

基礎は、建築物に作用する荷重および外力を安全に地盤に伝え、かつ、地盤沈下または変形に対して、構造耐力上安全なものとしなければならない。

基礎は、図2-3のように、支持地盤によって、直接基礎と杭基礎の2つに分類される。

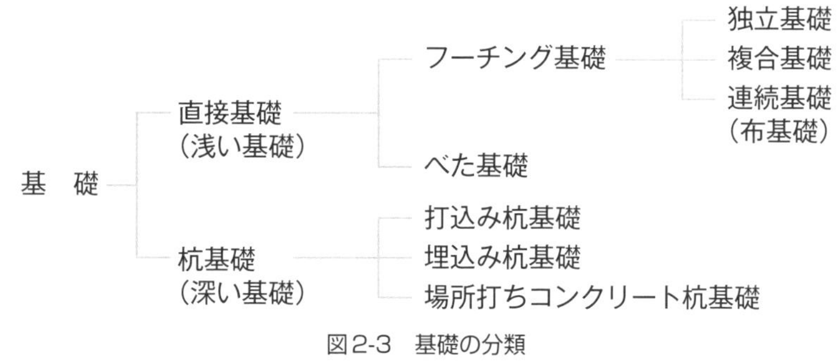

図2-3　基礎の分類

写真2-2　基礎

直接基礎とは、構造物の荷重を良好な地盤に直接伝える基礎のことである。

べた基礎とは、板状に設けられた基礎のことである。べた基礎は、図2-4のように板状の基礎と基礎の間の床部分にもコンクリートが打たれている。

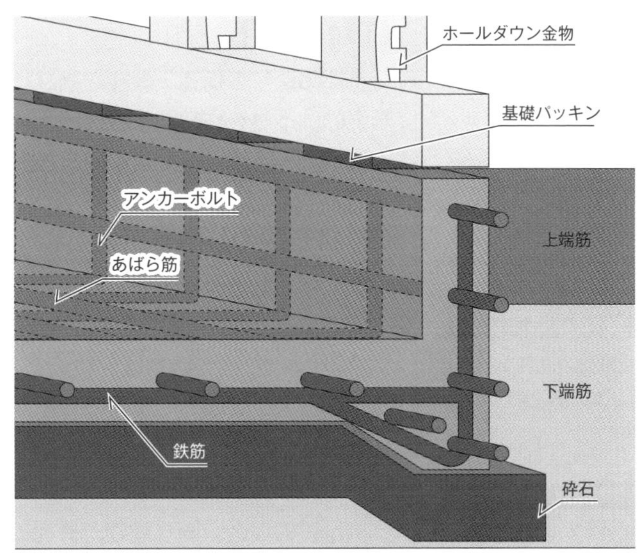

図2-4　べた基礎の構造

布基礎は、図2-5のように板状の基礎部分のみコンクリートが打たれている。

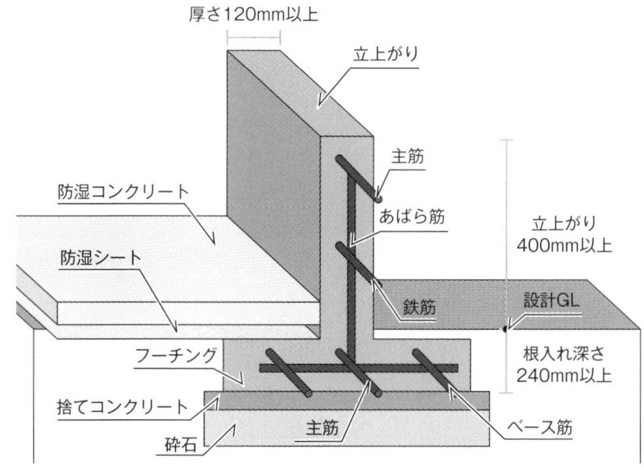

図2-5　布基礎の構造

(1) 許容沈下量

上部の建物の構造・機能を損なわない範囲で許容される基礎の沈下量を許容沈下量という。

許容沈下量は、べた基礎の方が独立基礎より大きい。

(2) 杭基礎の許容支持力

下に杭があるタイプの基礎において、杭が上部の建物を支えている力を杭基礎の許容支持力という。

杭基礎の許容支持力は、杭の支持力のみによるものとし、基礎スラブ底面の地盤の支持力は加算しない。

(3) 異種杭の混用回避

杭基礎の場合、同じ建物で異種の杭を併用すると、**有害な不同沈下**が発生するので避けたい。

これだけは覚える

杭基礎の許容支持力といえば…杭の支持力（力）のみ。

これだけは覚える

異種杭の混用回避といえば…1つの建物では1種類の杭使用。

(4) 杭の間隔

打込み杭の中心間隔は、杭の直径の2.5倍以上、かつ750mm以上必要。埋込み杭の直径の2.0倍以上に必要。打込み杭の方が埋込み杭より間隔は広い。

(5) 地盤変動に対する配慮

杭周辺の土地の地盤沈下による影響で、杭を引き下げる力（下向きの力）が作用する。これを負の摩擦力（ネガティブフリクション）という。杭先端の支持力が低下し、建物を沈下させるおそれがある。

これだけは覚える
負の摩擦力といえば…下向きにかかる杭周辺の力。

例題1　令和3年度　2級建築施工管理技術検定（後期）第一次検定問題〔No.7〕

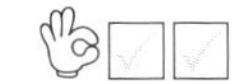

基礎杭に関する記述として，**最も不適当なもの**はどれか。

1. 既成コンクリート杭の埋込み工法のひとつで，杭の中空部を掘削しながら杭を圧入する中掘工法は，比較的杭径の大きなものの施工に適している。
2. 拡径断面を有する遠心力高強度プレストレスコンクリート杭（ＳＴ杭）は，拡径部を杭の先端に使用する場合，大きな支持力を得ることができる。
3. 摩擦杭は，硬い地層に杭先端を貫入させ，主にその杭の先端抵抗力で建物を支持させる。
4. 場所打ちコンクリート杭は，地盤を削孔し，その中に鉄筋かごを挿入した後，コンクリートを打ち込んで造る。

正解：3

ワンポイントアドバイス　摩擦杭は、杭先端が固い支持地盤まで達しておらず，主に杭の周面摩擦力で建物を支持する。基礎・地業に関する問題は、毎年出題されている。

2.3 建築構造

建築構造は、主要な部位の材料により、以下のように分類できる。

- 木造
- 鉄筋コンクリート造
- 鉄骨造
- 鉄骨鉄筋コンクリート造
- 補強コンクリートブロック造
- レンガ造／石造

ここでは、特に重要な、木造とレンガ造／石造を除く4つの建築構造について解説する。

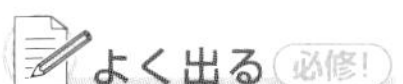

R4後、R4前、R3後、R3前、R2、R1後、R1前、H30後、H30前
【過去9試験で9回】

(1)鉄筋コンクリート造(RC造)

鉄筋コンクリート造とは、その名の通りコンクリートを鉄筋で補強した建築物の構造のことである。

構造計画

建物の形はできるだけ正方形や長方形が望ましいが、細長い建物や、L形の建物はエキスパンションジョイントを設けて構造的に分離する方がよい。

これだけは覚える

建物の形状といえば…正方形、長方形が理想。

エキスパンションジョイント

異なる性状を持った構造体どうしを分割し、構造物にかかる破壊的な力を伝達しないようにする継目である。

建物が温度変化や地震時の揺れにより変形しないように、建物を緊結せずに接合し、変形に対応できるようにする。

マンション等で不整形な形の場合、接合せずスペースを少しあけて、通路としてプレート等を敷く。

これだけは覚える

エキスパンションジョイントといえば…電車の連結に似た形。エキスパンションジョイントは日本語で「伸縮継手」と訳される。

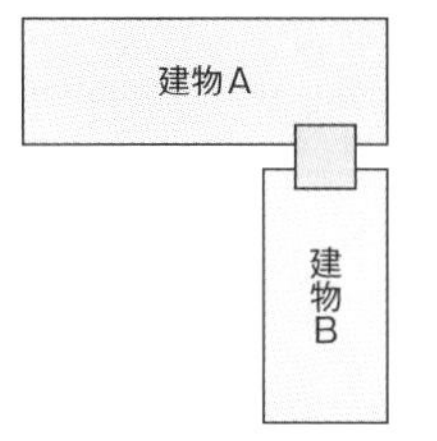

図2-6　エキスパンションジョイント

これだけは覚える

重心と剛心といえば…できるだけ近い方が安定。

重心と剛心

建物の重心（重さの中心）と剛心（力の中心）の距離は、できるだけ近づけるようにした方が建物が安定する。

これだけは覚える

柱の大きさといえば…スパン(柱の中心間距離)によって変わる。
短柱といえば…強度は弱くなる。

参考

スリット
通風や光等を取り入れるための細い隙間。

縁を切る
2つの部材や建物どうしが互いに影響を与えないように細工をすること。

柱

柱の大きさは、普通コンクリートでその主要支点間距離(スパン)の**1／15以上**、軽量コンクリートで**1／10以上**とする。

腰壁や垂れ壁がついた柱を短柱という。短柱は、水平力が集中してせん断破壊が生じやすい。この対策として、図2-7のようなスリット等を入れて縁を切る方法がある。

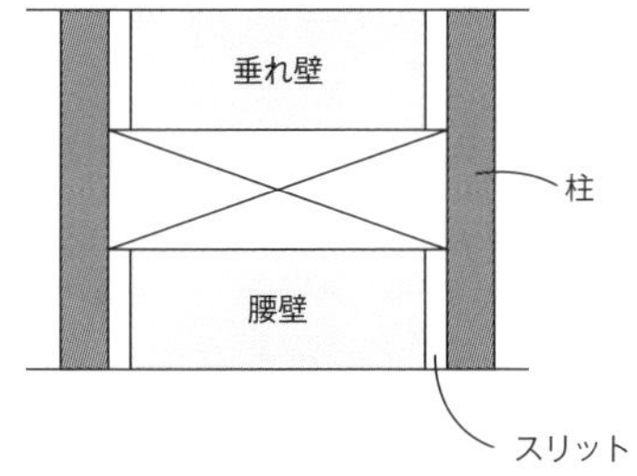

図2-7　短柱の対策

主筋

柱の主筋とは、図2-8のように垂直に伸びている鉄筋で、主に圧縮力と曲げモーメントに対応している。主筋の断面積の和は、コンクリートの断面積の和の**0.8%以上**とすると定められている。

主筋は、原則**4本以上**とし、帯筋と緊結する。

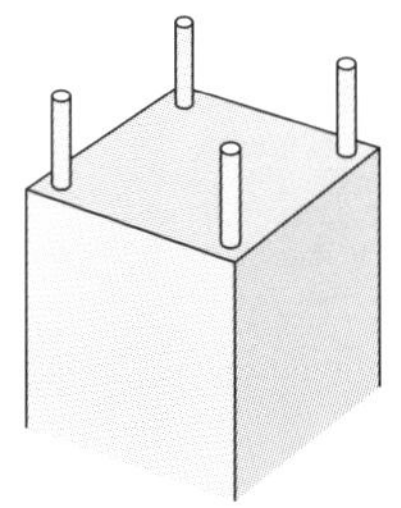

図2-8　柱の主筋

帯筋（おびきん）

帯筋とは、図2-9のように柱に水平に主筋を囲んでいる鉄筋で、主にせん断力に対応している。

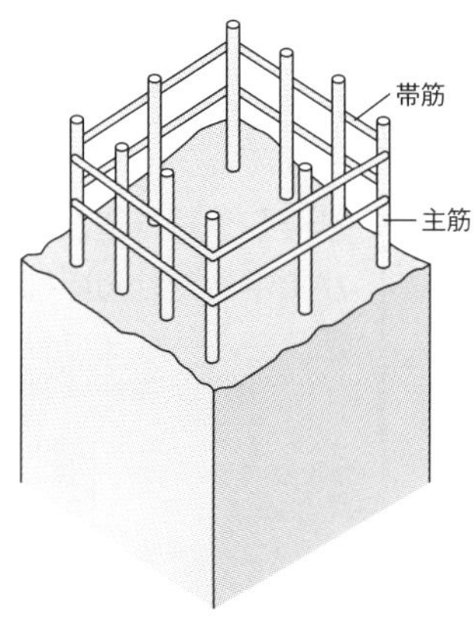

図2-9　帯筋

帯筋は、直径**6mm以上**とし、その間隔は、**150mm以下**で、かつ、最も細い主筋の径の**15倍以下**とする。

柱の**靭性**（じんせい）（粘り強さ）を確保するには、帯筋の間隔を密にすることが有効である。

帯筋比とは、RC（鉄筋コンクリート）柱断面に対する帯筋量の割合を表す。帯筋比は**0.2%以上**とする(帯筋比が大きいほどせん断力は大きくなる)。

これだけは覚える

帯筋の間隔といえば…150mm以下。

参考

靭性（じんせい）

材料の粘り強さ。反対の意味となる「もろさ」は脆性（ぜいせい）という。

参考

RC

鉄筋コンクリート(Reinforced Concrete)のこと。

これだけは覚える

スパイラル筋といえば…通常の鉄筋より重ね継手長さを長くする。

スパイラル筋

スパイラル筋とは、鉄筋コンクリート造の建物の骨組み等に使用される鉄筋。継ぎ目なくらせん状に巻かれたタイプの鉄筋のこと。

スパイラル筋を用いる場合は、その重ね継手の長さは、50d以上、かつ300mm以上とする。

フラットスラブ構造

鉄筋コンクリートスラブが梁の仲介なく直接柱に緊結され、スラブから直接柱に力を伝える床構造である。主に耐震要素を多数配置した建物で採用し、建物内部の床面は大梁小梁共無いため、階高を低く抑えることができる。

例題2　令和3年度　2級建築施工管理技術検定（後期）第一次検定問題〔No.4〕

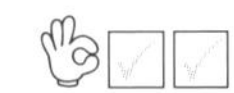

鉄筋コンクリート造の構造改式に関する一般的な記述として，**最も不適当なもの**はどれか。

1. シェル構造は，薄く湾曲した版を用いた構造で，大きな空間をつくることができる。
2. 壁式鉄筋コンクリート構造は，室内に梁形や柱形が突き出ないため，室内空間を有効に利用できる。
3. フラットスラブ構造は，鉄筋コンクリートの腰壁が梁を兼ねる構造で，室内空間を有効に利用できる。
4. ラーメン構造は，柱と梁の接合部を剛接合とした骨組で，自由度の高い空間をつくることができる。

正解：3

ワンポイントアドバイス　鉄筋コンクリート造の無梁版がフラットスラブ構造である。鉄筋コンクリート構造は、毎回出題されている。

参考

スラブ
鉄筋コンクリート造の構造床のこと。

大梁（おおばり）
柱と柱の間に水平にかけられている部材。

小梁（こばり）
梁と梁の間に水平にかけられている部材。

これだけは覚える

貫通孔の大きさといえば…梁せいの1/3以下。大きすぎると強度に影響。

参考

【ラーメン構造　CG動画】
鉄骨造の構造が3DCGアニメーションで分かる
blenderで作成（3DC）
https://www.youtube.com/watch?v=fjqeaoddoFY

梁（はり）

梁には、建物の骨組みをなし、建物を支えている大梁と、大梁に渡してスラブを補強する小梁がある。

構造耐力上主要な梁は、上筋と下筋に配置する**複筋梁**とする。

梁に**貫通孔**を設ける場合、直径を梁せいの**1／3以下**、中心間隔は孔の直径の**3倍以上**とする。

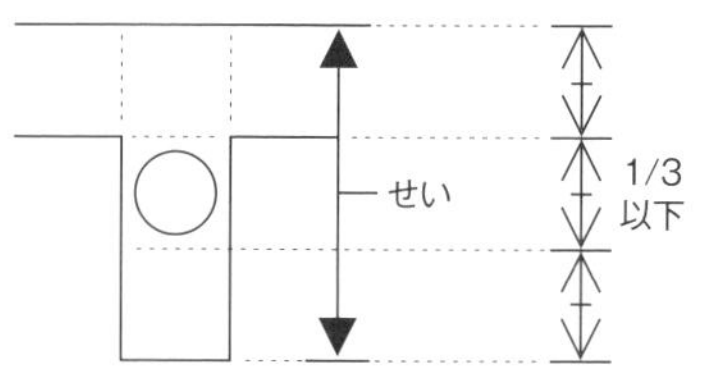

図2-10　貫通孔の直径と間隔

阪神淡路大震災において、RCラーメン構造の建物が多く損傷した。腰壁によって柱が**短柱**となり崩壊したものが多い。このため、RCラーメン構造として耐震設計するとき、柱が腰壁等により拘束されないように、柱や梁の際に隙間を設けて、柱を**長柱**にすることが多い。これを構造スリット（または耐震スリット）という。

写真2-3　構造スリット

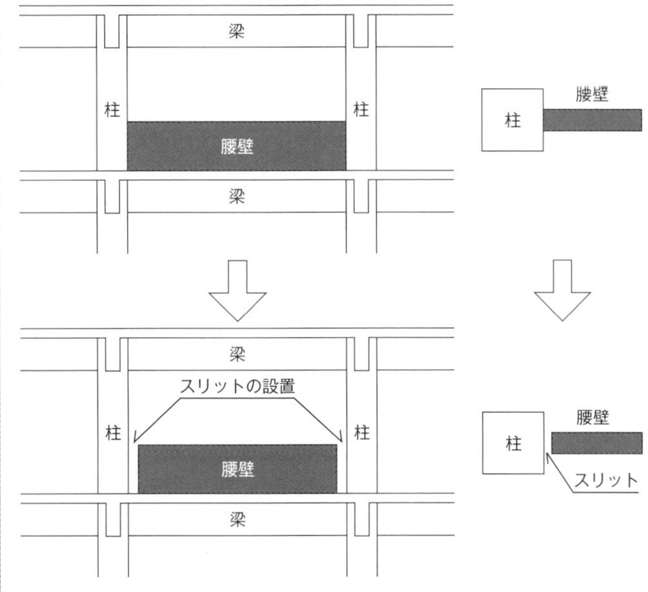

図2-11　構造スリット

参 考

梁スリーブ入れ（梁落とし）（ふじ研サブチャンネル）
https://www.youtube.com/watch?v=dOBlib17gvM

貫通孔は、建築物の設備・機械用の配管を通す目的で設けられる。貫通孔をあけることで部材の断面が「欠損」するので、貫通孔の周りに補強筋を配置する。

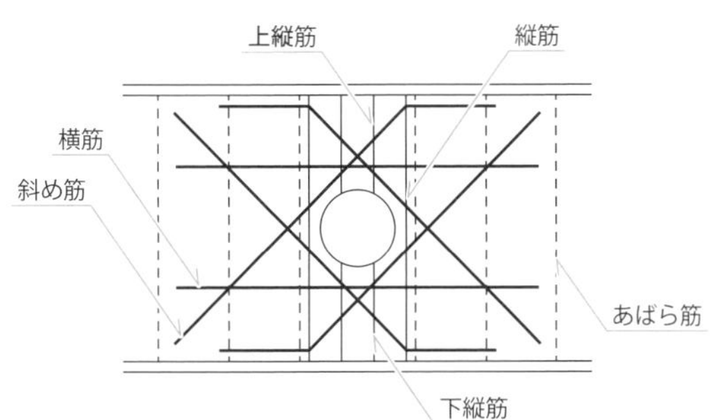

図2-12　貫通孔と補強

あばら筋

あばら筋とは、梁に鉛直に入れられる鉄筋のこと。別名スターラップともいい、せん断力を負担している。あばら筋はD10以上の**異形鉄筋**を使用し、間隔は、梁せいの**1／2以下**、かつ、**250mm以下**とする。

あばら筋比とは、あばら筋断面積をあばら筋の間隔と梁の幅の積で割った値のこと。あばら筋比は**0.2%以上**とする。

これだけは覚える

あばら筋の間隔といえば…梁せい（高さ）の1/2以下。

定着長さ

定着長さとは、鉄筋やアンカーボルトが引き抜けないように、規定の長さを確保して、接合部の相手側のコンクリートに固定することをいう。鉄筋の定着長さは、フック付きの場合は、鉄筋末端のフックの長さは含まない。

これだけは覚える

床スラブの厚さといえば…スパンの長さ（短辺方向）の1/30～1/35。

床スラブ

建築では、床構造を作り、垂直な荷重を支える版を床スラブという。床スラブの厚さは、短辺方向の長さの**1／30～1／35**で、かつ**80mm以上**とする。一般的に120mm～150mmが多い。

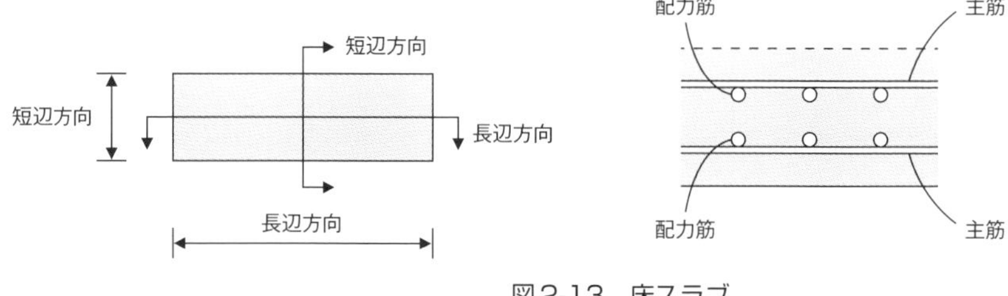

図2-13　床スラブ

長方形の床スラブの配筋は、短辺方向の引張鉄筋を主筋、長辺方向の引張鉄筋を配力筋という。

主筋は、応力が一番かかるところに設ける鉄筋である。配力筋は、主筋と直交して配置する鉄筋で副筋ともいう。

配力筋は、図2-13のように主筋の内側に配筋する。

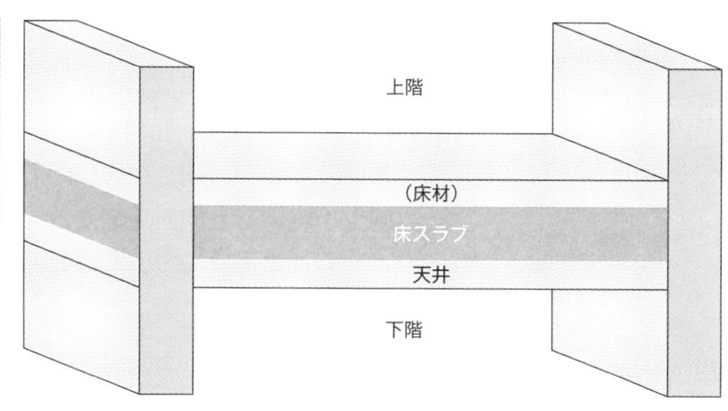

図2-14　一般的な鉄筋コンクリート造の床スラブ

床スラブを挟んで、上階の床材は遮音や衝撃音の減少の役割をし、下階の天井は断熱効果を補う。

これだけは覚える
耐震壁といえば…上下階同じ位置が理想。
耐震壁の壁厚といえば…120mm以上。

耐震壁

水平力を負担させる壁を耐震壁という。上下階同一にするか、バランスよく配置（**市松模様**など）する。

耐震壁の厚さは**120mm以上**とし、かつ、内法（のり）高さの**1／30以上**とする。通常は150mm～200mm程度。

開口部周囲には**D13mm**（異形棒鋼、直径13mm）の補強筋を配置する。

これだけは覚える
ひび割れの対策といえば…引張側の主筋を増やす。

ひび割れ

構造上、ひび割れには、曲げひび割れとせん断ひび割れがある。

曲げひび割れは、曲げモーメントが発生する位置に材軸と**直角**に発生する。対策には引張側の主筋を増やす方法がある。

せん断ひび割れは、45°方向に引張応力が働くために発生する。対策にはあばら筋や帯筋を増やす方法がある。

よく出る 必修!

R4後、R4前、R3後、R3前、R2、R1後、R1前、H30後、H30前

【過去9試験で9回】

(2)鉄骨造(S造)

鉄骨造とは、躯体に鋼材を用いる構造のことである。S(スチール)造ともいう。鋼材は、ほかの構造用材料に比べて強度が大きく、靭性(じんせい)が強いので高層の建物に向いている。施工が容易で工期も短縮できるため、非常によく用いられている。**鉄骨造については毎回1問出題される。**

鋼材の性質

鋼材は、靭性が大きく、コンクリートより軽量ですむ。また、加工性がよく、補強も容易にできる。ただし、酸に弱く、腐食しやすい。また、座屈も起こりやすい。

鋼材は、含有する(添加された)炭素の量が多くなると、引張強さが強くなるが、伸びは減る。

これだけは覚える

鋼材の炭素量といえば…炭素量が多いほど、強度(引張強さ)は強くなるが、伸び(ねばり)は減る。

座屈(ざくつ)

圧力が加えられると急激に変形を起こす現象を座屈という。

座屈には、図2-15のように圧力のかかり方や変形の状況によって、それぞれ圧縮座屈、局部座屈、横座屈と区別される。

これだけは覚える

細長比と座屈といえば…細長(ほそなが)比が大きいほど座屈しやすい。

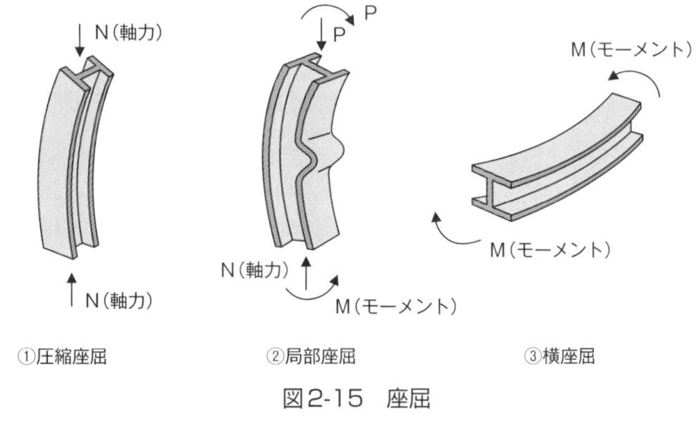

図2-15 座屈

棒状の材料では、細長いものが座屈しやすく、板状のものは薄いものが座屈しやすい。

座屈防止策

H形鋼の座屈防止に用いる、鉄骨の補強材をスチフナーという。図2-16のように材軸に平行に設ける水平スチフナー、材軸に直角に設ける中間スチフナーがある。

これだけは覚える

水平スチフナーといえば…ウェブの曲げ座屈防止。
中間スチフナーといえば…ウェブのせん断座屈防止。

参 考

ウェブ
H鋼のHの字の横棒部分。

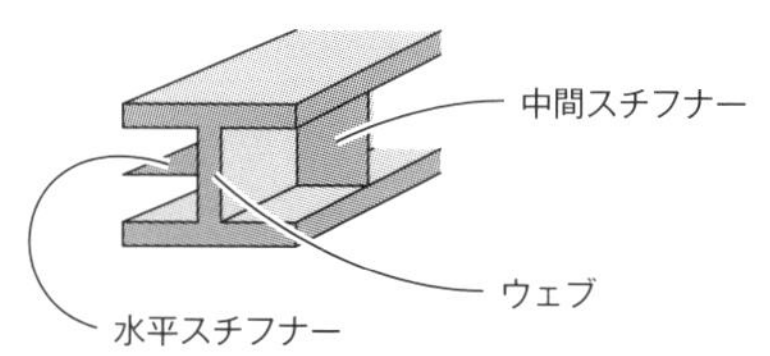

図2-16　スチフナー

スチフナーは、ウェブが座屈することを防ぐプレートのことです。英語でStiffenersといいます。直訳すると、かたくするもの、固まらせるもの、という意味です。局部座屈を防ぐために、鉄骨部材を「かたくする」「固まらせる」というスチフナーの用途がよく分かります。

例題3　令和3年度　2級建築施工管理技術検定（後期）第一次検定問題〔No.6〕

鉄骨構造に関する記述として，**最も不適当なもの**はどれか。

1. ダイヤフラムは，梁から柱へ応力を伝達するため，仕口部に設ける。
2. エンドタブは，溶接時に溶接線の始終端に取り付けられる。
3. 丸鋼を用いる筋かいは，主に引張力に働く。
4. スチフナーは，ボルト接合の継手を構成するために，母材に添える。

正解：4

ワンポイントアドバイス　スチフナーは、プレート柱や梁のウェブ部分の座屈を防止するために、ウェブに添えて取り付ける補強用鋼板である。鉄骨構造について毎年出題されている中、鉄筋コンクリート構造との比較問題は3年に1回程度出題されている。

高力ボルト接合

鉄骨造の代表的な接合方法に、高力ボルト（正式には高張力ボルト）接合がある。鋼材の接合にはよく用いられる。

高力ボルトは、高い強度を持ち、高い引張力に耐えることができると同時に、ボルトの締付力を均一にできるように製造されている。力があまりかからない部材（例えばスチール製の小さな倉庫や棚等）には、普通ボルトを用いる。

高力ボルトの応力伝達は、重ね合わせた部材を高力ボルトで締め付け、部材間の摩擦力により応力を伝える方式（摩擦接合）である。摩擦面は**赤さび状態**を標準とし、滑り係数（摩擦係数）は**0.45以上**を確保する。滑り係数とは、高力ボルト摩擦接合において、部材の摩擦面が外力により明確な滑りを起こすときの荷重（滑り荷重）を初期ボルト張力（軸力）で割った値をいう。

これだけは覚える

滑り係数といえば…0.45以上確保。

摩擦面の状態といえば…浮き錆状態（少しひっかかりがある状態）。

簡単にいうと、プレートどうしが重なっている場所に摩擦が生じる。それに垂直にかかるボルトの軸力（力）との比が滑り係数である。これが小さすぎるとプレートが動いてしまうので、適度な滑り係数（0.45以上）が必要になる。

高力ボルト相互間の中心距離はその直径の**2.5倍以上**とする。摩擦面の数により、一面摩擦と二面摩擦がある。二面摩擦は一面摩擦の**2倍**の許容せん断力がある。

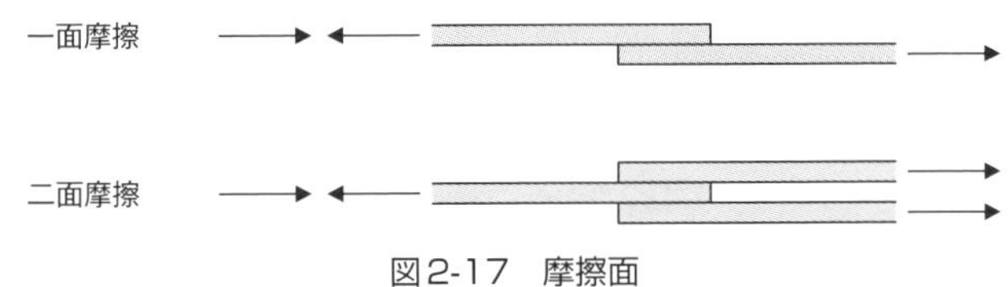

図2-17　摩擦面

ボルト孔

ボルトの孔は、通常ボルトの直径より少し大きくする必要がある。あまり大きくしすぎるとボルトの締付けが困難になる。

これだけは覚える

普通ボルトの孔といえば…ボルト直径＋1.0mm以内。

高力ボルトの孔といえば…ボルトの直径＋2.0mm以内。

普通ボルトの孔の直径は、普通ボルトの直径**＋1.0mm以内**、ただし、普通ボルトの直径が20mm以上の場合は、構造上支障がなければ**＋1.5mm以内**とすることができる。

高力ボルトの孔の直径は、高力ボルトの直径**＋2.0mm以内**、ただし、高力ボルトの直径が27mm以上の場合は、構造上支障がなければ**＋3.0mm以内**とすることができる。

普通ボルトと高力ボルトの孔の中心間距離は、直径の

2.5倍以上とする。

併用時の注意点

普通ボルトと高力ボルトと溶接を併用した場合、すべての力を**溶接**で負担しなければならない。

高力ボルトと普通ボルトを併用した場合、すべての力を高力ボルトで負担しなければならない。

これだけは覚える
併用時の注意点といえば…ボルトと溶接を併用した場合、溶接で負担。

溶接

溶接する箇所を溶接継目という。溶接継目には、**突合せ溶接**（完全溶込み溶接）と**隅肉溶接**と**部分溶込み溶接**がある。

突合せ溶接の許容応力は、接合される母材の許容応力度とすることができる。

部分溶込み溶接は、せん断力のみを受ける場合に使用でき、**引張力**や**曲げ応力**を受ける場所には使用できない。

(3) 鉄骨鉄筋コンクリート造（SRC造）

鉄骨鉄筋コンクリート構造（SRC造）は、鉄骨の周りに鉄筋を組み、これらを型枠で覆ってから、コンクリートを流して、一体化させた構造である。鉄筋コンクリート造に比べて、強度、粘り強さが大きく、耐震性に優れている。

SRC造の**曲げ耐力**は、鉄骨部分と鉄筋コンクリート部分の耐力の和としてよい。

許容せん断力は、鉄骨部分と鉄筋コンクリート部分がそれぞれ設計用せん断力を下回らないようにする。すなわち、せん断力の和としては考えない。

帯筋比は**0.2%以上**とする。

これだけは覚える
曲げ耐力といえば…柱に曲げの力がかかると、鉄骨と鉄筋の両方の力の合計で耐えることができる。
帯筋比といえば…0.2%以上。

鉄骨と鉄筋とのあき

鉄骨と鉄筋のあきは、日本建築学会の規準で定められている。

主筋と主筋のあきは、鉄筋径の**1.5倍以上**かつ**25mm以上**、粗骨材の**1.25倍以上**必要。主筋と軸方向鉄骨のあきは、粗骨材の**1.25倍以上**かつ**25mm以上**必要。

コンクリートのかぶり厚さは、鉄骨に対して**50mm以上**必要。鉄筋に対して**30mm以上**必要。

これだけは覚える
コンクリートのかぶり厚さといえば…鉄骨から50mm以上、鉄筋から30mm以上。

(4) 補強コンクリートブロック造

補強コンクリートブロック造は、一種の壁式構造であり、一般に建築用コンクリートブロックで造られた耐力壁と鉄筋コンクリートで造られたがりょう、梁、布基礎で主体構造部を構成したものである。

耐力壁

これだけは覚える
耐力壁…厚さ15cm以上。

耐力壁の厚さは**15cm以上**で、かつ構造耐力上主要な支点間距離の**1／50以上**必要。

縦筋の末端はかぎ状に折り曲げ、縦筋の直径の**40倍以上**、基礎または基礎梁およびがりょうまたは屋根版に定着させる。縦筋の継手は、コンクリートブロックの空洞内で継いではならない。

がりょう

がりょう（臥梁）とは、組積（ブロック、煉瓦造等）で頂部を固める水平の梁のことをいう。

有効幅は、20cm以上とし、かつ、耐力壁の水平力に対する支点間距離の1／20以上必要。

2.4 免震構造

免震構造とは、**鉛直荷重**を支え、かつ**水平方向の動き**を絶縁する機能（アイソレーター）と**地震入力エネルギー**を吸収する機能（ダンパー）を持つ構造である。

一般的に使われる免震装置は、図2-18のように積層ゴムによるアイソレーターとダンパーの組合せで実現されている。

これだけは覚える
アイソレーターといえば…基礎の揺れを外に逃がして上部の建物に伝えない構造。
ダンパーといえば…基礎の揺れを吸収して建物に伝えない構造。

参 考

耐震・制震・免震模型／3種類の住宅の特性を電動で比較（長谷川模型）https://www.youtube.com/watch?v=7yCYmAhlW0g

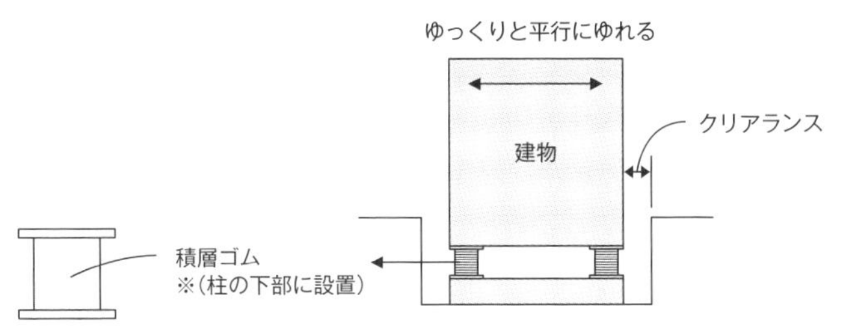

図2-18　免震構造

よく出る 必修!

R4後、R3前、R2、R1後、R1前、H30前
【過去9試験で**6**回】

2.5　荷重と外力

建物に関連する力には固定荷重、積載荷重、積雪荷重、風圧重等がある。荷重と外力についてはよく出題される。

荷重とは、建物（物体）に外部から加わる力や重さのことである。主に表2-2の3種類がある。

表2-2　荷重

固定荷重	建物自体の重さ。
積載荷重	人間、家具、物品等が建物の床に加わる荷重。
積雪荷重	屋根等に積った雪の重さをいう。積雪荷重は、積雪の単位荷重×屋根の水平投影面積×地方の垂直積雪量で求められる。

これだけは覚える

固定荷重といえば…内部の仕上げ材の重さも含む。

これだけは覚える

構造計算の大小といえば…床>柱>地震力。

これだけは覚える

積雪荷重といえば…屋根の勾配が60°を超える場合は0となる。

外力とは、物体等が外部から作用する力のことである。主に表2-3の2種類がある。

表2-3　外圧

風圧力	風により物体にかかる圧力。風圧力は、速度圧×風力係数で求められる。風力係数は、建物の形状や風向きによる係数である。
地震力	自然の地震により建物に与える力。地震時と建物の地上部分の水平力で算出される。

これだけは覚える

風力係数といえば…外圧係数と内圧係数との差から求める。

例題４　令和３年度　２級建築施工管理技術検定（後期）第一次検定問題〔No.8〕 

建築物の構造設計における荷重及び外力に関する記述として，**最も不適当なもの**はどれか。

1. 床の構造計算をする場合と大梁の構造計算を有する場合では，異なる単位床面積当たりの積載荷重を用いることができる。
2. 屋根面における積雪量が不均等となるおそれのある場合，その影響を考慮して積雪荷重を計算する。
3. 風圧力は，その地方における過去の台風の記録に基づいて定められた風速に，風力係数のみを乗じて計算する。
4. 地上階における地震力は，算定しようとする階の支える荷重に，その階の地震層せん断力係数を乗じて計算する。

正解：3

ワンポイントアドバイス　風圧力は、速度圧に風力係数を乗じて計算しなければならない。荷重、外力に関する問題は、試験２回に１回程度出題されている。

第3章 建築材料

建築材料とは、建築物を建てるために使用する材料のことである。建材ともいう。毎回４問出題される。

3.1 セメント

セメントとは、石灰を主成分とし、粘土を粉砕し、焼成して作る粉末で、水と混ざると固まるという性質がある。

(1)種類と特徴

建築分野で使われる、代表的なセメントの種類と特徴は表3-1の通り。

表3-1　セメントの種類と特徴

種類	特徴
普通ポルトランドセメント	コンクリートに使用される最も一般的な材料。
早強ポルトランドセメント	普通ポルトランドセメントより粉末が細かく、水和熱が大きい。早期に強度が発現するので工期を短縮でき、寒冷期の使用に適する。
中庸(よう)熱ポルトランドセメント	普通ポルトランドセメントより水和熱および収縮率が小さく、ひび割れが少ない。
高炉(ろ)セメント	A種・B種・C種がある。B種が最も耐海水性や化学抵抗性が大きく、アルカリ骨材反応の抑制に効果がある。
フライアッシュセメント	A種・B種・C種がある。ワーカビリティーがよく、水和熱も比較的小さい。

セメントの**粒子の細かさ**は、比表面積（ブレーン値）で表す。この値が大きいほど細かく、**早期強度が大きく**なる。

これだけは覚える

フライアッシュセメントといえば…ひび割れ対策に使用される。水和熱が小さい＝ひび割れが起こりにくい。
比表面積といえば…セメントの粒子の細かさ。数値が大きいほど早く強度が出る。

これだけは覚える

セメントの性質といえば…水硬性と風化の意味を理解する。

(2) 性質

セメントは水を加えて、練り混ぜると固まる（水硬性）という性質と、空気中に長時間放置すると空気中の水分を吸収して固まる（風化作用）という性質がある。

3.2 骨材

これだけは覚える

骨材といえば…2.5mmのふるい網に85%以上残るものが粗骨材、85%以上通過するものは細骨材。

骨材とは、セメントに混ぜてコンクリートやモルタルを作る補充材料である。

砂を細骨材、砂利を粗骨材という。砂と砂利の区別は、表3-2のように定義されている。

表3-2　骨材の分類

細骨材	砂	**2.5mm**のふるい網に**85%以上通過**したものをいう。
粗骨材	砂利	**2.5mm**のふるい網に**85%以上残った**ものをいう。

これだけは覚える

粒形といえば…球形に近いほど理想。

(1) 粒形

骨材の粒形は、球形に近いほどよく、扁平、細長のもの、角が立っているものなどは、コンクリートの**ワーカビリティーを悪く**し、**細骨材率が大きく**なり、それだけセメントが**多く必要**になる。

(2) 大きさ

砂利は**25mm以下**で、鉄筋と鉄筋の間、鉄筋と型枠の間を通過できる大きさがよい。絶乾密度（骨材中に含まれている水分がほとんどない状態の重さ）は**2.5以上**、吸水率**3.0%**（細骨材3.5%）**以下**とする。

これだけは覚える
アルカリ骨材反応といえば…骨材が起こす化学反応。
アルカリ骨材反応の対策といえば…低アルカリセメント使用。

(3) アルカリ骨材反応

骨材は**化学的に**（特にアルカリ性に対して）**安定**した性質でなければならない。非結晶質シリカを含有する不安定な鉱物を反応性鉱物といい、これらを粗骨材に使用された場合、コンクリート中のアルカリと反応して、コンクリート表面に亀甲状のひび割れや骨材のポップアウト現象を起こす。

アルカリ骨材反応への対策として、以下があげられる。

- 低アルカリ形の**ポルトランドセメント**を使用する
- 高炉セメントのB種を使用する
- コンクリート1m^{3}中に含まれるアルカリの総量を**3.0kg／m^3 以下**にする
- アルカリ骨材反応に**無害**と判定された骨材を使用する

よく出る 必修！
R4後、R3後、R3前、R1前、H30後
【過去9試験で**5**回】

3.3 コンクリート

コンクリートとは、セメントと水と砂と砂利を混ぜて固めたものをいう。

コンクリートの材料をよく理解することで、躯体工事の分野で出題されるコンクリート工事についても理解できる。よく出題されるテーマでもある。

(1) 材料

コンクリートは、セメント、水、細骨材、粗骨材が主成分である。使用骨材によって、普通コンクリート、軽量コンクリートに分類される。

また、施工条件によって、寒中コンクリート、暑中コンクリートに分類される。

これだけは覚える
コンクリートの性質といえば…圧縮に強く、引張りに弱い。

(2) 性質

コンクリートは、圧縮に強く、引張に弱い性質がある。

参考

単位セメント量
1m^{3}に含まれるセメントの質量（kg／m^3）。
水セメント比
水とセメントの割合。水量w／セメント量c×100（%）で表す。

これだけは覚える

水セメント比といえば…数値が大きくなると水が多くなるため強度が低下する。65%以下（建築）。

これだけは覚える

中性化といえば…コンクリート内のアルカリ性が失われる現象。

これだけは覚える

塩分含有量といえば…コンクリート内の塩分の量。多いほど鉄筋に悪い影響（腐食）がある。

圧縮を100とした場合、曲げは**13～20**、引張は**9～12**、せん断は**20～25**、付着は**25～30**。

火熱による性質は、**110℃**までは膨張し、**260℃**で収縮を始める。**500℃**を超えると強度は約**35%**減少する。

単位水量は、**185kg／m^{3}以下**とする。単位水量を大きくすると、**乾燥収縮**やブリージングが大きくなる。ブリージングとは、コンクリート打設した後、**水分が上昇**する現象。

コンクリートの**単位セメント量**は、**270kg／m^{3}以上**とする。単位セメント量が多くなると、ひび割れが生じやすくなり、少なすぎると、型枠内への充填性が悪くなる。

水セメント比は、建築の場合**65%以下**とする。水セメント比が大きくなると、コンクリートの強度が小さくなり、中性化の速度が速くなる。

中性化（ちゅうせいか）

コンクリートはアルカリ性で、鉄骨や鉄筋の防錆効果が大きい。セメント量が少なく、水セメント比が大きい場合に空中の炭酸ガス、湿気などによってアルカリ性が失われる現象をいう。塩分含有量は**0.30kg／m^{3}以下**とする。

例題1　令和3年度　2級建築施工管理技術検定（前期）第一次検定問題〔No.11〕

コンクリートに関する一般的な記述として，**最も不適当なもの**はどれか。

1. スランプが大きいほど，フレッシュコンクリートの流動性は大きくなる。
2. 水セメント比が大きいほど，コンクリートの圧縮強度は大きくなる。
3. 単位セメント量や細骨材率が大きくなると，フレッシュコンクリートの粘性は大きくなる。
4. コンクリートの圧縮強度が大きくなると，ヤング係数は大きくなる。

正解：2

ワンポイントアドバイス　水セメント比が小さいほど、コンクリートの圧縮強度・耐久性が増加する。コンクリートについては、試験2回に1回程度出題されている。

3.4 混和材料

参考

ワーカビリティー
コンクリートの作業のしやすさのこと。やわらかいコンクリートは、ワーカビリティーがよいということになる。

混和材料とは、ワーカビリティーの改善や、強度・耐久性の向上、凝結速度の調整等を目的として、コンクリートに混和される薬剤のことである。

(1) 使用目的

混和材料は、以下のような目的のために使われる。

- ワーカビリティーの改善
- 耐久性の向上
- 乾燥収縮の低減
- 水密性の増大
- 長期材齢または初期材齢の強度増大

(2) 種類

混和剤には以下のような種類があり、その目的によって選定する。

- AE剤
- AE減水剤
- 高性能AE減水剤
- 流動化剤
- 膨張剤
- フライアッシュ

普通コンクリートには、品質を総合的に改善することを目的として、AE剤、AE減水剤がよく用いられる。

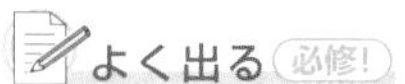

R4前、R3前、R2、R1後、R1前、H30前
【過去9試験で**6**回】

3.5 鋼材

鋼材とは、建築や機械の材料としてそのまま用いることができるように、板、棒、管の形に加工されている。性能が安定しており、主要部分に最もよく使われる建設材料である。

(1) 構造用鋼材

一般的に鉄と呼ばれている金属は、実際は鉄（Fe）のほかに炭素（C）、けい素（Si）、マンガン（Mn）その他の金属を含んだ合金である。鉄骨工事に用いられる構造用鋼材は、炭素鋼と呼ばれるものが多い。

参考

コークス

石炭を乾留（蒸し焼き）して炭素部分だけを残した燃料。

(2) 炭素鋼の種類

極軟鋼（炭素量0.12%以下）、軟鋼（炭素量0.12～0.30%）、硬鋼（炭素量0.30～0.50%）、最硬鋼（炭素量0.50～0.9%）に分けられる。**構造用鋼材**には、主として軟鋼が用いられる。

これだけは覚える

炭素鋼の性質といえば…炭素量が多いほど強度（引張強度）が高く、伸び（ねばり）が減少する。

(3) 炭素鋼の性質

炭素鋼は、炭素の含有量が多いほど、引張強さと硬さが増加するが、伸び、靭性（しんせい）（**粘り強さ**）、溶接性は減少する。

参考

上降伏点（かみこうふく）

力をかけても材料に伝わらないが、変形だけが進む始まりの点。

下降伏点（しも）

力をかけても材料に伝わらないが、変形だけが進む終わりの点。

最大荷重（引張強さ）

材料を引張った時の最も大きな荷重。この点を引張強さともいう。

引張強さに対する降伏強度

1つの鋼材を引張った場合の強さを引張強さという。また、金属材料に力を加えると現れる現象を降伏（こうふく）という。普通の材料は力を加えると変形し、そのまま壊れてゆく。しかし、金属材料は、力をかけると途中で力が伝わらないのに変形だけが増していく点がある。これを降伏点という。原因は金属材料が持っている「伸び」に大きく影響されている。

降伏比は引張強さに対する降伏強度の比で、引張った力に対しての降伏の強さを割合で表したもの。

一般に降伏比の高い鋼材は、降伏点を超えるとすぐ破断強度をむかえ変形能力は小さい。

破断強度
材料が破断される点の強度。鋼材は、他の材料と違い、最大荷重で破断せず、少し強度が落ちてきた途中で破断する。
比例限度
力をかけると、変形も比例（大きくなる）する限界点をいう。
弾性限度
力をかけると変形も進むが、この点で力をかけるのを止めると元に復元（もどる）する限界点をいう。

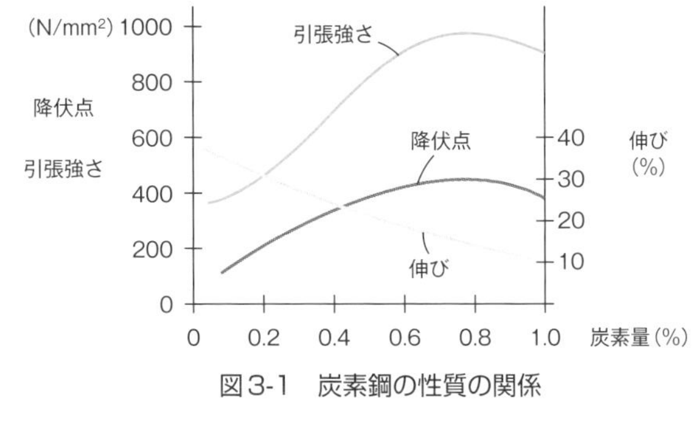

図3-1　炭素鋼の性質の関係

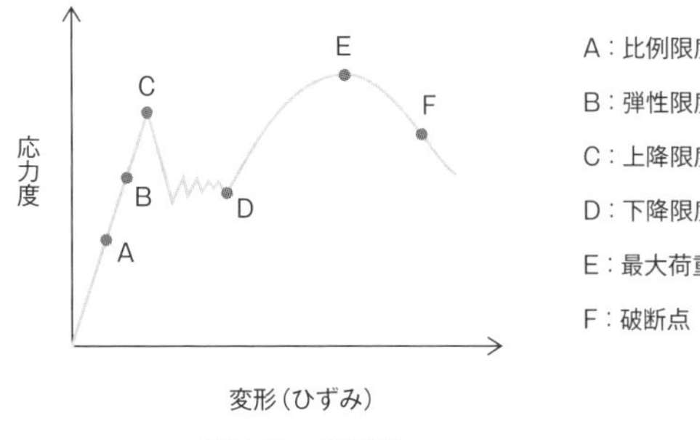

図3-2　降伏比

(4) 衝撃強さ

振り子状のハンマーによる衝撃力で試験片を破断し、吸収エネルギーの大きさにより材料の靭性を判定する。この試験をシャルピー衝撃試験といい、得られる値をシャルピー衝撃値という。

弾性限度（ヤング係数）

材料の固さを表す指標の1つ。ヤング係数が大きければ、部材もより固くなる。逆にヤング係数が低ければ、部材は柔らかくなる。

(5) 温度による性質

鋼材は温度の上昇により強さや伸びが変化する。引張強さは、250～300℃で最大となる。それ以上になると急激に低下する。

よく出る 必修!

R4前、R3前、R2、R1前、R1後、H30前

【過去9試験で**6**回】

これだけは覚える

一般構造用圧延鋼材といえば…一般的な鋼材。SS表示。

SS400といえば…一般構造用圧延鋼材。引張強度が400N/mm²以上。

溶接構造用圧延鋼材といえば…造船でよく使われる。

建築構造用圧延鋼材といえば…建物に使われる。

(6) JISに定められている鋼材

JIS（日本工業規格）とは、日本の工業製品に関する規格や測定方法などを定めた国家規格のことである。JISに定められている代表的な鋼材は以下の通り。

一般構造用圧延鋼材

鋼板、形鋼などとしてよく用いられる一般的な鋼材。その1つに、SS400がある。SSは鋼材の種類（＝一般構造用圧延鋼材）、400は**最小引張強さ**（400N/mm^2）以上を表す。

溶接構造用圧延鋼材

SM材と呼ばれ、**溶接性のよい**鋼材である。A種・B種・C種がある。

建築構造用圧延鋼材

SN材と呼ばれ、建築構造物専用として製造された鋼材。**溶接性**の改善、**鋼材の塑性変形能力**の改善を目的として作られた。A種・B種・C種がある。

例題2　令和3年度　2級建築施工管理技術検定（後期）第一次検定問題〔No.11〕

構造用鋼材に関する記述として，**最も不適当なもの**はどれか。

1. 建築構造用圧延鋼材ＳＮ400の引張強さの下限値は，400 N／mm^{2}である。
2. 引張強さは250 ～ 300℃で最大となり，それ以上の高温になると急激に低下する。
3. 線膨張係数は，約1.2 × 10^{-5}（1／℃）である。
4. ヤング係数は，約3.14 × 10^5 N／mm^{2}である。

正解：4

ワンポイントアドバイス　ヤング係数は、約2.05×10^5 N／mm^{2}である。構造用鋼材の記号と名称に関する問題は、試験4回に1回程度の出題されている。

(7) 代表的な熱処理

鋼材などの金属材料を加熱したり冷却したりすると、内部構造（組織）に変化が起こり、機械性質が著しく変わる。これを利用して、金属材料を硬くしたり、軟らかくしたりする工法を熱処理法という。

焼きなまし

鋼をいったん熱し、炉中で除冷する。結晶粒が細かくなり、均質化する。伸びも増加する。

焼き入れ

高温に加熱した鋼を、水・油中で急冷する。強さ、硬さ、耐摩耗性が大きくなるがもろくなる。

焼きもどし

焼き入れした鋼を、焼き入れ時よりやや低い温度に再加熱して除冷する。内部ひずみやもろさが取り除かれるが、強度は低下する。

これだけは覚える

SD345といえば…鉄筋コンクリート用異形棒鋼で345N／mm^{2}の降伏点（耐力）がある。

(8) JISに定められている鉄筋

鉄筋は、JISでは鉄筋コンクリート用棒鋼および鉄筋コンクリート用再生棒鋼と呼ばれている。

参考

鉄筋の引張試験＿応力ひずみ曲線あり（芝浦工業大学土木工学科マテリアルデザイン研究室）https://www.youtube.com/watch?v=DJcz40oSDmk&t=52s

異形鉄筋

鉄筋コンクリートの鉄筋に使われる鉄鋼の1つにSD345がある。SDは鋼材の種類（異形鉄筋）、345は**降伏点**（こうふくてん）または**耐力**（345N／mm^2）以上を表す。降伏点とは、物に力を加えていったとき、力を加えなくても物が変形していき元に戻らなくなる時の力の大きさをいう。

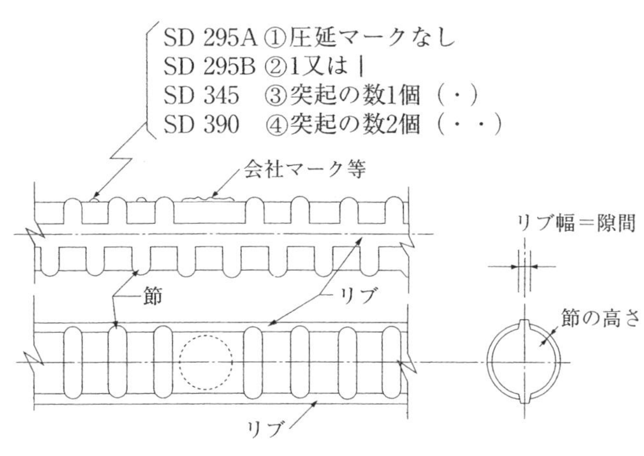

図3-3　異形鉄筋圧延マークの例

(9) アルミニウム

表3-3に示すように、アルミニウムの密度およびヤング係数は、**鋼の**1／3である。アルミニウムにマンガンやマグネシウムを加えると耐食性が増す。

アルミニウムは、加工しやすく、溶接性、耐食性はよいが、軟らかいため、サッシ等に使用されている。

参考
ヤング係数
材料に力がかかった時の伸縮性を表す。

表3-3　鋼とアルミニウムの比較

材料	密度［g/cm^3］	ヤング係数［N/mm^2］
鋼	7.9	2.05×10^5
アルミニウム	2.7	0.7×10^5

これだけは覚える
ステンレス鋼の特徴といえば…錆びにくい、加工が難しい。

(10) ステンレス鋼

ステンレス鋼は、比較的耐食性の高い金属であるが、必ずしも錆びないものではない。錆びのほとんどは、鉄粉、塩分、その他の異物の付着に起因するもらい錆である。炭素量が増すと強度は増大するが、耐食性は低下する。

(11) その他

溶融亜鉛めっき鋼板とは、鋼材に亜鉛めっきした鋼板のこと。亜鉛の腐食生成物が保護膜となって表面を覆うことにより耐食性を高めている。鉛板は、酸にほとんど侵されないが、アルカリには侵される。

R4後、R3前、R2、R1後、R1前
【過去9試験で**5**回】

3.6 アスファルト

アスファルトには、天然アスファルトと石油アスファルトがある。主に石油アスファルトが多く用いられている。アスファルトについてはよく出題される。

天然アスファルトは、石油の中に含まれていて、石油の精製の際に残留物として得られる半固体物質である。石油アスファルトは、製油所で原油を精製して作られる。

(1) アスファルトの種類

原油の精製時に発生する石油アスファルトの代表的なものに以下がある。

ストレートアスファルト

石油を分離して得られたアスファルト。アスファルト成分をできるだけ分解しないように取り出したもの。

ブローンアスファルト

ストレートアスファルトに空気を送り込み加工し、感温性を小さくしたもので、防水用のアスファルトとして使用される。

(2) 防水用アスファルト材料

建物に使用する防水用アスファルトには以下のような種類がある。用途に応じて使い分ける。

アスファルトフェルト

有機天然繊維を主原料とした原紙にアスファルトを浸透

させたもので、屋根または壁下地の防水材料に使用される。

これだけは覚える

アスファルトルーフィングといえば…アスファルト防水に使用する。紙の片側にアスファルトを塗り付けているもの。

アスファルトルーフィング

原紙にアスファルトを浸透、被覆し、表裏面に鉱物質粉末を付着させたもの。アスファルトルーフィング1500は、製品の単位質量が1500g／m²以上のものをいう。

砂付ルーフィング

原紙にアスファルトを浸透、被覆し、表面の片側100mmを除いた表裏面に鉱物質粒子を密着させ、残りの表裏面に鉱物質粉末を付着させたもの。屋根防水の仕上げ張りに使用される。

参考

アスファルトコンパウンド

アスファルトに動植物油や鉱物粉を混入し、耐熱性、弾性、接着性を高めたもの。アスファルト防水の下地や伸縮目地に用いられる。

ストレッチルーフィング

有機合成繊維を主原料とした不織布に防水工事用アスファルトを浸透、被覆し、表裏面に鉱物質粉末を付着させたもの。施工性がよい。

砂付きストレッチルーフィング

一定の穴をあけたガラス繊維基材にアスファルトコンパウンドを被覆し、その裏面に砂を付けて、表面に細砂を散布圧着させたもの。耐久性に優れている。

プライマー

ブローンアスファルト等を溶剤に融解したもので、はけで塗布する接着剤の一種。地下の防水と防水層とのなじみをよくする。

穴あきルーフィング

防水層と下地を絶縁するために用いるルーフィングで全面に穴をあけたもの。

例題3　令和4年度　2級建築施工管理技術検定（後期）第一次検定問題〔No.14〕 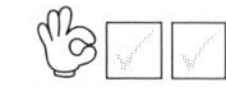

防水材料に関する記述として，**最も不適当なもの**はどれか。

1. シート防水には，合成ゴム系やプラスチック系のシートが用いられる。
2. 網状アスファルトルーフィングは，天然又は有機合成繊維で作られた粗布にアスファルトを浸透，付着させたものである。
3. 塗膜防水は，液状の樹脂が塗布後に硬化することで防水層を形成する。
4. 砂付あなあきアスファルトルーフィングは，防水層と下地を密着させるために用いるものである。

正解：4

ワンポイントアドバイス　砂付あなあきアスファルトルーフィングは、防水層の破裂やふくれを防止する目的で作られる。絶縁工法に用いるためのルーフィングのこと。防水材料総合の問題である。毎回必ず出題される。

(3) アスファルトの試験

アスファルトの性状は、以下のような試験で検査する。

針入度（しんにゅうど）試験

25℃のアスファルトに、100gの力で５秒間、針を刺し、その貫入量を計る（1／10mm単位）試験。この値は、アスファルトの高温時における流動、脆化（ぜいか）などの起こる度合いなど、温度に対する性質を表す。数値が大きいほど、軟化あるいは硬化が起こりにくい、性質のよいアスファルトである。

これだけは覚える
針入度試験といえば…高温時の流れ易さ、強さを見る試験。値が大きいほどよい性質。

フラースぜい化点試験

低温時におけるアスファルトの特性を計る試験。フラースぜい化点の値が低いものほど凍ったりしにくい低温特性のよいアスファルトである。

これだけは覚える
フラースぜい化点試験といえば…低温時の性質を調べる試験。数値が低いほどよい性質。

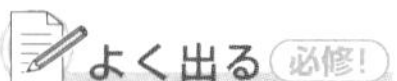

R4前、R3後、R3前、R1後、R1前、H30後、H30前
【過去9試験で7回】

3.7 シーリング材

シーリング材は、隙間や目地に充填（てん）し、気密性、水密性などを高める材料として使用されている。主に表3-4のような種類がある。

表3-4　シーリング材の種類

1成分形シーリング	あらかじめ施工に供する状態に調製されたシーリング材。
2成分形シーリング	基剤と硬化剤を混合するタイプ。
定形シーリング	形状が定まっているもので、ガラス工事で使用するガスケットやビードなどがある。
不定形シーリング	施工時に粘着性があるペースト状のシーリング材で、目地に詰めた後、硬化し、ゴム状になる。

表3-5のように、シーリング材はその材質によって、使用される場面や注意点が異なる。

表3-5　シーリング材の材質の種類と注意事項

変成シリコーン系	石、タイルに使用するが、ガラス面には用いない。
ポリサルファイド系	ムーブメントが大きい目地には用いない。
ポリウレタン系	ガラス面には用いない。
シリコーン系	塗料の付着性は悪いが耐熱性、耐久性がよい。

シーリングの工法については、ここでは割愛するが表3-6のシーリングに関する主な用語を理解しておくとよい。

これだけは覚える

モジュラスといえば…伸縮性を表す。例えば、50%モジュラスとは、50%伸びを与えたときの力をいう。
ワーキングジョイントといえば…動きが大きい=2面接着。
ノンワーキングジョイントといえば…動きが小さい=3面接着。

表3-6　シーリングに関する用語

モジュラス	一定の伸びを与えたときの引張応力。
ワーキングジョイント	地震や温度変化に対して動きが大きい接続部をいう。
ノンワーキングジョイント	地震や温度変化に対して動きが小さい接続部をいう。
ムーブメント	地震や温度変化に対しての動きをいう。
2面接着	地震や温度変化に対して動きの大きいワーキングジョイントの場合に適用する。
3面接着	地震や温度変化に対して動きの小さいノンワーキングジョイントの場合に適用する。

例題4　令和3年度　2級建築施工管理技術検定（後期）第一次検定問題〔No.14〕 

防水材料に関する記述として，**最も不適当なもの**はどれか。

1. 金属系シート防水のステンレスシート又はチタンシートは，連続溶接することで防水層を形成する。
2. ウレタンゴム系の塗膜防水材は，塗り重ねることで連続的な膜を形成する。
3. アスファルトプライマーは，下地と防水層の接着性を向上させるために用いる。
4. 防水モルタルに混入した防水剤は，塗り付ける下地に浸透して防水効果を高めるために用いる。

正解：4

ワンポイントアドバイス　防水剤は、水モルタルに防水性を付与するものであり、下地の防水効果を高めるものではない。防水材料の問題は、シーリングに関するものを関するものを含めると、試験2回に1回程度出題されている。

3.8 石材

石材とは、建築・土木用、墓石や石碑、美術・工芸品等の材料として利用される天然の岩石のことである。色、模様、質感、耐久性などによって、用途に応じた岩石が用いられる。

(1) 性質

これだけは覚える

石材の引張強さと重さといえば…重いほど強い。

石材の引張強さは、圧縮強さの**1／10～1／20**と非常に弱い。また、比重に比例して強度は大きい。

(2) 種類

建築に使われる代表的な石材の種類と名前は表3-7の通り。

表3-7　石材の種類

火成岩	花崗岩（御影石）、安山岩
水成岩	粘板岩、砂岩、凝灰岩
変成岩	大理石、蛇紋岩
人造石	テラゾー

R4後、R4前、R2、R1前、H30前
【過去9試験で**5**回】

3.9 タイル

タイルは、建築物の床、壁面などの仕上げに用いられる薄板状の材料である。粘土を釜で焼成して作られる。タイルについては、以前はほとんど出題されなかったが、この3～4回はよく出題されている。

建築に用いられるタイルには、様々な種類がある。その形状（表3-8）、素地（きじ）（表3-9）、吸水率（表3-10）、うわ薬（表3-11）、成形方法（表3-12）によって区分される。

表3-8　タイルの形状による区分

モザイクタイル	紙張りをして300または303角にユニット化したもの。平物の表面積が50cm²以下のもの
小口タイル	寸法108×60mmのもの
2丁掛けタイル	寸法227×60mmのもの
ボーダータイル	寸法227×30mmのもの（細長い）

表3-9　素地による区分

磁器質タイル	吸水性は約1%程度で、ほとんどなく、ち密で硬い。内・外装、床等に用いられる。
せっ器質タイル	吸水性は約5%程度と少なく、硬い。内・外装、床等に用いられる。
陶器質タイル	吸水性は約22%程度と多い。外装タイルには不向きである。

表3-10　吸水率による区分

Ⅰ類	3.0%以下
Ⅱ類	10.0%以下
Ⅲ類	50.0%以下

表3-11　うわ薬による区分

施釉（せゆう）タイル	表面に釉薬を塗ったタイル
無釉（むゆう）タイル	釉薬を施さず、素地のままの表面となるタイル

表3-12　成形方法による区分

押出成形	含水率の高い素地原料を、押出成形機によって板状に押し出し、所定の形状、寸法等に切断して成形する方法。
プレス成形	細かく粉砕された含水率の低い素地原料を、高圧プレス成形機で所定の形状・寸法に成形する方法。

参考

うわ薬（釉（ゆう）薬）

粘土や顔料等を水に混ぜた液体。素地の表面に塗布して焼成するとガラス化する。

例題5　令和4年度　2級建築施工管理技術検定（後期）第一次検定問題〔No.13〕 

日本産業規格（JIS）に規定するセラミックタイルに関する記述として，**最も不適当なもの**はどれか。

1. 表張りユニットタイルとは，多数個並べたタイルの表面に，表張り台紙を張り付けて連結したものをいう。
2. 裏あしは，セメントモルタル等との接着をよくするため，タイルの裏面に付けたリブ又は凹凸のことをいう。
3. 素地は，タイルの主体をなす部分をいい，施ゆうタイルの場合，表面に施したうわぐすりも含まれる。
4. タイルには平物と役物があり，それぞれ形状は定形タイルと不定形タイルに区分される。

正解：3

ワンポイントアドバイス　施ゆうタイルは、ゆう薬に含まれる顔料により表面の色をつくる。タイル材料総合問題である。試験2回に1回程度出題される。

3.10 ガラス

ガラスは、外部環境から人々を守る役割を果たし、内部に明るい光をもたらす。ソーダ灰、石灰石、けい砂（しゃ）等の材料からできている。

建築に用いられる板ガラスには以下のような種類がある。

フロート板ガラス

表面の平滑な平面板で、採光性、透視性に優れ、また反射像も正しく映る。板厚は2～19mmで、泡傷などにより等級が定められている。

型板ガラス

2本の水冷ローラーの間に、直接融解したガラスを通して製版されるロールアウト法により生産されるガラス。透過光の拡散、視線の遮断、装飾性に富んでいる。

網入りガラス

ガラス内に金属製の網が入った板ガラスで、防火性、飛散防止、盗難防止の用途がある。一般の板ガラスより破壊強度が低く、熱割れが起こりやすい。

熱線吸収板ガラス

ガラスの原料の中にニッケル、コバルト、鉄、セレンなどを入れ、太陽放射の吸収、色彩表現、防眩性を付加したものである。一般の板ガラスより熱割れを起こしやすい。

熱線反射板ガラス

ガラスの片面に金属酸化物の薄膜を焼き付けてあり、太陽放射熱を約30%反射し、冷房負荷を軽減する。視覚的にハーフミラー状であって表現力に富んでいる。

複層ガラス

これだけは覚える
複層ガラスといえば…結露防止に一番効果がある。

2枚以上の板ガラスを一様の間隔を置いて並べ、その周辺を密封し、内部に外気圧と近い圧力の乾燥気体を封入したガラス。普通の単板ガラスの約2倍の断熱効果がある。

合わせガラス

これだけは覚える
合わせガラスといえば…複層ガラスの次に結露防止効果がある。

2枚以上の板ガラスの間に特殊樹脂フィルム（中間膜）を接着させてあり、耐貫通性が高く、防犯性能も高い。割れても分散しない。

強化ガラス

これだけは覚える
強化ガラスといえば…割れた時の破片は粒状で安全。

板ガラスを熱処理してガラス表面に強い圧縮応力層を形成したもので、衝撃強度が高い。切断加工、穴あけができない。

倍強度ガラス

強化ガラスと同様な加熱処理を行い、耐風圧強度を2

倍に高めたガラスである。切断加工、穴あけはできない。

ガラスブロック

箱型状のガラスを熱圧着した中空のレンガで内部は減圧となっている。外部は平滑で内面に形模様をつけてある。

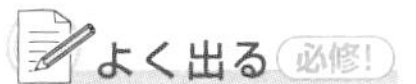
R4前、R2、R1前、H30前
【過去9試験で**4**回】

3.11 建具性能

建築部材には、用途や設置場所などに応じて様々な性能が要求される（表3-13）。

表3-13　建築部材に要求される性能

耐衝撃性	衝撃力に耐える程度
気密性	空気の漏れを防ぐ程度
水密性	風雨による建具室内側への水の浸入を防ぐ程度
遮音性	音を遮る程度
断熱性	熱の移動を抑える程度
遮熱性	日射熱を遮る程度
結露防止性	建具表面の結露の発生を防ぐ程度
防火性	火災時の延焼防止の程度
面内変形追随性	地震によって生じる面内変形に追随し得る程度
耐候性	構造、強度、表面状態などがある期間にわたり使用に耐え得る品質を保持している程度
形状安定性	環境の変化に対して形状寸法が変化しない程度
開閉力	開閉操作に必要な力の程度
開閉繰返し	開閉繰返しに耐え得る程度

アルミニウム製建具においては、性能値等を表3-14から表3-18のように表す。

耐風圧とは、強風など内外からの力に対してどの程度耐えられるかを示す性能である。

表3-14　耐風圧

等級	S-1	S-2	S-3	S-4	S-5	S-6	S-7
最高圧力(Pa)	800	1200	1600	2000	2400	2800	3600

気密性とは、サッシのすき間からどの程度の空気の出入りがあるかを示す性能である。

表3-15　気密性

等級	A-1	A-2	A-3	A-4
気密等級線	A-1等級線	A-2等級線	A-3等級線	A-4等級線

水密性とは、屋内への雨水浸入をどの程度防げるかを示す性能である。

表3-16　水密性

等級	W-1	W-2	W-3	W-4	W-5
圧力差（脈動圧中央値：Pa)	100	150	250	350	500

遮音性とは、屋内・外への音の出入りをどの程度遮ることができるかを示す性能である。

表3-17　遮音性

遮音性等級	T-1	T-2	T-3	T-4
遮音等級線	T-1等級線	T-2等級線	T-3等級線	T-4等級線
旧遮音等級線	25	30	35	40

断熱性とは、屋内の熱移動をどれくらい抑えることができるかを示す性能である。

参考

熱貫流率

室内側と室外側の温度差を1℃としたとき、窓ガラス1m^{2}あたりに対して、1時間の間にどれだけ熱が通過するかといった熱量のことをいう。

表3-18 断熱性

等級	H-1	H-2	H-3	H-4	H5
熱貫流抵抗（m2・K/W）	0.215以上	0.246以上	0.287以上	0.344以上	0.430以上

例題6　令和3年度　2級建築施工管理技術検定（後期）第一次検定問題〔No.13〕 

日本産業規格（JIS）に規定する建具の性能試験方法に関する記述として，**不適当なもの**はどれか。

1. 耐風圧性の性能試験では，変位及びたわみを測定する。
2. 遮音性の性能試験では，音響透過損失を測定する。
3. 結露防止性の性能試験では，熱貫流率を測定する。
4. 遮熱性の性能試験では，日射熱取得率を測定する。

正解：3

ワンポイントアドバイス　熱貫流率は、断熱性試験の測定項目である。建具に関する問題は、試験2回に1回程度出題されている。

3.12 左官

左官とは、しっくい、プラスター、モルタル等の壁塗り工事をいう。

左官に関する出題はそれほど多くないが、以下の2つのプラスター塗りについては押さえておくとよい。

せっこうプラスター

主成分は焼せっこうで硬化が早く、比較的強度もあり、収縮ひび割れが生じにくい。

ドロマイトプラスター

しっくい塗りのつのまたのようなのりを必要としない気硬性材料である。ドロマイト原石（白雲石）を焼成し、水和消化した後、粉末度を調整したものである。

よく出る（必修!）
R4前、R3後、R3前、H30後
【過去9試験で**4**回】

3.13 内装材料

内装材料とは、床、壁、天井等に使う仕上げ材や下地材のことである。内装材料についてはよく出題される。

内装工事で使われている代表的な材料について、その性質や特徴、用途などを理解しておくとよい。

(1) 床材料

床に使われる、仕上げ材や下地材の主なものに以下がある。

これだけは覚える
ビニル床シートといえば…24時間以上仮敷きしてから張り付ける。

ビニル床シート

熱に弱いが、止水性、防じん性が高く、耐水性、耐摩耗性に優れている。

これだけは覚える
ビニル床タイルといえば…耐水性に優れているため、水回りに使用する。

ビニル床タイル

耐摩耗性、耐水性、耐湿性に優れている。浴室、洗面所などに用いる場合は、エポキシ樹脂系接着剤を使用する。

ゴムタイル

弾性があり、耐摩耗性、耐油性がある。事務室などに適するが、厨房などには適さない。

エポキシ樹脂塗り床

高接着力性、耐水性、耐アルカリ性、耐酸性、耐薬品性などに優れている。湿気の多い場所や実験室、食堂、作業室、調理室などに適している。

カーペット

床用の敷物で、じゅうたん、だんつう、もうせん等がある。防音・安全性のほかに保温性も高い。

フローリング

床に張る木質系の仕上げ材をいう。

試験に出る

(2)壁・天井材料

壁や天井に使われる、仕上げ材や下地材の主なものに以下がある。

これだけは覚える

せっこうボードといえば…吸水率が高くなると強度が低下する。

せっこうボード

遮音性、断熱性があるが、吸水率が大きく、吸水すると強度が著しく低下する。水回りには使用しない。厚さ12mm以上で、有機質充填剤が混入しないものは不燃材料、厚さ9mm、12mmで、有機質充填剤が混入されたものは準不燃材である。耐水性のシージングボードのほか、強化せっこうボードがある。

強化せっこうボード

石膏ボードの芯材部分に無機繊維材料を混入したもので、普通石膏ボードより耐火性能を有することから、耐火構造、準耐火構造、防火構造材料として使用されている。

シージングせっこうボード

せっこうボードの耐湿性を向上させたもので、水回りに使用できる。

木毛セメント板

比較的軽量で防火性能を有する。断熱性、吸音性がある。

ケイ酸カルシウム板

軽量で、加工が容易。湿気や温度による寸法変形が少なく、反り変形も小さいが吸水性は大きい。弾性に富み、熱、音の遮断性に優れた不燃材である。

これだけは覚える

パーティクルボードといえば…2×4工法の耐力壁にも使用されている。

パーティクルボード

木材の小片を接着剤を用いて熱圧成形したボードで、遮音性、断熱性、耐久性、防火性に優れている。

試験に出る

参考

ロックウールとは、石材を溶かして繊維状にしたものである。

ロックウール化粧吸音板

ロックウールを主原料に、結合材、混和材を加えて板状に成形し、それを基材に表面を塗装したもの。不燃性、吸音性、断熱性、意匠性には優れているが、耐水性には劣る。

インシュレーションボード

木材等をファイバー状にしたものを主原料として、板状に成形されたもの。断熱性・吸音性には優れている。

例題７　令和3年度　2級建築施工管理技術検定（前期）第一次検定問題〔No.14〕

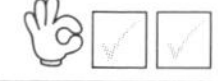

内装材料に関する一般的な記述として，**最も不適当なもの**はどれか。

1. 木毛セメント板は，断熱性，吸音性に優れている。
2. けい酸カルシウム板は，軽量で耐火性に優れている。
3. パーティクルボードは，木材小片を主原料として接着剤を用いて成形熱圧したものである。
4. 強化せっこうボードは，芯のせっこうに油脂をしみ込ませ，強度を向上させたものである。

正解：4

ワンポイントアドバイス

強化せっこうボードは、防火性を高めるために無機質繊維等を混入したもの。内装材料に関する問題は、試験２回に１回程度出題されている。

第4章 共通工事

共通工事とは、外構工事、設備（給排水、空調、電気等）工事、測量、積算が含まれる。毎回3問出題される必須問題である。

4.1 外構工事

外構工事とは、一般的に建物の周囲の工事をいい、門、車庫、塀、柵、植栽または舗装その他をいう。

(1) 植栽工事

木、花、芝生等建物の周囲および中庭などに施工する工事を植栽工事という。

高木

植栽に用いられる樹木は、常緑樹と落葉樹に分けられる。また、樹高による分類では、**6～7m以上**に生長し、はっきりとした主幹を持つものを高木という。

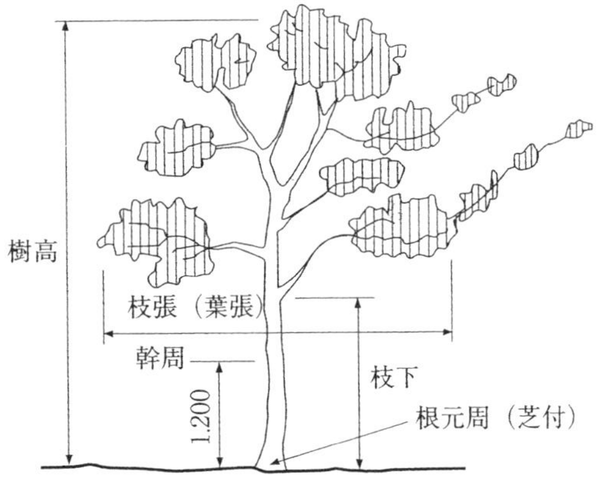

図4-1　樹木の寸法名称

- 樹高（しゅこう）とは、地面より樹冠の頂部までの長さをcmで示す
- 幹周（みきまわり）とは、地面から**1200mm**の部位の幹の周囲長

をcmで示したもの

- 枝張（えだはり）とは、樹幹の**水平二方向の平均値**をcmで示す
- 枝下とは、地面から最初の健全な太枝の着生点で枝の下側での高さをcmで示す
- 根元周とは、植付け点の位置の幹周囲長をcmで示す

客土は、植物の生育に適した土壌で、小石・ごみ・雑草などを含まない良質土を使用する。

張り芝

傾斜地では、芝片の長手方向を水平にし、千鳥に張付ける。張り芝の目地は、横目地を通す。縦目地は通してはならない。

移植工事

掘り取る鉢径は、樹木の根本（接地部）直径の３～５倍程度とし、幹を中心に円形に掘りまわす。

R3後、R3前、R1前、H30後
【過去９試験で**4**回】

(2) 舗装工事

舗装工事とは、主にアスファルト舗装道路の工事を指す。一般道路は通常、図4-2のように路床（ろしょう）と呼ばれる道路の基礎部分を十分な強度に保ち、その上層に舗装部分に当たる路盤、基層、表層を形成している。各層の間には、接着性を保つためにコートと呼ばれる液体（乳剤）を塗り、耐久性を確保している。**舗装工事についてはよく出題される。**

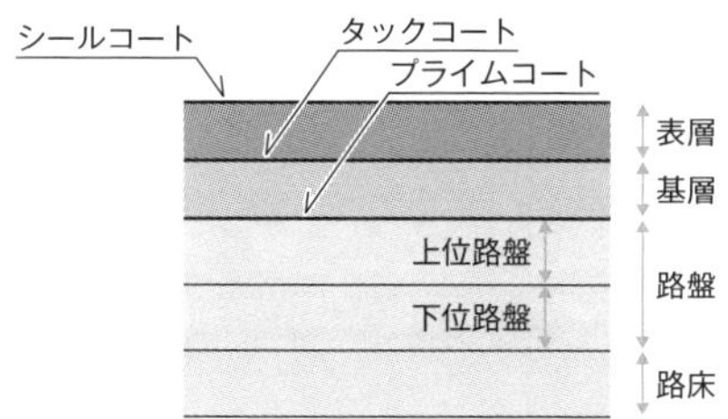

図4-2　アスファルト舗装構成

路床（ろしょう）

アスファルト舗装道路の一番下部の部分を路床という。路床が軟弱な場合は安定処理によって土質を改良する。安定処理には、添加剤として、砂質土に対してはセメントを、シルト質土・粘性土に対しては石灰を利用する。CBRとは、路床・路盤の支持力を表す指標のことをいう。

路盤

路盤は、図4-2のように路床の上にある層で、上層路盤と下層路盤の二層になっている。

アスファルト舗装では、表4-1のような乳剤を散布する。プライムコートは基層と路盤の間に、タックコートは表層と基層の間に入れて接着剤の効果を発揮する。シールコートは表層に施す。

これだけは覚える

プライムコートといえば…基層と路盤の間の接着剤。

タックコートといえば…表層と基層の間の接着剤。

シールコートといえば…表層の表面に塗る接着剤。

表4-1　路盤工事に使われる乳剤

プライムコート	路盤の上に散布されるもので、路盤の仕上り面を保護し、その上に施工する表層との接着をよくするために用いられる。
タックコート	基盤あるいは路盤の上に置く混合物との間の付着をよくするためのもの。
シールコート	アスファルト表層の劣化防止および耐久性向上が目的で使用され、表層に散布するものである。

例題1　令和3年度　2級建築施工管理技術検定（前期）第一次検定問題〔No.15〕

アスファルト舗装に関する記述として，**最も不適当なもの**はどれか。

1. 路盤は，舗装路面に作用する荷重を分散させて路床に伝える役割を持っている。
2. 表層は，交通荷重による摩耗とせん断力に抵抗し，平坦ですべりにくく快適な走行性を確保する役割を持っている。
3. プライムコートは，路床の仕上がり面を保護し，路床と路盤との接着性を向上させる役割を持っている。
4. タックコートは，基層と表層を密着し，一体化する役割を持っている。

正解：3

ワンポイントアドバイス　プライムコートは、路盤の仕上後に使用し、施行中の品質向上のために使用する。舗装工事に関する問題は、試験2回に1回程度出題されている。

よく出る（必修!）
R4前、R3前、R2、R1後、R1前、H30前
【過去9試験で**6**回】

4.2 設備工事

設備工事とは、生活する上で必要な設備全搬の工事をいい、空気調和、上下水道（給水、排水）、電気、昇降機、消火設備等が該当する。毎回1問出題される。

(1) 空気調和設備

空気調和設備とは、生活や仕事のために空気の温度や湿度、空気の汚れや空気の流れを調整して、快適な空間を保つことを目的とした建築設備である。

空気調和設備は、熱の運搬方法で大別すると、全空気方式、全水方式、空気・水方式、冷媒方式に分けられる。

全空気方式には、CAV方式、VAV方式などがある。全水方式には、ダクト併用ファンコイルユニット方式、冷媒方式には、パッケージ方式がある。

各方式の用途は表4-2の通り。

これだけは覚える
CAV方式といえば…どの部屋も風量が常に一定。
VAV方式の違いといえば…部屋ごとに風量を変えることができる。

表4-2　空気調和設備の方式と用途

CAV方式（定風量単一ダクト方式）	中央に設置した空調機で温湿度を調整した空気をダクト（風道）で各室に導き空調するもの。室ごとの運転・停止ができない欠点がある。 工場、百貨店等の大きい室に利用される。
VAV方式（変風量単一ダクト方式）	個別制御が可能で、吹出し風量を各室ごとに変化させることができる。そのため、動力・エネルギーを節約できる利点がある。 大規模なビル、会議室等、個別の室があるタイプの建物で利用される。
ダクト併用ファンコイルユニット方式	室内小型空調機（冷温水コイル・フィルターを内蔵したファンコイルユニット・電動機直結送風機等）を各室に設置し、中央機械室より冷温水を供給する方式。 病院、住宅、一般ビルに利用される。
パッケージ空調方式	工場生産のパッケージ形（圧縮機・凝縮器等の冷媒サイクル系機器）空気調和機を単独または、多数設置して空調を行う方式。 小規模なビル、電算機室等に利用される。

冷温水配管

冷温水配管とは、熱源から各空気調和機に冷水、温水またはこれらを交互に送るもので、密閉式と開放式がある。

冷温水配管の配管方式には、冷水と温水を切り替える2管式と、往き管は冷水と温水とし、還り管は冷温水共用とする3管式、往き管と還り管とも冷水と温水を別にする4管式がある。

ゾーニング

ゾーニングとは、建築・インテリア計画において行われる設計計画上の区域をいう。

これだけは覚える

ペリメーターゾーンといえば…外周。
インテリアゾーンといえば…内部。

試験に出る

R4後、R3後、H30後
【過去9試験で3回】

表4-3　ゾーニング

ペリメーターゾーン	外周負荷を処理する窓際ユニットの受け持つ区域をいう。
インテリアゾーン	内部負荷を処理する空調機の受け持つ区域をいう。

(2)給水設備

人間が生活を円滑に営んでいくためには、飲料水を始めとして、調理、洗濯、洗面、風呂等に多量の生活用水を必要とする。これらを担うのが給水設備である。

給水設備には、表4-4のような方式がある。それぞれの特徴を理解しておくこと。

これだけは覚える

水道直結直圧方式といえば…住宅向き（圧力弱い）。

これだけは覚える

高置タンク方式といえば…最も一般的。上のタンクから重力で下ろしてくるタイプ。
圧力タンク方式といえば…小規模の中層建物に多く使用されていて、受水槽の水をポンプで上に汲み上げる方式。

表4-4　給水設備の方式

水道直結直圧方式	水道本管から給水管を引き込み、直接水道の圧力を利用して、各水栓に給水する方式で、一般に、2階建て程度の低層住宅に適している。
水道直結増圧方式	水道本管から給水管に引き込み、ポンプにより各水栓に給水する方式。一般に7階建てまではポンプで、3階程度までは水道の圧力で切り替える。
高置タンク方式	水道本管または井戸から受水タンクに一度水を貯めて、揚水ポンプ等で屋上の水槽に上げ、重力によって下の各水栓に給水する方式。
圧力タンク方式	上水または井戸水を受水タンクに貯水したのち、これをポンプで圧力タンク内に送り、タンク内の空気を圧縮して圧力を上昇させ、各水栓に給水する方式。
ポンプ直送方式	受水タンクに貯水したのち、給水ポンプで直接加圧した水を必要箇所に給水する方式。

ウォーターハンマー

給水管内を流れる水は水栓類の急停止やポンプの停止で

逆止め弁が急停止すると、急な圧力変動で振動や衝撃音が発生し、管系統に損傷を与える。この現象をウォーターハンマーという。

クロスコネクション

給水、給湯配管とそれ以外の配管や器具・装置に直接接続されることをクロスコネクションという。水道の水質汚染の原因となることから、水道法により禁じられている。

エアーチャンバー

エアーチャンバーは、ウォーターハンマーの水撃圧を吸収する装置。給配水管は、エレベーターシャフト内に設けてはいけない。

給水タンク

給水タンクの保守点検を行うためのマンホールは、円形で直径600mm以上とすることが定められている。

タンク周囲の保守点検スペースは図4-3の通り。

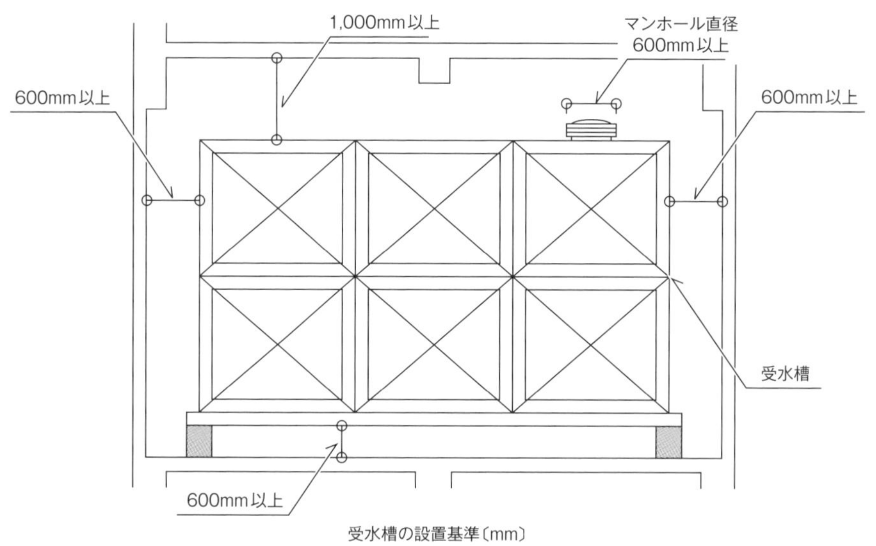

図4-3　保守点検スペース

例題2　令和4年度　2級建築施工管理技術検定（前期）第一次検定問題〔No.17〕

空気調和設備に関する記述として，**最も不適当なもの**はどれか。

1. パッケージユニット方式は，機械室，配管，ダクト等のスペースが少なくてすむ。
2. ファンコイルユニット方式は，ユニットごとの温度調節はできない。
3. 二重ダクト方式は，別々の部屋で同時に冷房と暖房を行うことができる。
4. 単一ダクト方式は，主機械室の空気調和機から各室まで，一系統のダクトで冷風又は温風を送るものである。

正解：2

ワンポイントアドバイス　パッケージユニットエアコンは、大規模店舗・オフィス用で、室外機1に対して室内機1～4である。家庭用ルームエアコンの様に、室外機と室内機が対になったもので、家庭用に比べて機械室、ダクトスペース、配管スペースが必要となる。

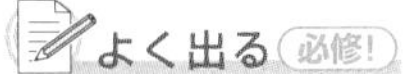

よく出る（必修!）
R4後、R4前、R3前、R1後、R1前
【過去9試験で**5**回】

これだけは覚える
排水設備といえば…勾配は管の直径によって変わる。

これだけは覚える
トラップといえば…封水（水を溜める）深さは5～10cm。

(3) 排水設備

排水は、汚水、雑排水、雨水に分類される。

配管の勾配は、管の直径によって変わり、直径65mm以下で1／50以上、直径75～100mmで1／100以上、直径125mmで1／150以上、直径150以上で1／200以上とする。**排水設備についてはよく出題される。**

トラップ

配管内の悪臭、有毒ガス、虫等が室内に侵入しないように設けたもので、配管内の封水の深さは5～10cm必要。

二重トラップは排水不良の原因となるため禁止されている。

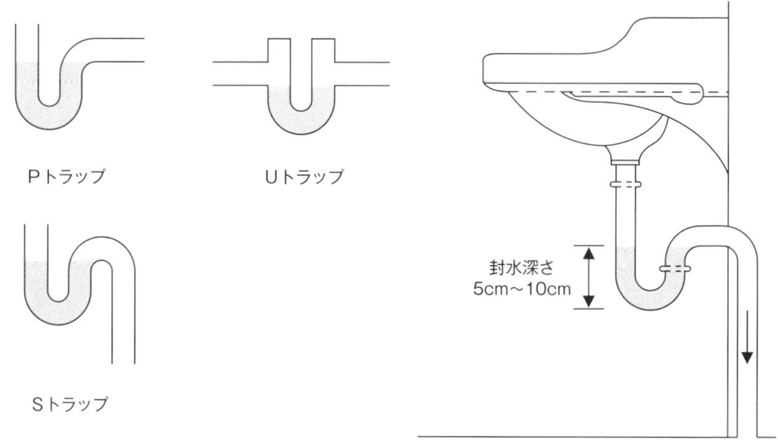

図4-4　トラップの基本形

参考

泥だめ

雨水に混じった土砂を下流に流さないようにし、定期的に取り除く。

桝

雨水桝には底部に深さ150mm以上の泥だめを設け、汚水桝には汚物や固形物が停滞しないように、底部にインバート（汚水管と同サイズの半円形の溝）を設ける。

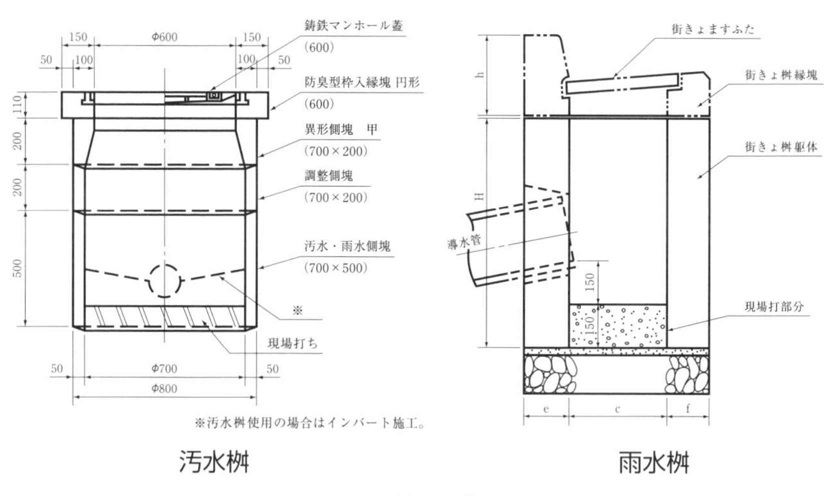

図4-5　桝

例題3　令和3年度　2級建築施工管理技術検定（後期）第一次検定問題〔No.15〕

屋外排水工事に関する記述として，**最も不適当なもの**はどれか。

1. 内法が600㎜を超え，かつ，深さ1.2ｍを超える雨水用排水桝には，足掛け金物を取り付けた。
2. 雨水用排水桝及びマンホールの底部には，深さ50㎜の泥だめを設けた。
3. 地中埋設排水管の長さが，その内径又は内法幅の120倍を超えない範囲内で，桝又はマンホールを設けた。
4. 排水管を給水管に平行して埋設する場合，給水管を上方にして，両配管は500㎜以上のあきを設けた。

正解：2

ワンポイントアドバイス　深さ150㎜以上の泥だめを設ける。給排水設備に関する問題は、試験1～2回に1問程度出題されている。

よく出る 必修！

R4後、R3後、R3前、R2、R1前、H30後、H30前
【過去9試験で**7**回】

これだけは覚える

直流・交流の低圧の違いといえば…低圧は直流750V以下、交流は600V以下。

（4）電気設備

電気設備とは、電力会社から送られてくる電気を受けて、電気を使用する機器等に供給する設備である。受変電設備、発電設備、電灯設備、動力設備、情報・通信設備、防災設備、構内線路設備、雷保護設備等がある。

電圧

電圧の区分は省令により、表4-5のように低圧、高圧、特別高圧の３種に定められている。

表4-5　電圧の区分

区分	直流	交流
低圧	750V以下	600V以下
高圧	750Vを超え 7,000V以下	600Vを超え 7,000V以下
特別高圧	7,000Vを超えるもの	

例題4　令和3年度　2級建築施工管理技術検定（後期）第一次検定問題〔No.16〕 

LEDランプに関する一般的な記述として，**最も不適当なもの**はどれか。

1. 他のランプ類に比べ耐熱性が低いため，高温にさらされないよう，発熱体の周辺への設置を避ける。
2. 他のランプ類に比べ寿命が短いため，高い天井等，ランプの交換がしにくい場所への設置を避ける。
3. 光線に紫外線をほとんど含まないため，屋外照明に使用しても虫が寄り付きにくい。
4. 光の照射方向に熱をほとんど発しないため，生鮮食料品の劣化を助長しない。

正解：2

ワンポイントアドバイス　LEDランプは，他のランプ類に比べ寿命が非常に長いので，吹抜け等がある居室における高い天井等に使用する。照明設備に関する問題は多くないが、近年、LED照明のように環境工学分野でも出題されている。

電気方式

建物で使われる電気方式には、表4-6のような種類がある。用途に応じて選択する。

表4-6　電気方式と用途

電気方式	用途
単相2線式 100V	負荷（ふか）の小さい小規模住宅等で電灯・コンセント等に使用される。
単相2線式 200V	大型電熱器、蛍光灯（40W以上）等に使用される。
単相3線式 100V／200V	負荷の大きい住宅・店舗等で100Vは電灯・コンセントに、200Vは電気容量の大きい機器に使用される。
単相3線式 200V	中規模建築物で、0.4kWを超え37kW以下の電動機等に使用される。

試験に出る

R1前
【過去9試験で1回】

これだけは覚える

フロアダクトといえば…床内に埋め込んだ配管。
バスダクトといえば…大容量の電線を収めた配管。

配線設備

配線には、金属管配線、合成樹脂管配線、ケーブル配線が多く用いられる。配線を収めるダクトには、表4-7のような種類がある。

表4-7　ダクトの種類

フロアダクト	乾燥した場所のコンクリート床内に埋め込んで施設される。使用電圧が300V以下の場合に適用する。電線に接続点を設けないことが原則。
バスダクト	鋼板またはアルミニウムの外箱内に絶縁物を介して収められている。比較的大容量の幹線に用いられる。屋内配線には用いない。

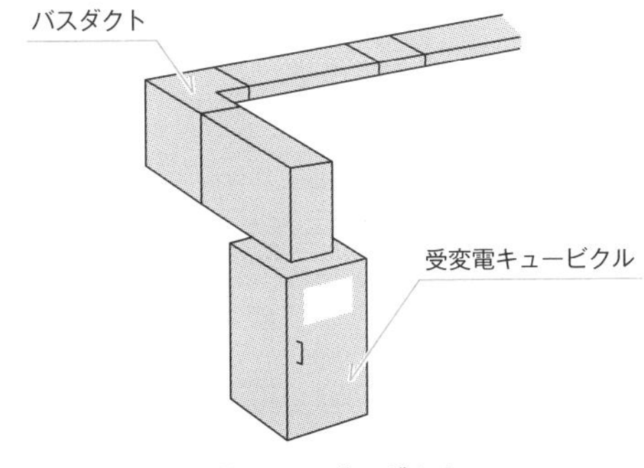

図4-6　バスダクト

接地工事

感電防止や静電気障害の防止のために、電路または電路以外の金属部分を地面に接続することを接地工事という。

(5)消火設備

代表的な消火設備は、表4-8の通り。それぞれ用途や設置場所などが異なる。

表4-8　消火設備の種類と特徴

設備	特徴
屋内・屋外消火栓設備	人が操作することによって火災を消火する設備。
スプリンクラー設備	天井または屋根下部分に配置されたスプリンクラーヘッドにより、火災感知から放水までを自動的に行う消火設備。
水噴霧消火設備	スプリンクラー設備と同様に、散水して消火する設備。汚損や腐食性があり、図書館や博物館には不向き。
泡消火設備	駐車場やヘリポートなどの水による消火方法では効果が少ない場合、または火災を拡大するおそれのある場合に設置される。
不活性ガス消火設備	電気室・美術館・精密機械室・電気通信機械室等に設置されるもので、消火剤(二酸化炭素)による汚染が少ない。
ハロゲン化物消火設備	不活性ガスと同様、消火剤による汚染が少ない。
粉末消火設備	窒素または炭酸ガスで加圧した消化粉末を放射するもので、特に消炎作用が大きく、速効性があるので油等の表面火災に最も適している。

これだけは覚える

屋内消火栓設備といえば…初期消火に利用する。
屋外消火栓設備といえば…消防隊が利用する。
スプリンクラー設備といえば…熱を感知して水をまく設備。煙は感知しない。

消火活動上に必要な設備

一般的な消火設備とは異なり、消火活動に必要な設備と呼ばれ、主に消防隊が火災発生時に使う。

これだけは覚える

連結送水管といえば…
中高層建物に設置。

表4-9　消火活動に必要な設備

連結送水管	送水口、放水口、放水用器具格納箱等から構成されている。中高層建物あるいは大規模な地下街に設置される。
連結散水設備	散水ヘッド、配管、弁類および送水口から構成されている。地下街のみに設置される。

(6) 避雷設備

雷から建物を守る設備を避雷設備という。高さが20mを超える建物には、高さ20mを超える部分を電撃から保護する有効な避雷設備を設けなければならない。避雷針の保護角は、60度以下とする。

(7) 昇降設備の管制運転

昇降設備（エレベーター）には、災害時の対応や二次災害に対する備えとして、表4-10のような管制運転の機能がある。

表4-10　管制運転

火災時管制運転	火災時にエレベーターを避難階に停止させる機能。
地震時管制運転	地震感知器との連動により、エレベーターを最寄の階に停止させる機能。
自動発電管制運転	停電時に自家発電源により、エレベーターを各グループ単位に順次避難階に帰着させる機能。

R4後、R2、H30前
【過去9試験で3回】

4.3 測量・積算

測量とは、位置を出したり、高さの基準を出したり、敷地の大きさを図面化したりする作業をいう。積質とは、必要な材料や資材の数を計算することをいう。

(1) 測量

建築に用いられる測量には、主に表4-11のような方法がある。

表4-11　測量方法

距離測量	距離の測定には、巻尺や光波測距儀、GPS測量がある。
スタジア測量	セオドライトと標尺（スタフ）を使用して、間接的に水平距離と高低差を同時に求める測量。
多角測量（トラバース測量）	測点を結んでできた多角形の各辺の長さと角度を、順次測定していく方法の測量。セオドライトと巻尺を使用する。
水準測量	各測点の標高や高低差を求める測量。レベルと標尺を使用する。
平板測量	現地で直接、図紙上に作図する測量。高度の精度は期待できない。アリダード、ポール、巻尺等を使用する。

(2) 積算

建築分野で積算を行う数量は、表4-12の3つに分類される。

表4-12　数量の種類

設計数量	設計図書に示されている数量。
計画数量	仮設や土工などの設計図書に示されていない数量。
所要数量	施工上やむを得ない損耗を含んだ数量。鉄骨、鉄筋、木材等が該当する。

これだけは覚える

多角測量といえば…セオドライト＝角度測定。
水準測量といえば…レベル＝高さ測定＋スタフ使用。
平板測量といえば…アリダード使用＝敷地を現場で作図。

参考

セオドライト
鉛直角・水平角測定器具。
レベル
高さ測定器具。
アリダード
平板に使用する。水平・方向を見る道具。

特徴的な積算方法は以下の通り。

土工・地業

根切り面積積算は、基礎または地下構築物の底面積に、余幅を加えて計測・計算した面積で行う。

これだけは覚える
コンクリートといえば…体積（m^3）で積算（数量計算）する。

コンクリート

鉄骨によるコンクリートの欠除は、鉄骨の設計数量について、**7.85tを1.0m^3**として換算した体積とする。窓、出入り口等の開口部によるコンクリートの欠除は、開口部の内法の見付面積が**1箇所当たり0.5m^2以下**の場合は、欠除はないものとする。

これだけは覚える
鉄筋といえば…重さ（t）で積算（数量計算）する。

鉄筋

所要数量を求める場合は、設計数量に対して、**4%増**を標準とする。連続する梁の全長にわたる主筋の継手は、長さが5.0m未満は0.5箇所、5.0m以上10.0m未満は1箇所、10.0m以上は2箇所あるものとする。

これだけは覚える
鉄骨といえば…重さ（t）で積算（数量計算）する。

鉄骨

溶接は、種類に区分し、溶接断面形状ごとに長さを求め、**隅肉溶接の脚長6mm**に換算した延べ長さを数量とする。鉄骨材料について、所要数量を求めるときは、設計数量に以下の割増しをする。

- 形鋼、鋼管および平鋼：5%
- 広幅平鋼および鋼板：3%
- ボルト類：4%
- デッキプレート：5%

仕上げ

主な仕上げの各部分の凸凹が**0.05m以下**のものは、原則として凸凹はないものとする。

第5章 躯体工事

躯体工事は、建物の本体工事のことである。試験では仕上げ工事と合わせて11問出題され、8問を選択して解答する。

R1前
【過去9試験で1回】

5.1 地盤調査

地盤調査とは、建物を建てる前に、地盤の性質を調べることをいう。地盤調査についてはよく出題される。

(1) 地盤調査の実施事項

地盤調査は、工事着手前に建物に必要な基礎形状を把握するために必要となる。

表5-1 地盤調査の実施事項

事前調査	本調査
①地盤構成の要素 ②各層の土質の硬軟 ③地下水位 ④地下障害物（ガス・水道管等）	①施工に影響する範囲内の地盤の性質 ②地下水の状態 ③地盤の構成 ④地層の支持力・沈下量

(2) 試験項目と方法

地盤調査で得られた項目に対応した本調査を行う。

表5-2 試験項目と方法

	分類	せん断強さ	圧縮力	地下水
粘性土	粒度 含水比 液性限界 塑性限界	1軸圧縮 3軸圧縮 ベーン 機械式 平板載荷	圧密 液性限界 含水比	圧密 透水
砂質土	粒度 含水比	標準貫入 機械式 3軸圧縮 平板載荷	標準貫入 機械式 3軸圧縮 圧密 平板載荷	現場透水 粒度 水位

(3) 試験方法

ボーリング調査とは、穴を掘って地盤の状況や地層境界の深度などを調べる際に用いられる地盤調査方法である。主に以下の目的で行われる。

- 地層の構成
- 土質試料の採取
- 標準貫入試験等
- 地下水位の測定
- 採取位置

写真5-1　ボーリング調査

(4) スウェーデン式サウンディング試験

ロッドの先にスクリューポイントを取り付け、所定のおもりの載荷による貫入量を測定し、**土の硬軟、締り具合、土層構成**を調べる試験である。調査深さが比較的浅く、ゆるい地盤を対象に住宅等の軽微な建築物の調査で使用される。

写真5-2　スウェーデン式サウンディング試験

参考

サンプリング

原地盤から土質試料を採取することをいう。全層厚を一度に連続採取するのが理想的である。

乱さない試料

地盤の安定性、沈下問題、透水性の検討に必要な力学定数を求める場合に用いられる。

乱した試料

物理的性質の含水比、コンシテンシー、CBRを求める室内試験に用いられる。

試験に出る 説明

R1前
【過去9試験で1回】

これだけは覚える

標準貫入試験といえば…N値を求める試験。数値を覚えておくこと。
N値といえば…数値が大きいほど、硬い地層。

(5) 標準貫入試験

重さ63.5±0.5kgのハンマーを75cm±1cmの高さから自由落下させ、15cmの予備打ちの後、サンプラーを30cm貫入させるのに必要な打撃回数（**N値**、50回を限度とする）を求める試験。

- 標準貫入試験のための試験孔は、原則として**直径**6.5cm～15cmとする
- 原則15cmの**予備打ち**、30cmの**本打ち**を行う
- 本打ちの打撃回数は、50回を限度とする
- 標準貫入試験は、乱した土の採取を試料とする

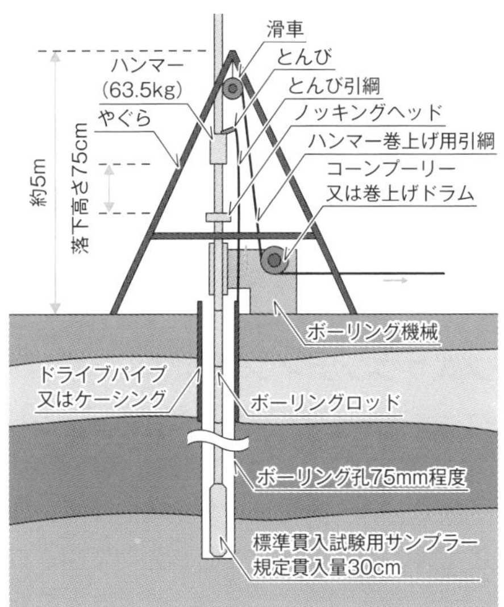

図5-1　標準貫入試験の方式

写真5-3　標準貫入試験の様子

サンプラーを引上げて内部に詰まった土を取出しプラスチックの透明な容器に入れて観察する。記録はN値を含め土質柱状図としてまとめる。玉石、岩などには適用しない。孔内に地下水が認められた場合、水位が安定してから測定を行う。

N値から推定される主要項目は表5-3の通り。

表5-3　N値から推定される主要項目

砂質土	相対密度 （締り方の程度） 変形係数 動的性質	地耐力 （支持力・沈下量） 液状化の判定杭支持力 （先端・周面摩擦） S波速度
粘性土	硬軟の程度 一軸圧縮強さ	各層の分布 地耐力、支持力

第二次検定に出る　説明

（6）平板載荷試験

載荷板を通じて荷重を加えて行う試験。載荷板は、直径30cmの円形で、下面が平滑な厚さ25mm以上の鋼板とする。

これだけは覚える

平板載荷試験といえば…比較的浅い基礎下の地盤の性状を調べる試験。数値を覚えておくこと。

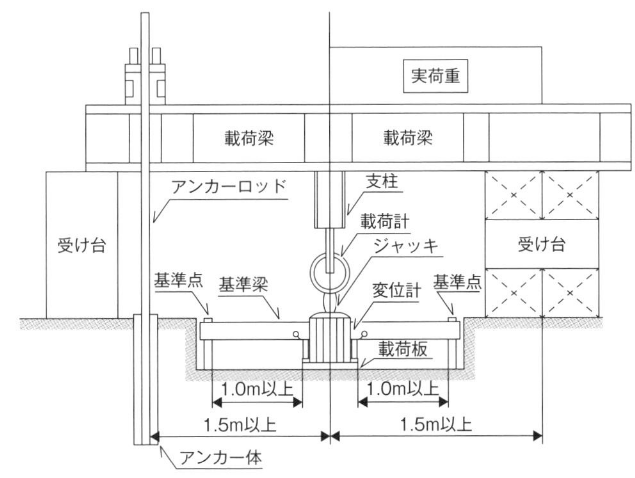

図5-2　平板載荷試験

載荷面から載荷幅の1.5～2倍の深さまで調査し、地盤の変形や強さなどの支持力特性を求める。

試験地盤が常水面以下の場合は、注意して排水し、水位を試験地盤以下に下げないようにする。

第二次
検定に出る 説明

(7) サンプリング

主にボーリング孔から粘性土等の**乱さない試料を採取**することをサンプリングという。表5-4のような方式がある。

表5-4　サンプリングの種類

固定ピストン式 シンウォールサンプラー	軟弱粘性土（N値0～4）
ロータリー式 二重管サンプラー	やや硬い粘性土（N値4～20）

(8) 一軸圧縮試験

図5-3のように、1本の軸の方向に力をかけて行う圧縮試験を、一軸圧縮試験という。通常は粘土のせん断強度を求める試験で採用される。

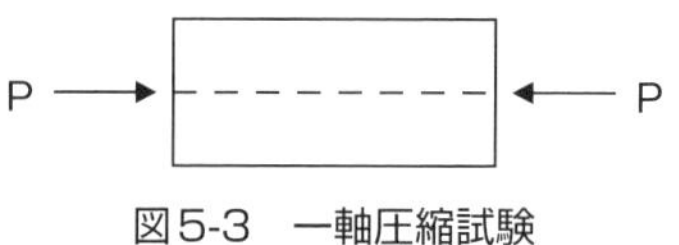

図5-3　一軸圧縮試験

(9) 粒度試験

土の粒子の大きさや分布状態（大小の混ざり具合）を調べる試験。その結果は、掘削方法や山留めの工法の決定に活かされる。

(10) 揚（よう）水試験

原位置（現場）に揚水井（水を汲み上げる井戸）を、その周辺には観測井（データをとる井戸）を設置し、揚水井から水を汲み上げる際の観測井での地下水位を測定する試験。

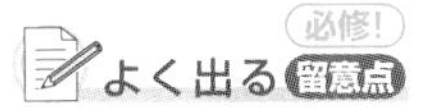

R4前、R3前、R2、R1後、R1前、H30後、H30前
【過去9試験で7回】

5.2 仮設工事

仮設工事とは、工事を安全に施工するための足場やシート、仮設トイレ、仮設電気、仮設水道等、工事中のみ必要で工事が完成すると撤去する工事をいう。仮設工事についてはよく出題される。

(1) 測量

隣地および道路との境界を測量する。必要に応じて建築主、設計者、隣地所有者、監理者および関係監督官庁員が立合う。

基準点(ベンチマーク)

建物の高さおよび位置の基準点を2箇所以上設置する。周囲をさくで養生する。

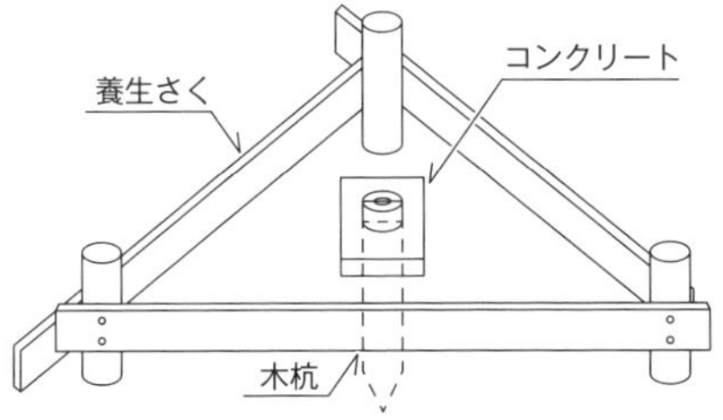

図5-4　基準点

なわ張り

建築工事の着工に先立ち、建物の外郭線の位置に縄を張るなどして、配置図に示された建物位置を現地に表示する。

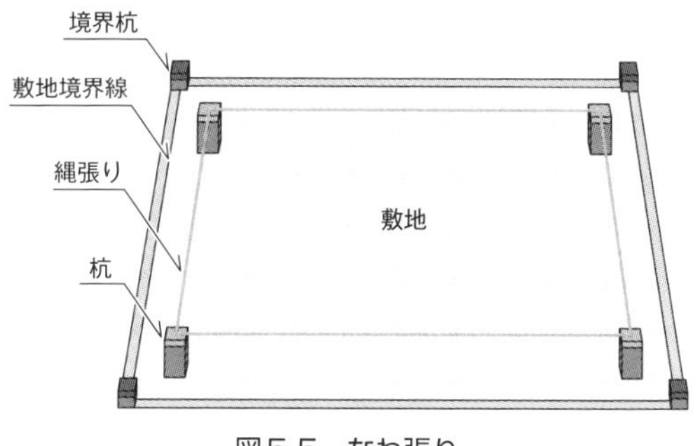

図5-5　なわ張り

水盛り

建物の位置に合わせて、水杭に一定の高さの印をつける。

遣（や）り方

建物の高低、位置、方向、心を定めるために、建物の隅々、その他所要の位置に設置する仮設表示物のこと。

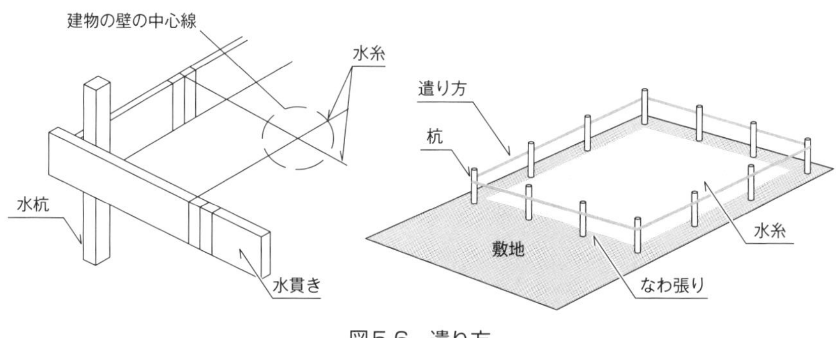

図5-6　遣り方

墨出し

墨出しとは、建物が定位置に正確な形態で施工させるための基準線を、平面、立面に表示する重要な作業である。各階の通り心と高さの基準になるレベルを示す墨を基準墨といい、ベンチマークから引出す。鉄筋工事や型枠工事または仕上工事で細部の墨は、基準墨から出す。

地墨は、床などの水平面に直に付ける墨で、高さ位置関係を示すためのものは、陸墨（ろくずみ）（水平墨）を用いる。

心出し

各部位の中心線を出して心墨を表示する作業を心出しという。

引通し

基準階の上階への移動は、建物四隅の基準墨または逃げ墨の交差をする位置を下げ振りを用いて上階へ移し、四隅に出たXYの両方向の交点セオドライトなどを用いて結ぶことにより基準墨を床面へ移す。

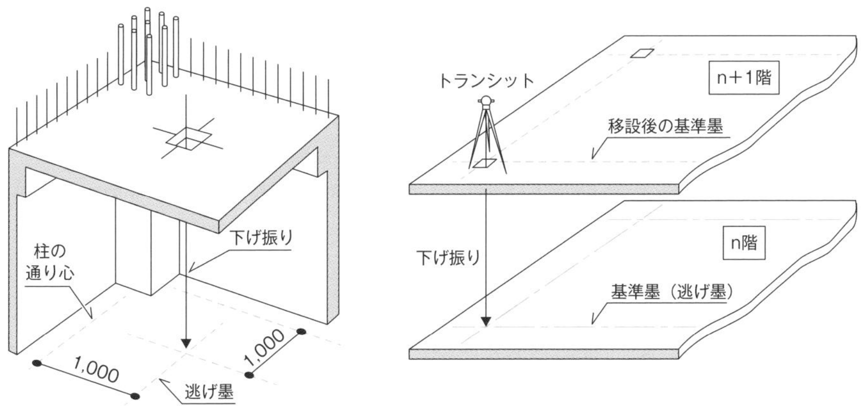

図5-7　下げ振りと逃げ墨

鋼製巻尺

検査用鋼製巻尺は、その工事現場専用の基準巻尺を使用する。2本以上用意し、1本は基準巻尺として保管する。

例題1　令和3年度　2級建築施工管理技術検定（後期）第一次検定問題〔No.18〕 

遣方及び墨出しに関する記述として，**最も不適当なもの**はどれか。

1. ベンチマークは，移動するおそれのない既存の工作物に2箇所設けた。
2. 2階より上階における高さの基準墨は，墨の引通しにより，順次下階の墨を上げた。
3. 水貫は，水杭に示した一定の高さに上端を合わせて，水杭に水平に取り付けた。
4. 鋼製巻尺は，同じ精度を有する巻尺を2本以上用意して，1本は基準巻尺として保管した。

正解：2

ワンポイントアドバイス　2階より上階における高さの基準墨（陸墨）は、1階の基準高さを基にスチールテープを使用して設置・確認する。仮設工事における（遣方、墨出し）に関する用語、施工法の問題は、試験3回に1回程度出題されている。

（2）足場

足場とは、高所での作業を容易にするための仮設材で、以下のような種類と特徴がある。

これだけは覚える
枠組み足場といえば…安定した足場で一番よく使われる。数値を覚えておくこと。

枠組み足場

製品化された建枠を、筋交い、布枠、アームロック、壁つなぎ等で組立てる。

- 建枠は、高さ**2m以下**、枠の間隔は**1.85m以下**
- 壁つなぎの間隔は、垂直方向**9m以下**、水平方向**8m以下**
- 枠組み足場の高さは、原則として**45m以下**
- 足場に設ける水平補強材は、最上層および**5層以内**ごとに設ける

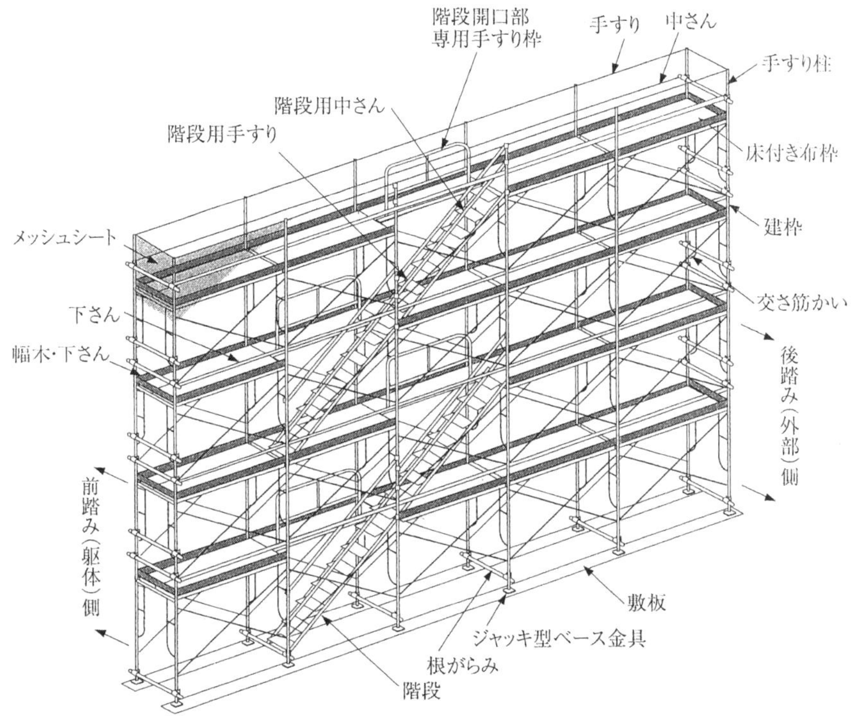

図5-8　枠組み足場

これだけは覚える

単管足場といえば…壁つなぎの間隔を中心に数値と用語を理解しておく。
建地といえば…縦の材料。
布といえば…横の材料。
壁つなぎといえば…足場の転倒防止のための控え。

単管足場

外径48.6mmのめっきした単管を建地(たてじ)、布、腕木(うでぎ)、筋交い(すじかい)、根がらみ等に配置して、ベース金具、継手(つぎて)金具、緊結(きんけつ)金具（クランプ)、壁つなぎで組立てる。以下のような数値が定められている。

- 建地の間隔は、けた行方向**1.85m以下**、はり間方向は、**1.5m以下**
- 地面から第1の布は、高さ**2m以下**
- 壁つなぎの間隔は、垂直方向**5m以下**、水平方向**5.5m以下**
- 建地の高さが31mを超える場合は、最上層から31m下がった建地部分を**2本組み**とする

- 作業床の幅は、**40cm以上**。足場板どうしの隙間は**3cm以下**
- 落下防止用の手すりの高さは**85cm以上**

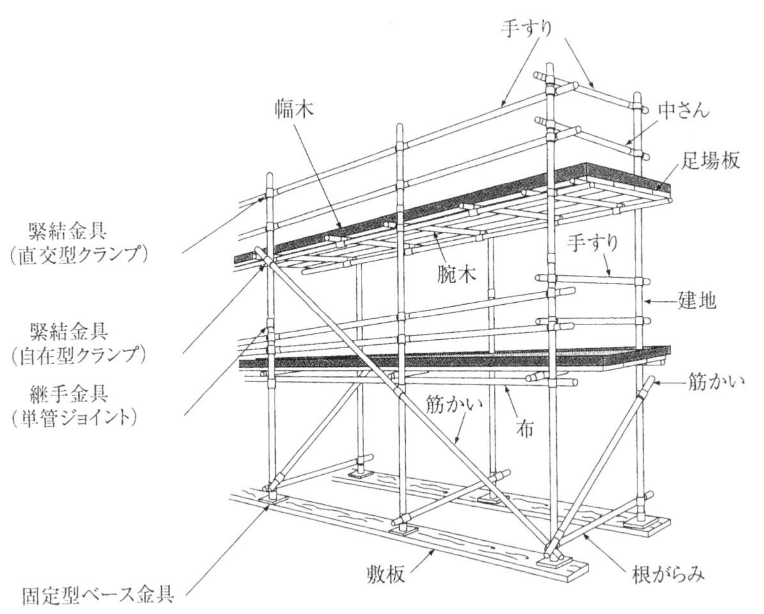

図5-9　単管足場

吊り足場

鉄骨造や鉄骨鉄筋コンクリート造の梁の接合や鉄筋組立などで使用される。特に注意することは以下の通り。

- 足場上で脚立やはしご等を使用しての作業は禁止
- 墜落防止のネットの網目は角目または菱目とし、**10cm以下**とする

移動式足場

脚輪を取り付けた移動式足場は、高所作業等に使用される。転倒する危険性があることに注意する。

これだけは覚える

仮囲いといえば…高さ1.8m以上とされるが、通常は3mの高さのものがよく使われる。

(3) 仮囲い

通行人や通行車両に現場内からの物の飛散、落下等による災害を防ぐために現場周囲に囲いを入れることをいう。仮囲いの規定は以下の通り。

- 高さは **1.8m以上**
- 出入り口、通常口は引き戸または内開き
- 転倒防止の措置を講ずる

これだけは覚える

登り桟橋といえば…踊り場は7m以内ごとに設置。

(4) 登り桟橋(さん)

登り桟橋とは、材料を持って上部の足場に移動しやすいように、傾斜路（スロープ）を設けて、利用できるようにしたものである。登り桟橋の規定は以下の通り。

- 勾配は **30°以下**。勾配が **15°以上**の場合は、踏桟等の滑り止めを設ける
- 高さが8m以上の登り桟橋には、**7m以内**ごとに踊(おど)り場を設ける
- 高さ85cm以上の手すりを建地の内側に設ける

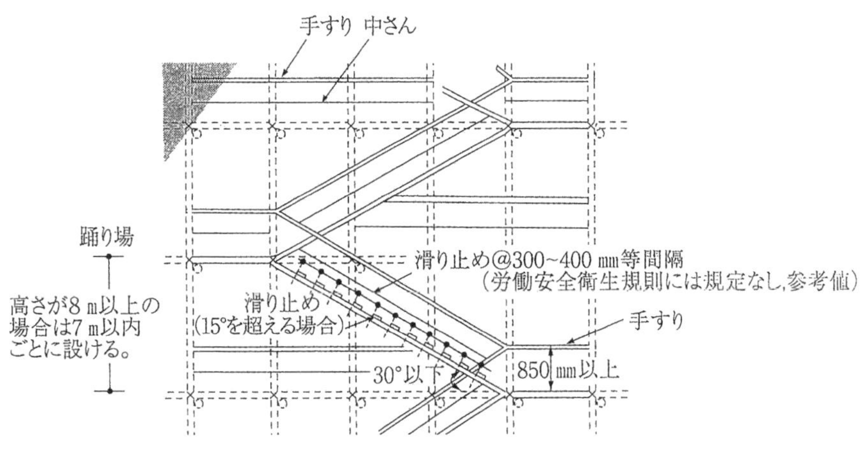

図5-10　登り桟橋

(5) はしご

上下移動のために使用する。はしごの転倒防止のために、上端を**60cm以上**突出させる。

(6) 脚立（きゃたつ）

脚立を3つ以上使用する場合は、脚立の間隔を1.8m以下にし、足場板を高さ2m未満に設置し、安定を確認して使用する。また、脚立の脚と水平面との角度は**75°以下**とする。

(7) 乗入れ構台

これだけは覚える

乗入れ構台といえば…図5-11をよく理解しておくこと。

市街地の現場で、敷地いっぱいに掘削していると、奥の方で作業ができないことがある。このような場合に、図5-11のような乗入れ構台を設置し作業台とする。

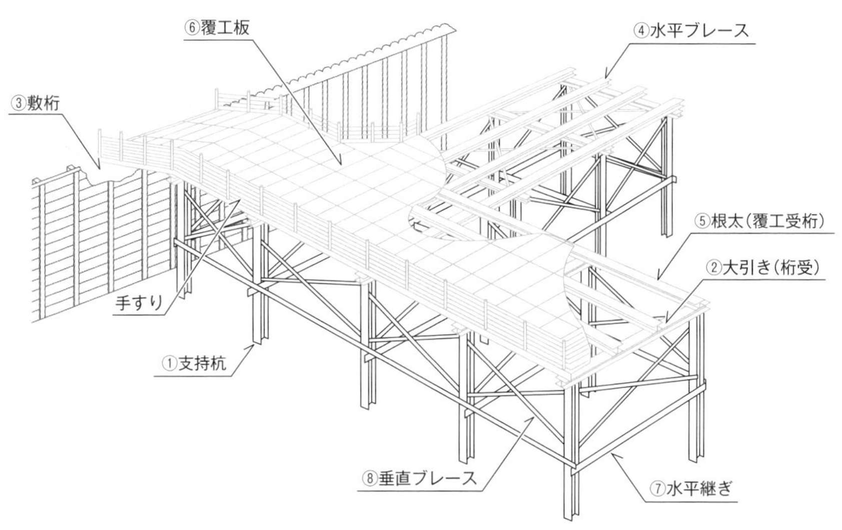

図5-11　乗入れ構台

乗入れ構台についての詳細な規定は以下の通り。

- 構台の幅員は、**6m ～ 8m**程度
- スロープの勾配は**1／6 ～ 1／10**
- 台の大引きの下端は、コンクリート床上面より**20cm ～ 30cm**程度上に設定する
- 構台の支柱は、原則として山留めの棚杭と兼用してはならない
- 構台の支柱は、平面的に本設の柱、梁、耐力壁の位置と重ならないように計画する

5.3 地業工事

必修! よく出る 留意点

R4前、R3前、R2、R1後、R1前、H30後、H30前
【過去9試験で**7**回】

地業工事とは、建物を安全に支えるため、地盤から下に設置される工事をいう。一般的には基礎工事と呼ばれる。

(1) 砂利地業

根切り底に砂利や砕石を敷く作業のこと。根切りした地盤面は土が柔らかいので、柔らかい土を固める目的で行う

(2) 既製(きせい)コンクリート杭

既製コンクリート杭とは、工場において杭を製造し、現場にその杭を搬入し、打込む杭をいう。

打込み工法

これだけは覚える

打込み工法といえば…杭径600mm以下の杭に使用される既製コンクリート杭。

一般に杭径600mm以下の施工に用いられる。地盤を緩めることがなく、耐力は期待できるが、騒音、振動が大きく、市街地では難しい工法である。

参 考

マンションができるまで　Vol.1　基礎工事編（大三チャンネル）
https://www.youtube.com/watch?v=FkHQvxmzRls

参 考

アースオーガー

スクリューが付いた杭を挿入するための孔を掘る道具。正回転で掘り下げ、正回転で引き上げる。

表5-5　打込み工法の種類

打撃工法	ハンマーを使用するため騒音、振動が大きく市街地では問題が多い。
プレボーリング併用打撃工法	油圧パイルハンマーやドロップハンマーによる。通常、粘性土の場合のオーガーの掘削径は杭径－50mm程度。

プレボーリングによる埋込み工法

アースオーガーで掘削した孔に杭を設置する工法。その1つにセメントミルク工法がある。この工法では掘削中、孔壁の崩壊を防止するために安定液をオーガー先端から噴出する。杭径は300～600mm、施工深度は30m程度。オーガーの引上げは、掘削と同じ正回転でゆっくり行う。杭の設置方法は、自重による設置を基本としている。

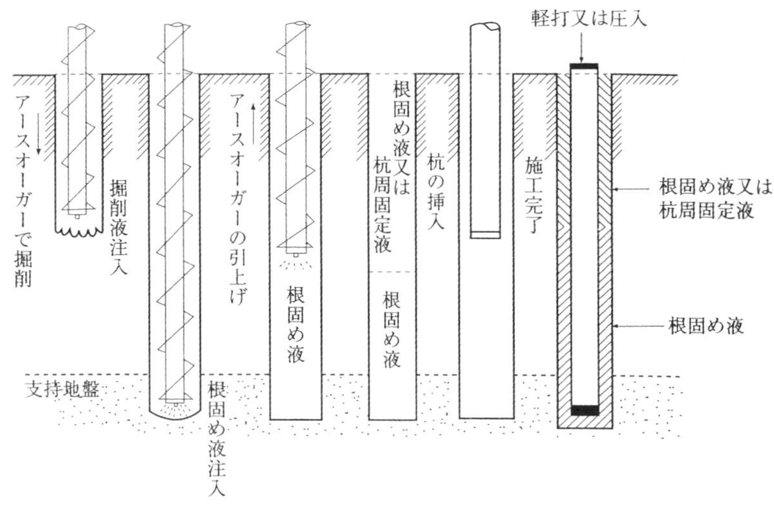

図5-12　プレボーリングによる埋込み工法

中掘りによる埋込み工法

中空部にアースオーガー等を挿入し、杭先端の地盤を掘削しながら、杭中空部から排土し、杭を設置する工法（図5-13）。

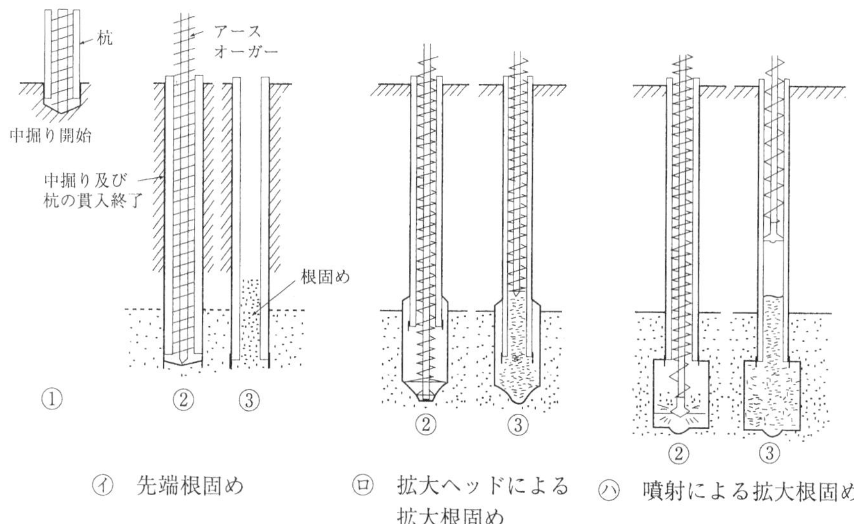

図5-13　中掘りによる埋込み工法

回転根固め工法

杭先端金具により掘削を行い、杭体に回転力を与えながら圧入し、杭を所定の位置に設置する工法（図5-14）。

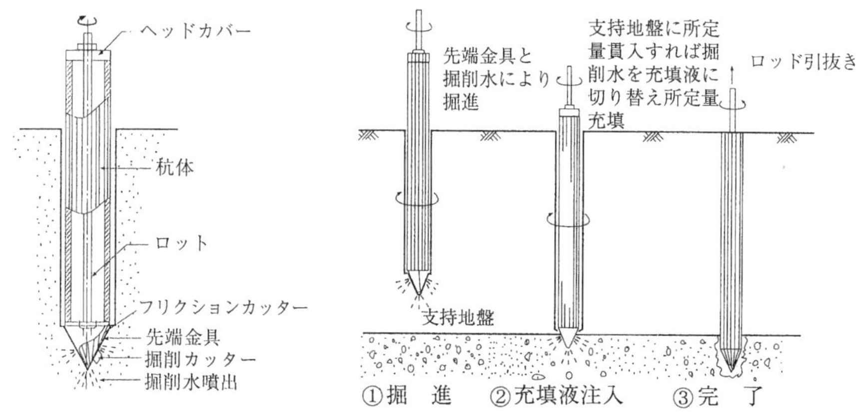

図5-14　回転根固め工法

(3) 場所打ちコンクリート杭

地盤に円筒形の孔を掘削し、これに円筒形の鉄筋かごを建て込み、その後、コンクリートを打設して一体とする鉄筋コンクリート杭である。

試験に出る 説明

R1前

【過去9試験で1回】

これだけは覚える

アースドリル工法といえば…表層ケーシングを使用し、回転バケットで掘削。

アースドリル工法

孔壁の崩壊を安定液（ベントナイト）により防ぎながら、回転バケットにより掘削および土砂の排出を行う（図5-15）。ケーシングは表層のみに使用される。

掘削深さの確認は、検測器具を用いて孔底の2箇所で検測する。

参 考

ケーシング（チューブ）

杭の孔を掘るため、位置決めと孔壁保護に使われる丸い鉄製の筒（つつ）。

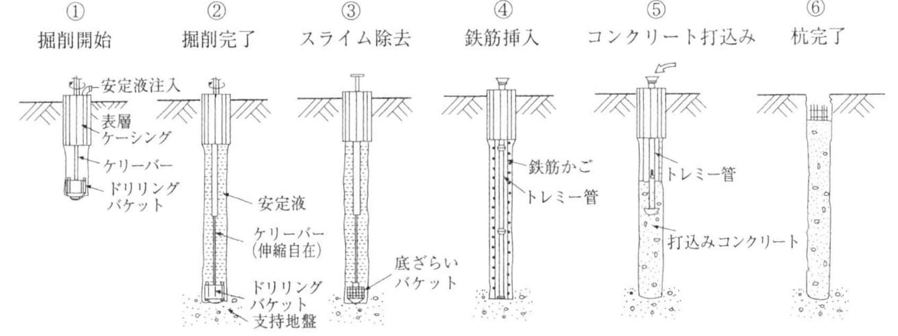

図5-15　アースドリル工法

オールケーシング工法

孔壁保護のためにケーシングを全面に使用し、ケーシング内部の土砂をハンマーグラブにより掘削、排出する工法である（図5-16）。

コンクリート打設中にトレミー管とケーシングの先端は常に2m以上コンクリート中に入っているように保持する。

参 考

オールケーシング工法

孔壁保護のためにケーシングチューブを孔すべてに入れるのでオールケーシングという。

ハンマーグラブ

オールケーシング工法で杭の孔の掘削に使用する道具。

トレミー管

コンクリート打設用のろうとの付いた鉄製の筒。

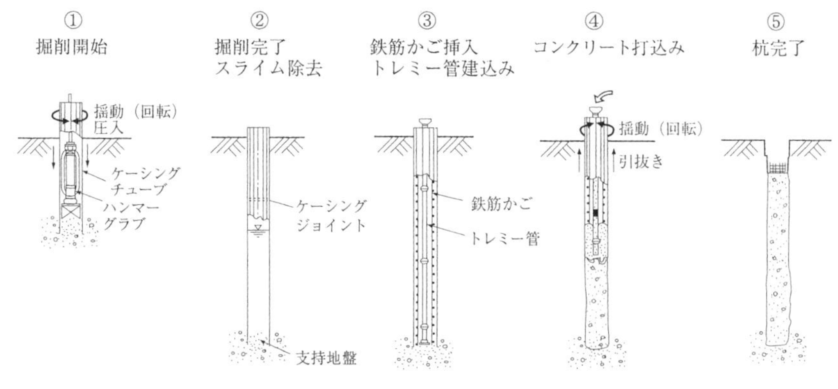

ケーシングチューブを揺動圧入しながら、ハンマーグラブで掘進する。

所定の支持地盤を確認後孔底部のスライムを除去する。

かご状に組み立てた鉄筋かごを挿入し，トレミー管を建て込む。必要に応じてスライムの二次処理を行う。

トレミー管により，コンクリートを打ち込む。ケーシングチューブ，トレミー管を徐々に引き抜く。

杭，コンクリート天端はレイタンス代を見込み500～800mm以上高く打ち込む。

図5-16　オールケーシング工法

これだけは覚える

リバースサーキュレーション工法といえば…孔壁保護を水で行い、杭の孔の掘削を回転ビットで行う。

リバースサーキュレーション工法

水の静水圧により孔壁を保持しながら、回転ビットを緩やかに回転させて掘削を行う（図5-17）。

孔壁の崩壊を防ぐために、孔内水位を地下水より**2m**以上高くする。

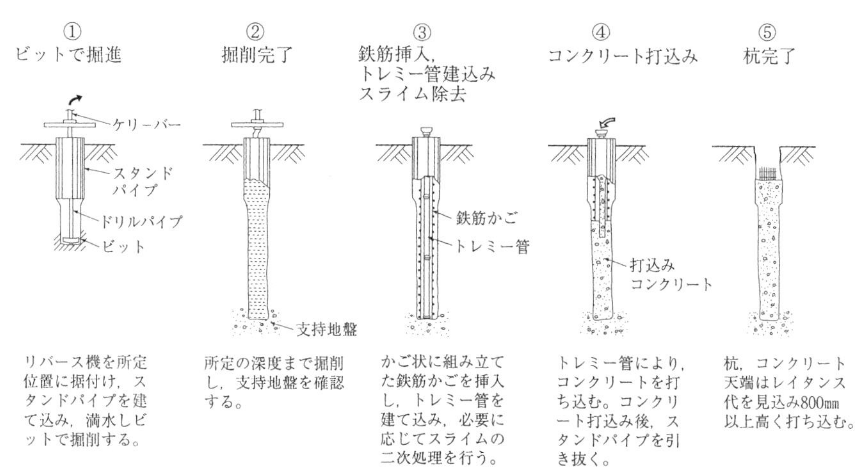

リバース機を所定位置に据付け，スタンドパイプを建て込み，満水しビットで掘削する。

所定の深度まで掘削し，支持地盤を確認する。

かご状に組み立てた鉄筋かごを挿入し，トレミー管を建て込み，必要に応じてスライムの二次処理を行う。

トレミー管により，コンクリートを打ち込む。コンクリート打込み後，スタンドパイプを引き抜く。

杭，コンクリート天端はレイタンス代を見込み800mm以上高く打ち込む。

図5-17　リバースサーキュレーション工法

例題2　令和3年度　2級建築施工管理技術検定（後期）第一次検定問題〔No.19〕 

地業工事に関する記述として，**最も不適当なもの**はどれか。

1. 土間コンクリートに設ける防湿層のポリエチレンフィルムは，砂利地業の直下に敷き込んだ。
2. 砂利地業の締固めによるくぼみが生じた場合は，砂利を補充して表面を平らにした。
3. 砂利地業に，砕砂と砕石の混合した切込砕石を使用した。
4. 捨てコンクリート地業は，基礎スラブ及び基礎梁のセメントペーストの流出等を防ぐために行った。

正解：1

ワンポイントアドバイス　砂利地業ではなく、土間コンクリートの直下に敷き込む。地業工事に関する問題は試験3回に1回程度出題され、用語、数値の内容が問われる。

(4) 地下水処理工事

代表的な排水工法に表5-6の3つがある。

表5-6　排水工法

釜場（かまば）工法（図5-18）	釜場と呼ばれる排水溝を設置し、その中に水中ポンプを入れて汲み上げる工法である。雨水等の根切り底表層の水しか汲み上げることができない。**工事費用は一番安価**である。重力排水工法の1つである。
ウェルポイント工法（図5-19）	ウェルポイントという吸水管を地中に設置し、真空ポンプにより強制的に地下水を集めて排水する工法である。強制排水工法。**この工法の目的は地下水位を下げることで、地下水を完全に汲み上げることはできない。**
ディープウェル工法（図5-20）	直径500～1,000mmで帯水層中に井戸管を深く掘り、水中ポンプ等で地下水を排水する工法である。別名深井戸工法という。

これだけは覚える

釜場工法といえば…地下水処理工法で、コストが一番安いが、雨水程度の水しか汲み上げられない。

ウェルポイント工法といえば…強制的に土と水を汲み上げるため、れきには不向き、細砂・シルトに適用。

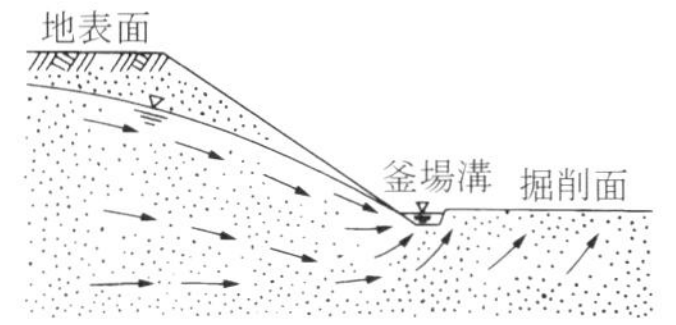

図5-18　釜場工法

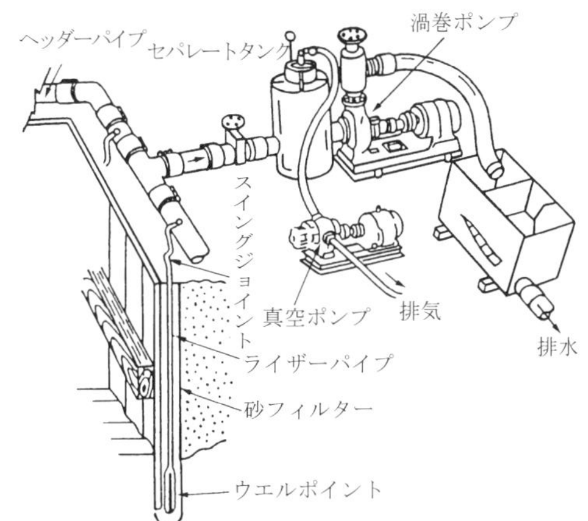

図5-19　ウェルポイント工法

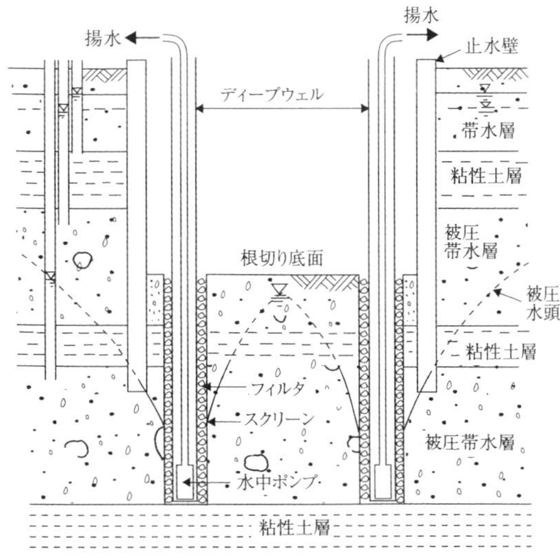

図5-20　ディープウェル工法

R3前
【過去9試験で1回】

(5)山留め工事

山留め工事とは、掘削(くっさく)(基礎のために穴を掘る)**したときに周辺地盤が崩れてこないように、周りの地盤を固める**ことをいう。山留め工事についてはよく出題される。

山留め壁(周りの地盤を固める)には様々な種類があり、**地盤の硬さや地下水位の高さおよび掘削の深さも大きな影響がある。**

各工法の特徴や用途は表5-7の通り。

表5-7　山留め壁工法

親杭横矢板工法	H型鋼、I型鋼などの親杭を1m前後の間隔で地中に設置し、掘削しながら矢板を親杭の間に挿入していく工法。**経済的だが止水性がない。浅い掘削に適する。**
鋼矢板工法	鋼板の矢板のジョイント部をかみ合わせながら、地中に設置する工法。**止水性が高く、軟弱地盤などに適する。**
ソイルセメント柱列壁工法	ソイルセメントパイルを作り、その中にH型鋼などを挿入し、柱列状の山留め壁を構築する工法。**止水性があり、比較的深い掘削にも適する。**
RC地中壁工法	コンクリートの壁を作り，その中にH型鋼などを挿入し、鉄筋コンクリート壁を構築する工法。**止水性があり、強度も強く、深い掘削にも適している。**

これだけは覚える

親杭横矢板工法といえば…地下水がなく、掘削が浅い場合に適用。
ソイルセメント柱列壁工法といえば…掘削した後に孔に少し土を残してセメントと混ぜるため、泥水処理はRC地中壁工法より少なくてすむ。
RC地中壁工法といえば…掘削した土はすべて排出してコンクリートの壁を造るため、泥水処理はソイルセメント柱列壁工法より多く必要。

第二次検定に出る 説明

山留め支保工

掘削時に山留め壁に作用する土圧・水圧を支え、山留め壁の変形を防止することを目的とする。各工法の特徴は表5-8の通り。**山留め支保工についてはよく出題される。**

表5-8　山留め支保工

水平切梁工法	腹起し、切梁、火打梁、支柱等をジャッキ等で加圧し、変形を防止する。**支保工があるため、内部での掘削作業等がしづらい。**
アイランド工法	山留め壁に沿って法面を残し、これによって土圧を支え中央部をまず掘削して構造物を築造する。
逆打工法	山留め壁を設けた後、本体構造の1階床を築造し、これによって山留め壁を支え、下方へ掘り進み地下を構築し、同時に1階から上部も構築していく工法。
地盤アンカー工法	切梁の代わりに、地盤アンカーによって山留め壁にかかる側圧を支えながら掘削していく工法。

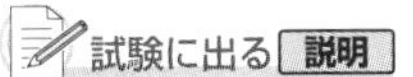

R4後、R3後、R3前
【過去9試験で3回】

5.4 土工事

土工事とは、建設工事における土を対象とした作業をいう。根切り（掘削）、積込み、運搬、盛土、埋戻し、締固め、法面保護工および土止め工などが含まれる。

(1) 根切り

穴を掘ることを根切り（**掘削**）という。以下の点に注意して作業を行う。

これだけは覚える

床付けといえば…根切り底。

- 根切り完了後、床付け地盤を乱さない
- 砂利地業に用いる砂利は粒径のそろった砂利よりも砂混じりの切込砂利（砕石）がよい

根切りの際に起こる異常現象に表5-9のようなものがある。

表5-9　根切りの際に起こる異常現象

ヒービング	軟弱粘性土地盤を掘削するとき、矢板背面の土の重量により掘削底面内部の滑り破壊が生じ、底面が押し上げられる現象（図5-21）。 対策 矢板背面の土の地盤改良：山留めの親杭の根入れ長さを長くする。
ボイリング	砂地盤で、**地下水位が比較的高い場合**、砂地盤が砂と水の混合した液体性状のものになり、砂全体が沸騰状に根切り内に吹き上げる現象（図5-22）。 対策 地下水位を下げる。山留めの親杭の根入れ長さを長くする。
クイックサンド	ボイリングの時の、砂の状態をいう。
パイピング	砂地盤で水が浸透し、パイプ状の水の道ができる。このような現象をいう。

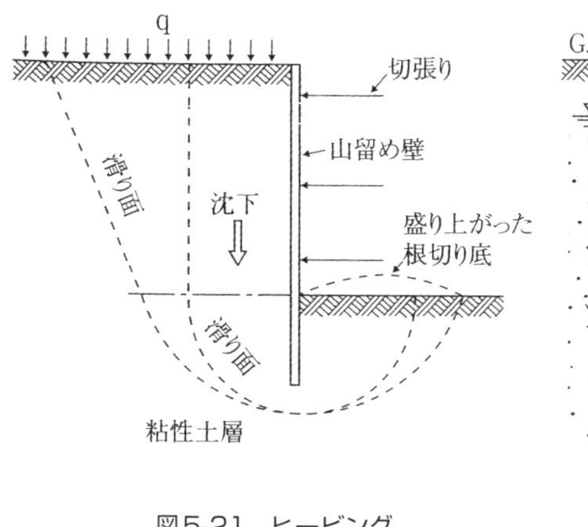

図5-21　ヒービング

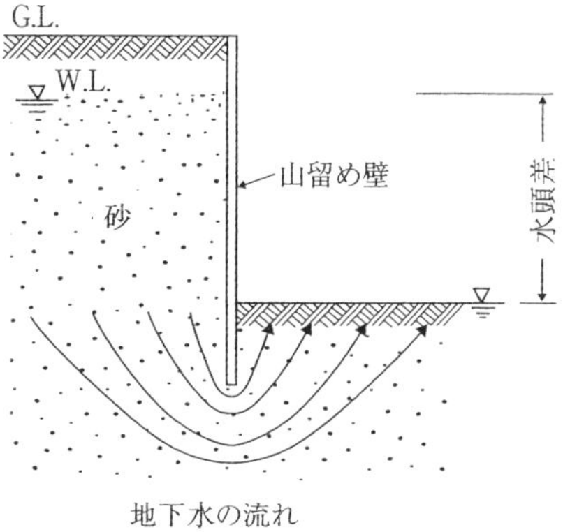

図5-22　ボイリング

試験に出る 説明
R3前、H30後
【過去9試験で2回】

(2) 埋戻し

掘削後、基礎が完了した後、土を基礎の周りに入れることを埋戻しという。表5-10の関連する作業についても押さえておく。**埋戻しについてはよく出題される。**

表5-10　埋戻し関連の作業

水締め	埋戻しの際に、水を注いで粒子の隙間を埋めることで、砂を締め固めることができる。
盛土	人工的に土を盛り上げること。高速道路の地盤などが有名。

これだけは覚える
土間コンクリートといえば…1Fの床のコンクリート。

(3) 土間コンクリート

土間コンクリートに設ける防湿層のポリエチレンフィルムは、砂利層の上に敷き込む。

試験に出る 説明
R2、R1前、H30後
【過去9試験で3回】

5.5 鉄筋工事

鉄筋は、一般的にコンクリートの中に入れる材料である。コンクリートの弱点である引張力を補強する。適切な道具類で切断したり、曲げたりする必要がある。毎回1問出題されている。

参考
マンションができるまで Vol.2 基礎工事続き（鉄筋・コンクリート）（大三チャンネル）
https://www.youtube.com/watch?v=XGC2QLv9-cY

(1) 加工

鉄筋に切断・曲げなどを行うことを加工という。以下の項目に注意して作業を行う。

- 切断は、シャーカッターなどで行う
- 折曲げは、冷間（れいかん）加工（常温加工）で行う

写真5-4　シャーカッター

写真5-5　バーベンダー（曲げ加工）

冷間加工とは、温度を**720℃以下**で加工する方法。金属に過度の温度をかけないために、精度のよい加工が可能。厚さが比較的薄い鉄筋はこの加工を行う。

熱間（ねっかん）加工とは、**900～1200℃**で加工する方法で、高温で行うため、加工がしやすい。厚さが厚い鉄骨の材料等はこの加工を行う。

これだけは覚える

組立といえば…冷間加工（400℃～950℃未満、主に720℃以下）で行う。

(2) 組立

鉄筋工事の組立作業では以下の項目に注意すること。

- 継手位置は、応力の小さいところに設ける
- 直径の異なる鉄筋の継手は細い方の鉄筋の継手長さによる
- D35以上の異形鉄筋には、原則として重ね継手は用いない
- 梁主筋の重ね継手は、水平または上下のいずれの重ねでもよい

よく出る 留意点 必修!

R4後、R3後、R3前、R2、R1前、H30後
【過去9試験で**6**回】

これだけは覚える

かぶり厚さといえば…地面より下の部分が一番大きい→土圧の影響。

(3) かぶり厚さ

図5-23、図5-24のように鉄筋の一番外側から型枠の内側までの距離をかぶり（被り）という。

耐火性・耐久性および鉄筋のコンクリートへの付着力の確保を目的としている。

かぶり厚さは以下のように定められている。土に接している部分は、土圧の影響があるため、かぶり厚さを大きくとる必要がある。

- 最小かぶり厚さは**20mm**（仕上げのある重要な壁、柱以外）
- 最大かぶり厚さは**60mm**（基礎）

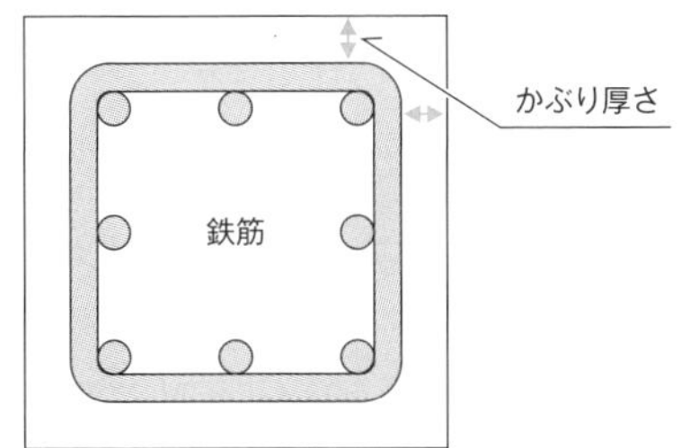

図5-23　かぶり厚さ（柱の場合）

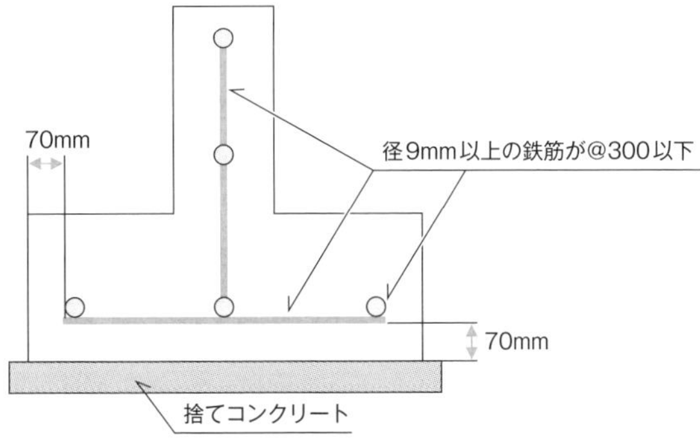

図5-24　かぶり厚さ（地中梁の場合）

鉄筋に対するコンクリートのかぶり厚さは、耐力壁以外の壁または床は2cm以上、耐力壁、柱、はりは3cm以上、直接土に接する壁、柱、床、はり、布基礎の立上り部分は4cm以上、基礎（布基礎の立上り部分を除く）は捨コンクリートの部分を除いて7cm以上としなければならない。

表5-11　設計かぶり厚さ（JASS5）

（単位：mm）

部材の種類		一般環境（非腐食環境）	一般環境（非腐食環境以外）		
			短期	標準・長期[2]	超長期
構造部材	柱・梁・耐力壁	40	40	50	50
	床スラブ・屋根スラブ	30	30	40	50
非構造部材	構造部材と同等の耐久性を要求する部材	30	30	40	50
	計画供用期間中に維持保全を行う部材[1]	30	30	40	(40)
直接土に接する柱・梁・壁・床および布基礎の立上り部		50			
基礎		70			

［注］（1）計画供用期間の級が超長期で計画供用期間中に維持保全を行う部材では，維持保全の周期に応じて定める.

（2）計画供用期間の級が標準および長期で，耐久性上有効な仕上げを施す場合は，非腐食環境以外では，設計かぶり厚さを10mm減じることができる.

例題3　令和4年度　2級建築施工管理技術検定（後期）第一次検定問題〔No.19〕

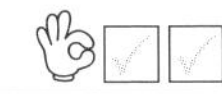

鉄筋のかぶり厚さに関する記述として，**最も不適当なもの**はどれか。

1. 杭基礎におけるベース筋の最小かぶり厚さは，杭頭から確保する。
2. 腹筋を外付けするときの大梁の最小かぶり厚さは，幅止め筋の外側表面から確保する。
3. 直接土に接する梁と布基礎の立上り部の最小かぶり厚さは，ともに30mmとする。
4. 屋内では，柱と耐力壁の最小かぶり厚さは，ともに30mmとする。

正解：3

ワンポイントアドバイス　直接土に接する梁と布基礎の立上り部のかぶり厚さは、ともに40mm以上とする。鉄筋工事の代表的な問題で、毎回のように出題されている。

必修！よく出る留意点

R2、R1前、H30後、H30前

【過去9試験で**4**回】

これだけは覚える

あきと間隔といえば…鉄筋の強度とは関係ない。

(4) あきと間隔

異形鉄筋のあきは、呼び名（鉄筋径）×1.5倍、粗骨材の最大寸法×1.25倍、25mmの3つのうち一番大きい数値を採用している。粗骨材が鉄筋と鉄筋の間を通過するときに詰まるのを防止するためである。

図5-25のように、間隔は、あきの寸法に鉄筋の（半径×2＝直径）を加えた数値となる。

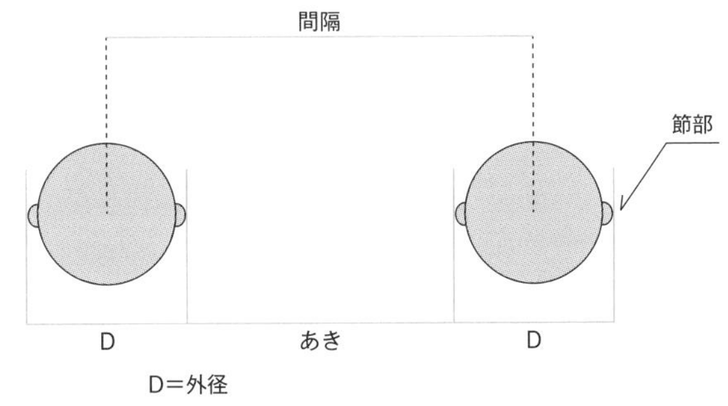

図5-25　鉄筋のあきと間隔

<table>
<tr><th rowspan="3">折曲げ
角　度</th><th rowspan="3">折曲げ図</th><th colspan="3">折曲げ内法直径（D）</th></tr>
<tr><th colspan="2">SD295A，SD295B，SD345</th><th>SD390</th></tr>
<tr><th>D16 以下</th><th>D19〜D38</th><th>D19〜D38</th></tr>
<tr><td>180°</td><td> 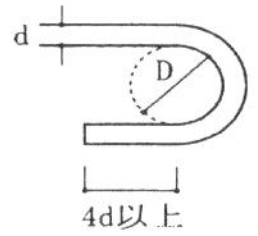d
D
4d以上</td><td rowspan="4">3d 以上</td><td rowspan="4">4d 以上</td><td rowspan="4">5 d 以上</td></tr>
<tr><td>135°</td><td> 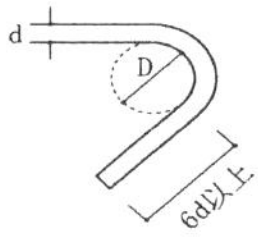d
D
6d以上</td></tr>
<tr><td>90°</td><td> 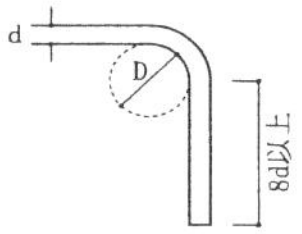d
D
8d以上</td></tr>
<tr><td>135°
及び
90°
（幅止め筋）</td><td> 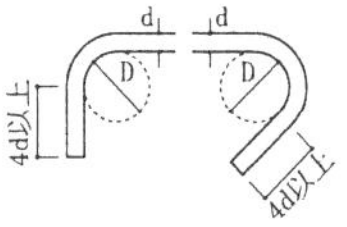d　d
D　D
4d以上　4d以上</td></tr>
</table>

（注）1.　片持ちスラブ先端，壁筋の自由端側の先端で 90°フック又は 135°フックを用いる場合には，余長は 4d 以上とする。

2.　90°未満の折曲げの内法直径は特記による。

図5-26　鉄筋の折曲げ形状および寸法

これだけは覚える

折曲げ内法（うちのり）直径といえば…鉄筋の強度または直径が大きいほど、折曲げ内法直径は大きくなる。

参　考

余長（よちょう）とは、鉄筋のフックの折り曲げ終点以降の長さのこと。

(5) 折曲げ形状と寸法

折曲げ角度と余長の関係で、角度が大きくなるほど余長は短くなる。折曲げ角度と内法直径の関係は折曲げ鉄筋の直径に対してD16以下は3d以上、D19～D38（SD345）は4d以上、D19～D38（SD390）は5d以上である。

鉄筋末端部のフック

折り曲げた部分が引っ掛りとなって、コンクリートと鉄筋との付着性が向上する。鉄筋を折り曲げてコンクリート内に定着させることで、性能がアップする。

例題4　令和3年度　2級建築施工管理技術検定（後期）第一次検定問題〔No.39〕

鉄筋の加工及び組立てに関する記述として，**不適当なものを２つ選べ。**

1. 鉄筋の折曲げ加工は，常温で行う。
2. 壁筋は，鉄筋相互の交点の半数以上を結束する。
3. 鉄筋相互のあきの最小寸法は，鉄筋の強度によって決まる。
4. 鉄筋末端部のフックの余長の最小寸法は，折曲げ角度が大きいほど長くなる。

正解：3・4

ワンポイントアドバイス　3．鉄筋のあきの最小寸法は、使用している鉄筋径の1.5倍以上。4．鉄筋末端部のフックの余長の最小寸法は、折り曲げが大きいほど短くなる。鉄筋工事における異形鉄筋に関する問題である。毎回のように出題されて、用語、数値の内容が問われる。

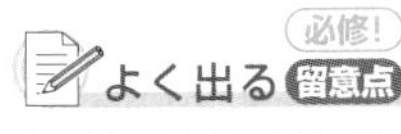

必修！ よく出る留意点

R4前、R2、R1前、H30後、H30前
【過去9試験で**5**回】

(6) 継手（つぎて）

２つの部材（ここでは鉄筋どうし）を１つに接続することを継手という。

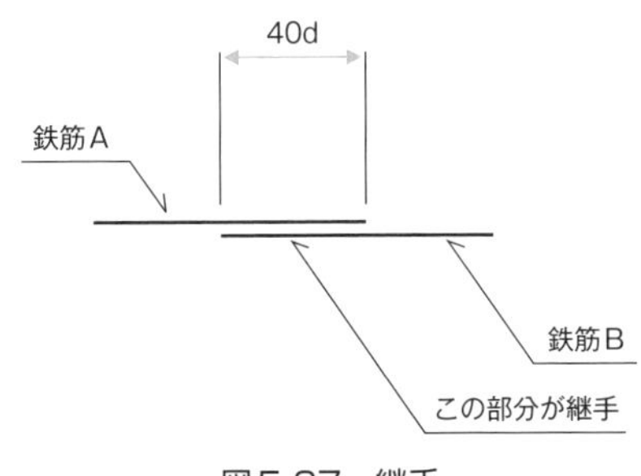

図5-27　継手

5　躯体工事

重ね継手

これだけは覚える

重ね継手といえば…応力（力）の小さい中央付近で継手を設ける。

これだけは覚える

フックの折曲げ角度といえば…継手の長さは関係ない

重ね継手とは、鉄筋の部材どうしを一定の長さで重ね合わせて継ぐ方法。D35未満の鉄筋に採用される。

鉄筋の重ね継手は以下の項目に注意して作業を行う。

- フック付きの重ね継手の長さには、フックの長さは含まれない
- コンクリートの強度と継手長さは反比例の関係にある
- 隣り合う継手の中心位置は、重ね継手の長さの0.5倍ずらす、または1.5倍以上ずらす

例題5　令和4年度　2級建築施工管理技術検定（前期）第一次検定問題〔No.39〕

鉄筋の継手に関する記述として，**不適当なものを2つ選べ。**

1. 鉄筋の継手には，重ね継手，圧接継手，機械式継手，溶接継手等がある。
2. 重ね継手の長さは，コンクリートの設計基準強度にかかわらず同じである。
3. フック付き重ね継手の長さには，フック部分の長さを含める。
4. 鉄筋の継手の位置は，原則として，構造部材における引張力の小さいところに設ける。

正解：2、3

ワンポイントアドバイス　2．重ね継手の長さは、コンクリートの設計基準強度により長さは変化する。3．フック付き重ね継手の長さには、フック部分の長さは含まない。鉄筋工事における継手に関する問題である。毎回のように出題されて、用語、数値の内容が問われる。

R2、R1前、H30後
【過去9試験で3回】

ガス圧接

ガス圧接とは、接合する2本の鉄筋の端面を平滑にし、突き合せて接合する方法。

参考

【-026- 鉄筋のガス圧接継手工法】現場に見る建築実務プレミアム100シリーズ（想アーキテクツ）
https://www.youtube.com/watch?v=zjhofJpN-Cw&t=112s

写真5-6　ガス圧接

ガス圧接といえば…数値を覚えておくこと。

ガス圧接完了後の検査および注意が必要な事項は、以下の通り。

- 圧接部のふくらみの直径は、鉄筋径の1.4倍以上
- 圧接部のふくらみの長さは、鉄筋径の1.1倍以上
- 接合される鉄筋中心軸の偏心量は、鉄筋径の1／5以下
- 直径の差が**7mm**を超える場合は、原則として圧接してはならない
- 隣り合う継手の位置は、**400mm**以上ずらす
- SD490の圧接は第3種または第4種の技量資格者が行えるが、**施工前試験を行わなければならない**

R2、R1前、H30後
【過去9試験で3回】

(7) 定着

定着とは、鉄筋が引き抜かれないようにコンクリートの中に端部を埋め込んで固定させることをいう。

- 定着長さは、コンクリートの強度に反比例する。
- 定着長さの算定に用いる鉄筋径は、異形鉄筋の場合は、「呼び名」の数値とする。
- 小梁の主筋の定着長さは、上端筋の方を下端筋より長くする。

- 一般階の大梁の下端筋は、柱内にて折り曲げて定着する場合には、曲げ上げる。
- 柱のスパイラル筋の柱頭および柱脚の端部は、50d以上の定着をとる。

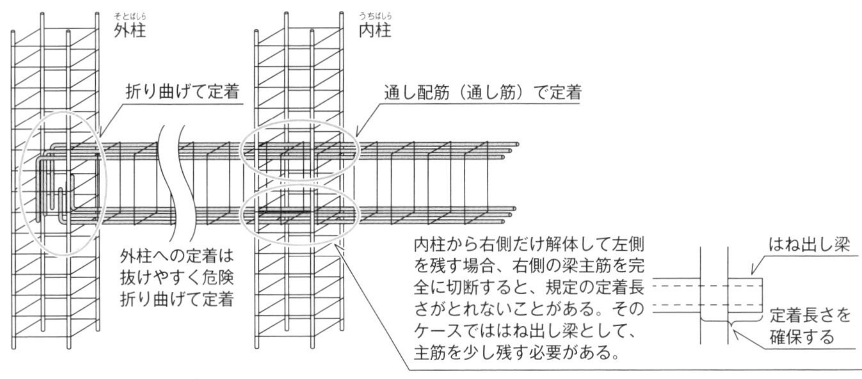

図5-28　定着図

例題6　令和2年度　2級建築施工管理技術検定（後期）学科試験問題〔No.20〕 

鉄筋の継手及び定着に関する記述として，**最も不適当なもの**はどれか。

1. 耐圧スラブが付く基礎梁主筋の継手の位置は，上端筋，下端筋ともスパンの中央部とする。
2. 一般階の大梁の下端筋を柱内に折り曲げて定着する場合は，原則として曲げ上げる。
3. 鉄筋の重ね継手の長さは，コンクリートの設計基準強度の相違により異なる場合がある。
4. フック付き定着とする場合の定着の長さは，定着起点からフックの折曲げ開始点までの距離とする。

正解：1

ワンポイントアドバイス　基礎梁の上端では端部が、基礎梁の下端では中央部が圧縮側となり、継手の範囲は上端筋が中央部、下端筋が端部となる。鉄筋工事における継手・定着に関する問題である。毎回のように出題されて、用語、数値の内容が問われる。

R4後、R4前、R2、R1前、H30後
【過去9試験で5回】

5.6 コンクリート工事

コンクリート工事とは、建物の壁、柱、梁、床等の骨組みをコンクリート〔主な材料は水、セメント、砂（細骨材）、砂利（粗骨材)〕という材料で造る工事をいう。毎回1問出題されている。

(1)コンクリート受入検査

現場に納入されたコンクリートの種類および品質が、発注した条件に適合しているかを確認する検査である。打設するコンクリート150m^{3}ごとに下記の検査を行う。

1．スランプ試験

凝固前の生コンクリートの流動性を示す値。値が大きいほど流動性が高いことを表す。許容差を超えるとコンクリートの品質低下を招く。

表5-12　受け入れコンクリートのスランプ値の許容差

所要スランプ（cm）	スランプの許容差（cm）
8未満	±1.5
8以上18以下	±2.5
18を超える	±1.5

＊計測値は、0.5cmとする

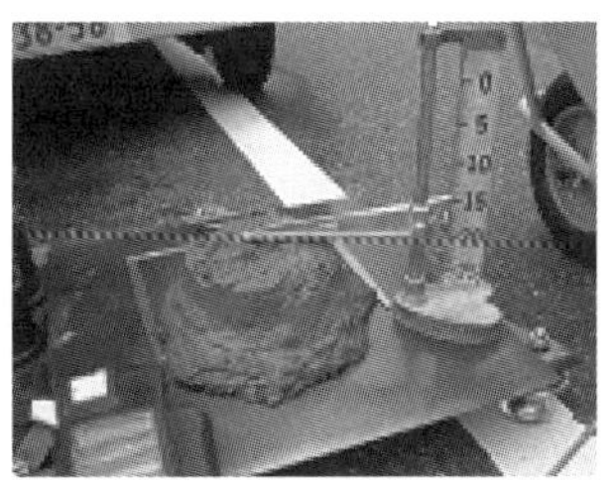

写真5-7　スランプ試験

2．塩化物量

許容値を越えて含まれる塩化物は、コンクリート中の鉄筋を錆びやすくなる。そのため、塩化物総量は原則として0.30kg/m^{3}以下に規制されている。

写真5-8　塩化物量の確認

3．空気量

空気量は、生コンクリート中の流動性に影響を与える。値が大きいほど流動性が高いことを表す。しかし、圧縮強度は空気量にほぼ比例して低下するため、空気量の過多には注意が必要。

表5-13　空気量の許容差

コンクリートの種類	空気量（%）	空気量の許容差（%）
普通コンクリート	4.5	指定した値の± 1.5
軽量コンクリート	5	指定した値の± 1.5

写真5-9　空気量の確認

(2) 打設（だせつ）

コンクリート練り混ぜから打込み終了までの時間は、外気温が25℃以上の場合は90分以内、外気温が25℃未満の場合は120分以内とする。

コンクリートポンプ圧送による輸送管の直径は、以下のように粗骨材の最大寸法によって決まる。

- 粗骨材が**20～25mm**の場合は輸送管の直径は、**100mm**以上必要
- 粗骨材が**25～40mm**の場合は輸送管の直径は、**125mm**以上必要

コンクリートポンプ圧送で、輸送管の詰まりを防止するために、最初に**富（ふ）調合のセメントペースト**を流し、輸送管内部の潤滑油にしている。棒形振動機（バイブレーター）で固める場合、振動機の間隔は60cm以下、加振時間は1箇所5～15秒程度とする。

写真5-10　打設

スランプ値

凝固する前の生コンクリートの打設作業の難易度や効率性、ワーカビリティーを調べる指標の1つである流動性を示す値のこと。生コンクリートはスランプ値が大きいほど、流動性が高いということになる。

これだけは覚える

コンクリート打設といえば…外気温による。25℃以上→90分以内。25℃未満→120分以内。
ポンプ圧送といえば…先送りモルタル（富調合）＝詰まり防止。

これだけは覚える

棒形振動機といえば…挿入間隔と1箇所の加振時間を覚えておく。

参考

【解説】コンクリートの打設手順（會澤高圧コンクリート株式会社 公式YouTubeチャンネル）
https://www.youtube.com/watch?v=auLXazbgWZI

例題7　令和2年度　2級建築施工管理技術検定（後期）学科試験問題〔No.22〕 

コンクリートの調合に関する記述として，**最も不適当なもの**はどれか。

1. 耐久性を確保するためには，水セメント比は小さいほうがよい。
2. スランプの大きいコンクリートでは，細骨材率が小さすぎると分離しやすくなる。
3. スランプは，工場出荷時における値を指定する。
4. AE減水剤を用いると，所定のスランプを得るのに必要な単位水量を減らすことができる。

正解：3

ワンポイントアドバイス　スランプは、荷卸し地点における値を指定する。コンクリート工事におけるスランプ、荷下ろし時に関する問題である。毎回のように出題されて、用語、数値の内容が問われる。

参考

鉛直
縦方向→中央部で継ぐ。

レイタンス
ブリージングとともに浮かび上がるセメントの「アク」。取り除く必要がある。

ブリージング
コンクリート打設後、水分が上昇する現象。

(3) 打継ぎ(うちつぎ)

打継ぎとは、先に打込まれたコンクリートと後で打つコンクリートを継ぐこと。打継ぐ場所が、最大のポイントとなる。

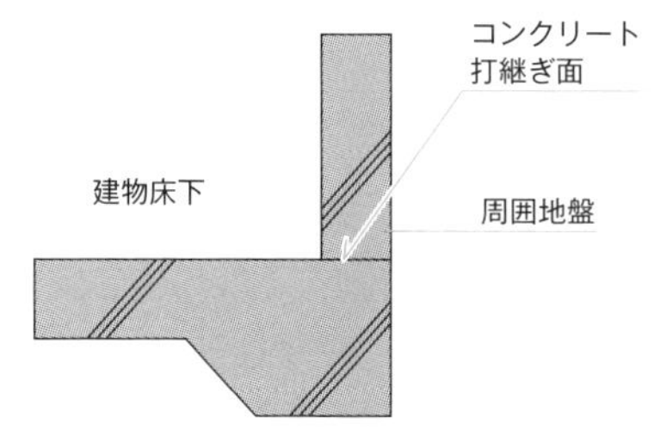

図5-29　打継

梁およびスラブ（床版）の鉛直打継ぎ部は、応力の小さい中央部に設ける。打継ぎ部は、レイタンスを取り除き、コンクリート打設前に、型枠を十分湿潤しておく。

スラブの付いたせいの高い梁の打込みは、梁とスラブを分けて打込むこと。

試験に出る 説明

R1後、R1前、H30後【過去9試験で3回】

(4) 養生(ようじょう)

強度が出るまで、振動または衝撃を加えず静かに置いておくことを養生という。

打設後は、コンクリート面が露出している部分には散水やシートによる被膜を行い湿潤養生し、**5日間以上**、コンクリート温度を**2℃以上**に保つ。

これだけは覚える

コンクリートの養生といえば…5日間以上、2℃以上に保つ。

大断面の部材は、中心部の温度が外気温より**25℃以上高く**なるおそれがある場合、保温養生を行って温度ひび割れの発生を防止する。

打込み後の養生温度が高いほど、長期材齢における強度の増進は小さくなる。

写真5-11　養生

例題8　令和4年度　2級建築施工管理技術検定（前期）第一次検定問題〔No.21〕 

コンクリートの養生に関する記述として，**最も不適当なもの**はどれか。

1. 打込み後の養生温度が高いほど，長期材齢における強度増進性が大きくなる。
2. 湿潤養生期間は，早強ポルトランドセメントを用いた場合，普通ポルトランドセメントより短くできる。
3. 打込み後，直射日光等による急速な乾燥を防ぐための湿潤養生を行う。
4. 打込み後，少なくとも1日間はそのコンクリートの上で歩行又は作業をしないようにする。

正解：1

ワンポイントアドバイス　養生期間中の温度が過度に低いと強度発現が遅くなり、高いと長期材齢における強度増進が小さくなる。適当な温度（15℃～25℃）を保つ必要がある。コンクリート工事における養生に関する問題である。毎回のように出題されて、用語、数値、期間の内容が問われる。

第二次検定に出る　説明

(5) 試験と検査

荷卸し地点におけるコンクリートの試験回数は、普通コンクリートで種類ごと1日1回以上、または150m³（軽量コンクリートは100m³）ごと、またはその端数につき1回以上行う。塩化物含有量試験は0.3kg／m³以下。スランプ試験・空気量試験については、表5-14、表5-15のようにJIS A 5308により許容差が定められている。

これだけは覚える

コンクリートの試験といえば…コンクリート打設量150m³ごとに1回、端数につきもう1回行う。

表5-14　スランプの許容差

スランプ〔cm〕	スランプの許容差〔cm〕
5および6.5	±1.5
8以上18以下	±2.5
21	±1.5

表5-15　空気量の許容差

コンクリートの種類	空気量	空気量の許容差〔%〕
普通コンクリート	4.5	±1.5
軽量コンクリート	5.0	±1.5

5.7 型枠工事

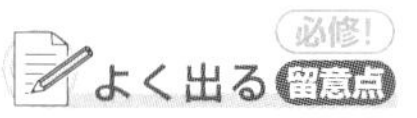

R4後、R4前、R3前、R2、R1後、R1前、H30後、H30前
【過去9試験で8回】

型枠工事とは、所定の形にコンクリートを打込むために用いる、木材や金属で組んだ仮設の枠を設置する工事のことをいう。毎回1問出題されている。

(1) 型枠の設計

合板型枠の構造計算に用いる材料の許容応力度は、長期と短期の平均値とする。特に注意が必要な項目は以下の通り。

- 固定荷重は、普通コンクリートの240kN／m^3×スラブ厚さ（m）+0.4kN／m^3（型枠の重量）
- 側圧は、コンクリートの打込み高さと打込み速さによって変わる

これだけは覚える

型枠支保工といえば…床（スラブ）下、梁下の型枠を下から支えている突っぱりで、パイプサポートがよく使用される。

これだけは覚える

継手用のボルト以外のものは使用しない。

(2) 型枠支保工

スラブまたは梁の型枠がコンクリートの荷重に耐えられるように支えるものを型枠支保工（しほこう）という（図5-30）。以下の項目に注意して作業を行う。

- パイプサポートは3本以上継いで用いない
- 4本以上の継手用ボルトを使用する
- 支柱として用いるパイプサポートの高さが3.5mを超える場合、高さ2m以内ごとに2方向に水平つなぎを設ける
- 支柱として用いる鋼管枠は、水平つなぎを最上層および**5層以内**ごとに設ける

5 躯体工事

• パイプサポートの水平荷重は、鉛直荷重の**5%**を見込む

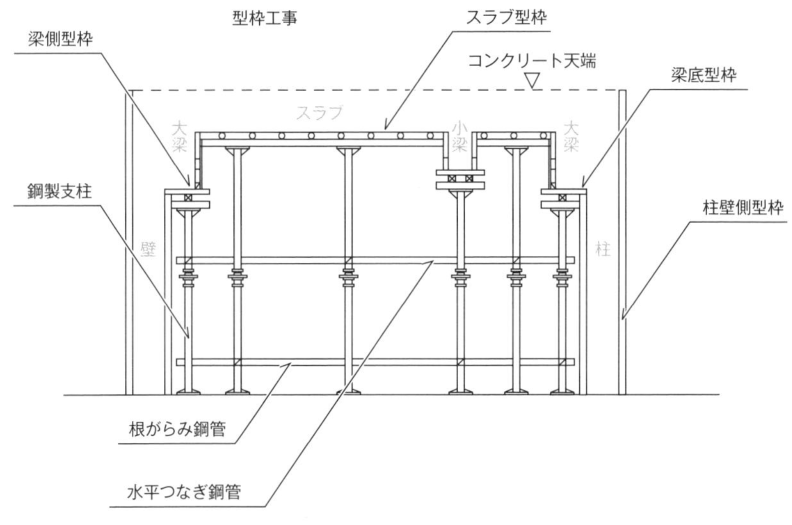

図5-30　梁スラブ型枠の例

型枠のセパレーター

型枠のせき板の間隔を正しい寸法に保つために用いるもの。施工時の留意点として、型枠のせき板とセパレーターとはできるだけ直角になるように設置することがある。

例題9　令和4年度　2級建築施工管理技術検定（後期）第一次検定問題〔No.20〕 

型枠工事に関する記述として，**最も不適当なもの**はどれか。

1. 梁の側型枠の寸法をスラブ下の梁せいとし，取り付く底型枠の寸法を梁幅で加工した。
2. 柱型枠は，梁型枠や壁型枠を取り付ける前にチェーン等で控えを取り，変形しないようにした。
3. 外周梁の側型枠の上部は，コンクリートの側圧による変形防止のため，スラブ引き金物で固定した。
4. 階段が取り付く壁型枠は，敷き並べた型枠パネル上に現寸で墨出しをしてから加工した。

正解：1

ワンポイントアドバイス　梁型枠の割付けの際、底板か側板を伸ばした納まりとする。型枠工事に関する各部位の施工方法の問題である。

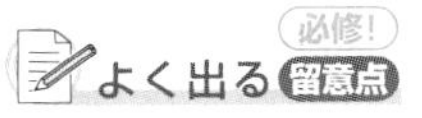

R3前、R2、R1前、H30後
【過去9試験で**4**回】

存置期間

コンクリート打設後、型枠を外すまでの期間を存置期間という。型枠の存置期間は表5-16のように定められている。外気温とコンクリートの圧縮強度によって変わることを理解しておく。

表5-16　型枠の存置期間

部位	条件	期間
柱・壁・梁（基礎）の側型枠	コンクリートの圧縮強度が5N／mm²以上	
	外気温15℃以上	→ 2日以降
	外気温15℃未満、5℃以上	→ 3日以降
	外気温5℃未満	→ 5日以降
梁下・スラブの型枠	コンクリートの圧縮強度が設計基準強度の50%以上	
	外気温15℃以上	→ 6日
	外気温15℃未満、5℃以上	→ 10日
	外気温5℃未満	→ 16日

これだけは覚える

型枠の存置期間といえば…外気温で決定する場合とコンクリートの圧縮強度で決める2通りがある。

スラブ下の支柱	コンクリートの圧縮強度が設計基準強度の85%以上	
	外気温15℃以上	→ 17日
	外気温15℃未満、5℃以上	→ 25日
	外気温5℃未満	→ 28日
梁下の支柱	コンクリートの圧縮強度が設計基準強度の100%以上	
	外気温15℃以上 外気温15℃未満、5℃以上 外気温5℃未満	28日

例題10　令和3年度　2級建築施工管理技術検定（後期）第一次検定問題〔No.21〕 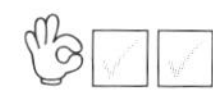

型枠の最小存置期間に関する記述として，**最も不適当なもの**はどれか。

1. コンクリートの圧縮強度による場合，柱とスラブ下のせき板は同じである。
2. コンクリートの圧縮強度による場合，壁とはり側のせき板は同じである。
3. コンクリートの材齢による場合，柱と壁のせき板は同じである。
4. コンクリートの材齢による場合，基礎と壁のせき板は同じである。

正解：1

ワンポイントアドバイス　圧縮強度においては，柱のせき板では5N／mm^2、スラブ下のせき板では、コンクリートの設計基準強度の50%となっている。型枠工事における存置期間に関する問題である。毎回のように出題されて、用語、数値、期間の内容が問われる。

R4後、R2、R1前、H30後
【過去9試験で4回】

5.8 鉄骨工事

鉄骨工事とは、建物の本体（柱、梁等）や壁の一部に鉄製の鉄骨と呼ばれる工場で加工した製品を現場で建込んで組み立てる作業をいう。軽くて、強く、工期が短くてすむため、近年よく用いられる工事である。鉄骨工事について

参考

マンションが出来るまで Vol.3 鉄骨工事編（大三チャンネル）
https://www.youtube.com/watch?v=76sBqzCRJ8Y

は、よく出題される。

(1) 工作

工作とは、工場で鉄骨を図面通りに作ることをいう。

切断

ガス切断を原則とし、自動ガス切断機を使用する。せん断による切断は、厚さ**13mm以下**の鋼材を使用する。

写真5-12　ガス切断（自動）

これだけは覚える

孔あけといえば…高力ボルトの直径27mm未満は＋2.0mm。普通ボルトの直径は＋0.5mm。

孔あけ

孔あけ加工は、ドリルあけを原則とする。高力ボルトの孔あけは、直径**27mm未満**は**＋2mm**、直径**27mm以上**は**＋3mm**とする。普通ボルトの孔あけは、直径**＋0.5mm**とする。

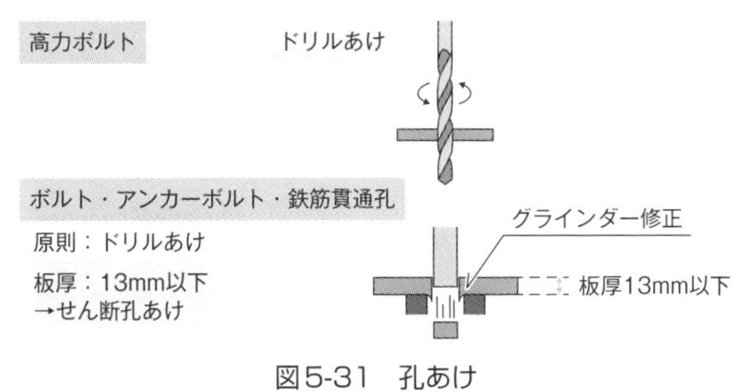

図5-31　孔あけ

加工

曲げ加工は、常温加工または加熱加工とする。加熱加工の場合は、850 ～ 900℃の赤熱加工で行う。

写真5-13　加工

これだけは覚える

テープ合わせといえば…鋼製巻尺（スチールテープ）を照合すること。

基準巻尺の確認

工事現場と鉄骨製作工場で使われている別々の鋼製巻尺を照合し、確認（テープ合わせ）をする。その際、**50N**の張力で引張り、**10mで±1.2mm**の許容差以下にする。使用する鋼製巻尺は、1級品を使用する。

テープ合わせとは、製作工場が工場製作用に使用する鋼製巻尺と、工事施工者が工事現場で使用する鋼製巻尺二本を並べ、その誤差を確認することを指す。鋼製巻尺二本の鋼製巻尺間の誤差については特に上限は定められてはいないが、通常10mで相互の差は0.5mm以内が望ましいとされる。

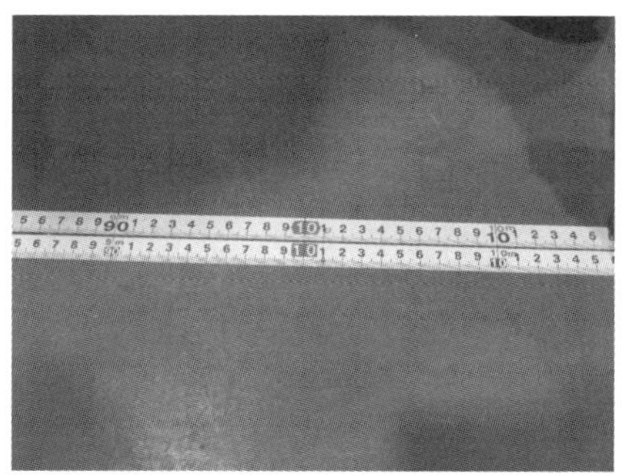

写真5-14　テープ合わせ

(2)接合

接合とは2つの部材を1つにすることをいう。

試験に出る 説明

R3前、R1前

【過去9試験で2回】

高力ボルト接合・トルシア形高力ボルト接合

鉄骨工事で使用される高力ボルト接合には、摩擦接合および引張接合がある。以下の項目に注意して接合を行う。

- 摩擦面の処理は、浮き錆状態(滑り係数**0.45以上**確保)とする
- 締付けは、1次締め→マーキング→本締めの順に行う
- 1次締めはトルクレンチで行い、M16で**10,000N・cm**、M22で**15,000N・cm**とする
- ボルト1群に対して中央部より周辺部に向けて締め付ける
- ボルト頭部またはナットと部材の接合面が、**1/20以上**傾斜している場合は、勾配座金を使用する
- ボルトの余長は、ねじ山が**1〜6山**ほど出ているものを合格とする
- トルシア形高力ボルトの締め付けは、1回目の予備締め後に共回り防止確認のためボルト、ナット、座金にマーキングし、2回目の締め付けでは、専用締め付け機を用いてピンテールが破断するまで締め付ける。

これだけは覚える

高力ボルト接合といえば…摩擦接合ともいう。滑り係数といえば…0.45以上(浮き錆状態)。

参 考

高力ボルトの締め付け【建築現場のお仕事編】(あす建築事務所【伝統工法で創る建築】)
https://www.youtube.com/watch?v=uywcHVIdy8g&t=8s

写真5-15 高力ボルト

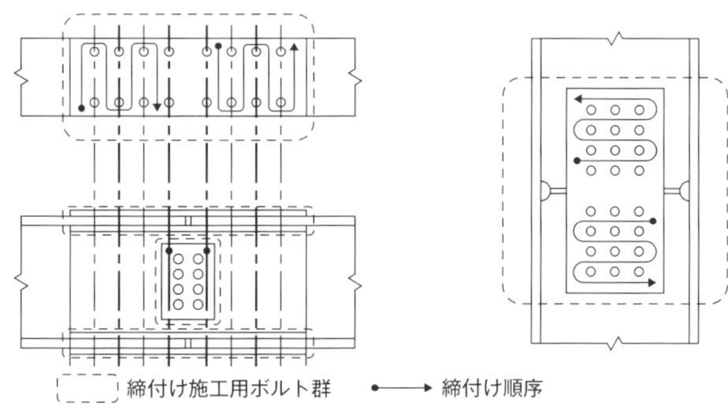

図5-32　締付け方法

写真5-16　トルシア形高力によるマーキングによる確認

溶接接合

鉄筋工事において、溶接棒は低水素系を使用する。母材の接合部は開先加工として、溶接を行う。

板厚の差が**10mm以上**あるフランジ材の突合せ溶接では、厚い方の材を**1／2.5**の傾斜に加工し、開先部分で薄い方の高さに合わせて溶接する。

被覆アーク溶接

建築では、被覆アーク溶接棒（手溶接）を使った交流アーク溶接が多く見られる。溶着金属の酸化や窒化を防ぐフラックスを被覆した溶接棒を用いて行うもので、溶接時には溶接棒の乾燥が重要とされる。

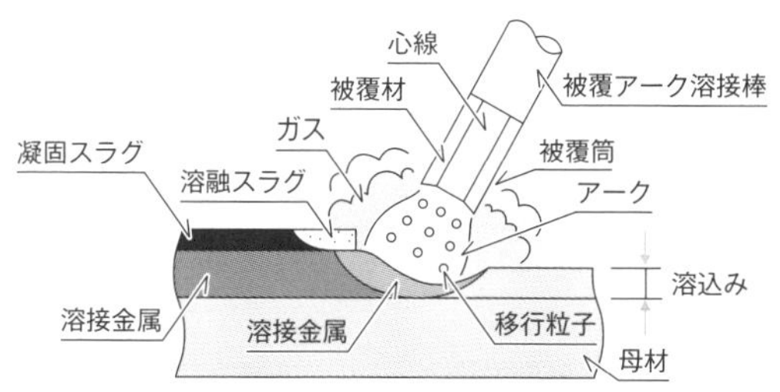

図5-33　被覆アーク溶接の仕組み

写真5-17　被覆アーク溶接

写真5-18　柱と梁の接合部

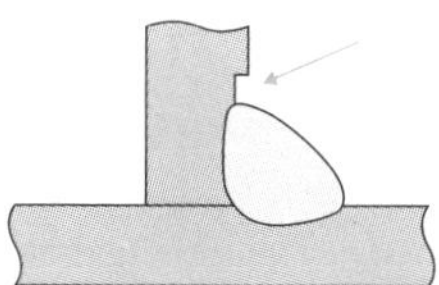
図5-34　アンダーカット

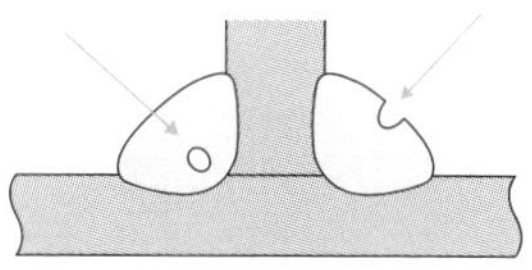
図5-35　ブローホール（左）とビット（右）

ブローホールは溶接部における溶接欠陥の一種で、溶着金属の中に発生する球状の空洞（気孔）のこと。ビットは、溶接ビードの表面に小さく窪んだ穴となって発生する溶接欠陥のこと。

代表的な溶接欠陥

アンダーカットとは、溶接温度が高温過ぎて断面欠損すること。被覆アーク溶接の際、溶接ビード側面が溶接母材の表面よりも掘られてしまっている状態のことをいう。施工条件に適した溶接棒を選び、電流をあまり大きくしないで運棒操作を適正に行う。

工場で、図のように柱と梁の接合を行う。

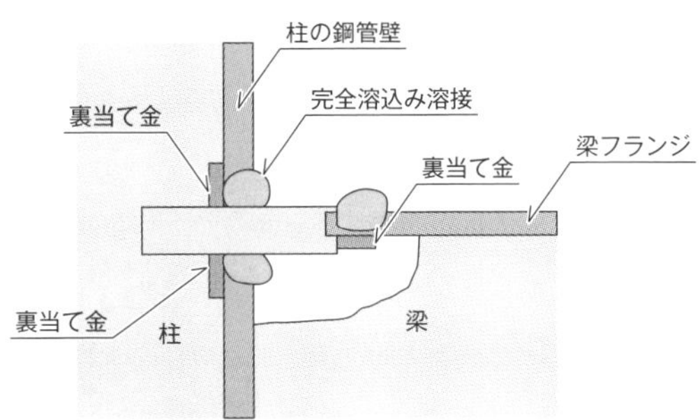

図5-36　柱と梁の接合部

溶接部の検査は、超音波探傷試験で行い、不良溶接部を確認する。

写真5-19　超音波探傷試験

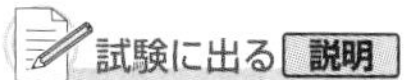

R4前、R1後、R1前
【過去9試験で3回】

(3) 建方

鉄骨本体を現場で建てて組立てることを建方という。仮ボルトは、中ボルトなどを用い、ボルト1群に対して、高力ボルト接合では**1／3程度**、かつ**2本以上**とする。混用継手および混用接合では、ボルト1群に対して、**1／2程度**、かつ**2本以上**とする。高力ボルト接合と溶接接合を併用する場合、高力ボルト接合を先に行う。

鉄骨の柱を建てたとき、垂直度が少し悪い場合に、垂直に直すことを建入れ直しという。必ず**建入れ直し専用のワイヤロープを使って**行うこと。

建入れ直しは、建方の進行とともに、できるだけ小区画に区切って行うのがよい。また、ターンバックル付き筋交いを使用してはならない。

参考

仮ボルト
建方時、本締め前に落下防止のために入れるボルトのこと。

中ボルト
普通ボルト（六角ボルト）のことで、半ねじという。ボルトの端半分だけにねじ山がある。

これだけは覚える

アンカーボルトといえば…2重ナットの上に3山以上出るようにする。

(4) アンカーボルト設置

アンカーボルトは、2重ナットおよび座金を用い、その先端はねじがナットの上に**3山以上**出るようにする。

中心塗りモルタルの大きさは、**200mm角**あるいは**200mm φ**以上とする。

ベースモルタルは鉄骨建方までに**3日以上**の養生期間をとらなければならない。

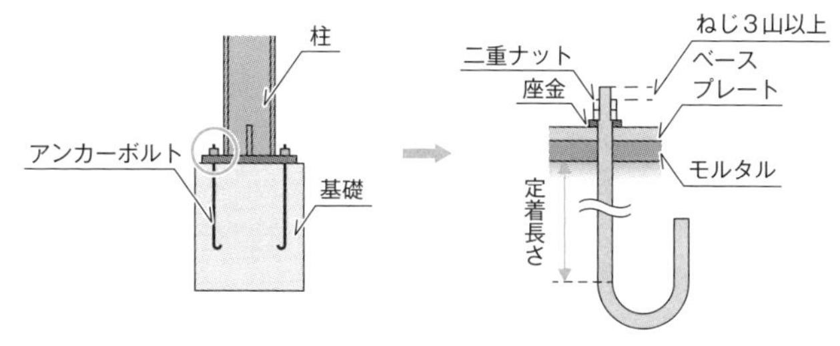

図5-37　アンカーボルト

(5) 錆止め塗装

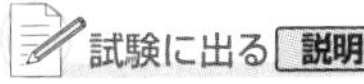

R3後
【過去9試験で1回】

鉄骨は、錆びやすい材料のため、加工時に錆止め塗料を塗る。錆止め塗装を行ってはいけない場所は以下の通り。

①高力ボルト摩擦接合面。
②コンクリートに接する部分。
③鋼製の貫通スリーブ内面。
④角形鋼管柱の密閉される閉鎖形断面の内面。
⑤溶接する部分。

第二次検定に出る 説明

5.9 ALC工事

参考

マンションが出来るまで vol.4 内装下地編(大三チャンネル)
https://www.youtube.com/watch?v=dQ6UuXCLffM&t=85s

ALCとは、軽量気泡コンクリートのことで、石灰やアルミニウム粉末を主原料とし、軽量で断熱効果が高い。特にS造の壁、または床によく使用される。ALC工事についてはよく出題される。

(1) 取扱いと保管

積上げ高さは、**2m以下**とする。取扱いに際しては、使用上有害なひび割れ、損傷、汚れが生じないようにする。

取り扱い時に欠けが生じ、構造耐力上支障がある場合は、補修して使用してはならない。

(2) 穴あけ加工

外壁、間仕切りパネルの孔あけ加工は、1枚当たり1箇所とし、主筋の位置を避け、パネル短辺幅の**1／6以下**の大きさとする。

溝掘りは、1枚当たり1本かつ幅**30mm以下**、深さ**10mm以下**。床用、屋根パネルの孔あけ加工は、1枚当たり1箇所とし、直径**50mm以下**。溝彫りは原則禁止。

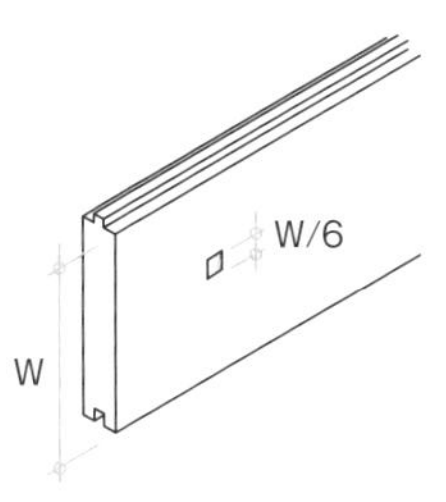

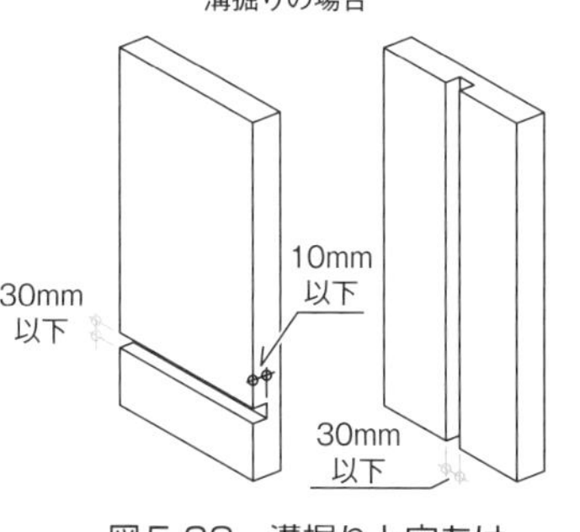

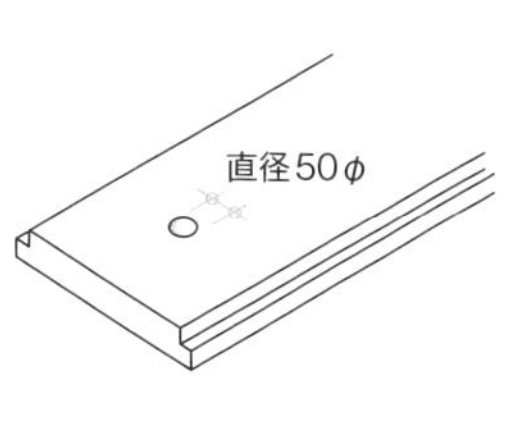

図5-38　溝掘りと穴あけ

外壁パネル構法

躯体の動きが大きい（層間変位が大きい）場合に外壁パネル構法を採用する。代表的な構法とその特徴は表5-17の通り。

表5-17　外壁パネル構法

ロッキング構法	構造躯体の変形に対し、ALCパネルが1枚ごとに微小回転して追従する機構であり、ALCパネル内部に設置されたアンカーと取付け金物により躯体に取り付けることを特徴とした構法である。
アンカー構法	ALCパネル内部に設置されたアンカーと取付け金物により躯体に固定する取付け構法で、躯体の層間変形に対し、上下段のパネル相互が水平方向にずれ合って追従する機構である。

これだけは覚える

ロッキング構法といえば…1枚1枚のALC版が地震で揺れるように施工されているもの。

内壁・間仕切りパネル構法

躯体の動きが小さい場合には、内壁・間仕切りパネル構法を採用する。構法および取付け方法には、縦壁ロッキング構法、フットプレート構法、アンカー筋構法、間仕切チャンネルによる取付け、間仕切L形金物による取付け、定規アングルとボルトによる取付けがある。

5.10 補強コンクリートブロック工事

補強コンクリートブロックとは、空洞のコンクリートブロックを鉄筋で補強して耐力壁を作り、壁の頂部を鉄筋コンクリート造の梁でつなぎ一体化した形式の構造をいう。

(1) 施工上の注意点

補強コンクリートブロック工事は、以下の事項に注意して行う。

> **参考**
> フェイスシェル
> コンクリートブロックの縦方向にある部材。
> ウェブ
> フェイスシェル

- 壁鉄筋の重ね継手長さは、45dとし、定着長さは40dとする
- 1日の積上げ高さは1.6m以下
- モルタルの打ち継ぎは、ブロックの天端から5cm下がった位置とする
- ブロックは、フェイスシェルの厚い方を上にする

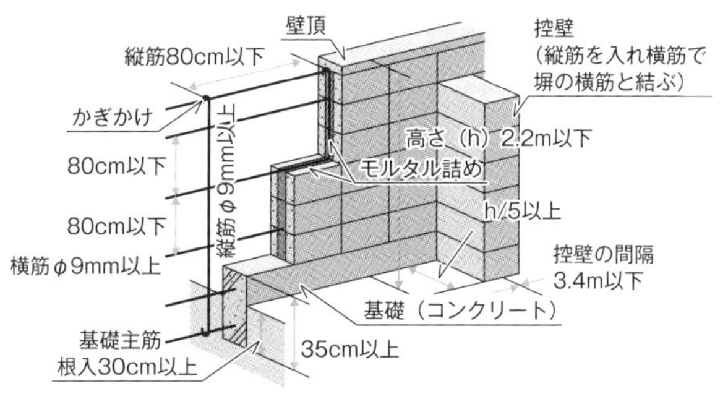

図5-39　補強コンクリートブロック積み

(2) モルタルの調合

> **これだけは覚える**
> モルタルの調合といえば…使用場所によってセメントと砂の配合が変わる。

モルタルは、表5-18のように使用場所や目的によって適切な調合が変わるのに注意する。

表5-18　モルタルの調合

目地用	セメント1に対して砂2.5、目地幅は10mm
充填用	セメント1に対して砂2.5
化粧目地用	セメント1に対して砂1、目地幅は10mm

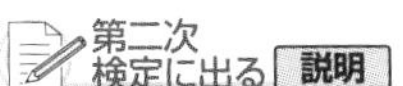

5.11 建設機械

建設機械とは、建設工事に使用される種々の機械のことである。主に掘削（孔を掘る）機械、運搬機器、舗装用機器、土を均（なら）す機械等がある。建設機械についてはよく出題される。

(1) ショベル系掘削（くっさく）機

走行装置には、タイヤ式（ホイール式）とクローラー式（覆帯式＝キャタピラ）がある。クローラー式の方が軟弱地盤での走行が優れている。

また、ショベルの形状による特徴は表5-19の通り。

これだけは覚える

パワーショベルといえば…地面より上を掘削（くっさく）するのに適している。

表5-19　ショベル系掘削機の特徴

	パワーショベル	バックホウ	クラムシェル	ドラッグライン
掘削場所	地面より上	地面より下	地面より下	地面より下
掘削力	大きい	大きい	小さい	中ぐらい
掘削土	硬土可	硬土、水中掘削可	中程度の硬土、水中掘削に適する	中程度の硬土、水中掘削に適する

5 躯体工事

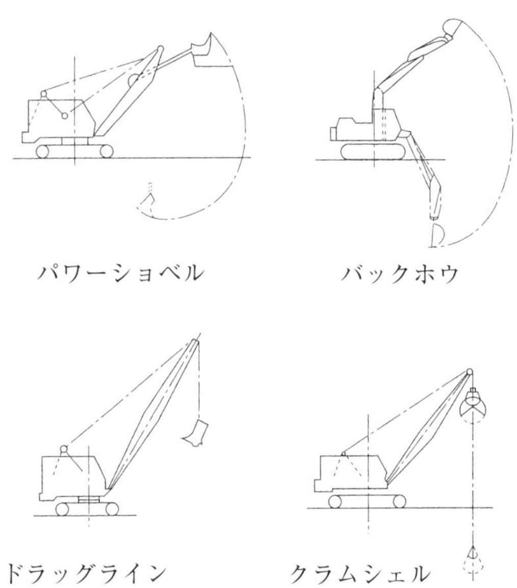

図5-40　ショベル系掘削機の種類

(2) クレーン

代表的なクレーンの名称と特徴は表5-20の通り。

表5-20　クレーンの特徴

トラッククレーン	機動性に優れ、長距離の移動に適している。トラック部（走行部）とクレーン部（旋回部）のそれぞれに運転席が設けられている（図5-41）。
クローラークレーン	キャタピラ（クローラー）を備えたクレーンで、やわらかい地盤での作業に適している（図5-42）。
ホイールクレーン	トラッククレーンより移動性は劣るが、1つの運転席で走行とクレーン操作が行えるので機動性がある（図5-43）。
タワークレーン	建物の内部、外部に設置されるものがあり、建物が高くなるに従ってクレーン本体も上昇していく（図5-44）。

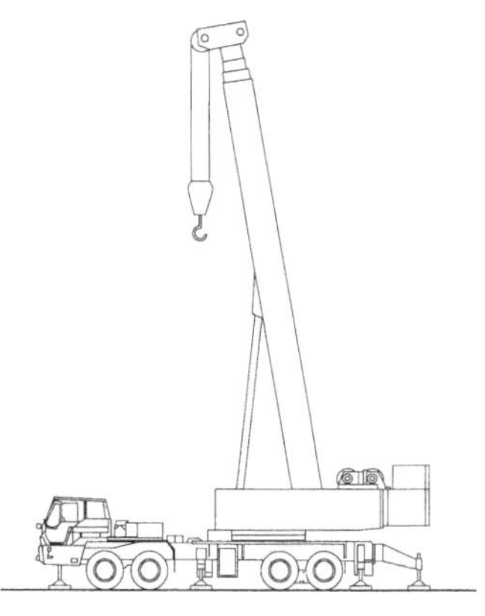
図5-41　トラッククレーン

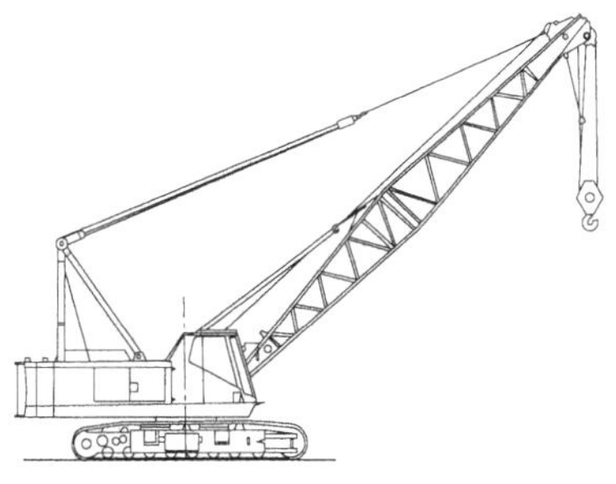
図5-42　クローラークレーン

これだけは覚える

タワークレーンといえば…建物の上部および外壁に設置されることが多い。高さ60m以上は航空障害灯を設置する。

トラッククレーンやホイールクレーンのシャーシに取り付けられ、機体を支える足であるアウトリガーには、自重と荷重重量の合計の75%がかかる。

10分間の平均風速が10m／sec以上の場合、移動式クレーンは作業を中止する。

タワークレーンは、ブームの先端が60m以上の高さになると、航空障害灯を設置する必要がある。

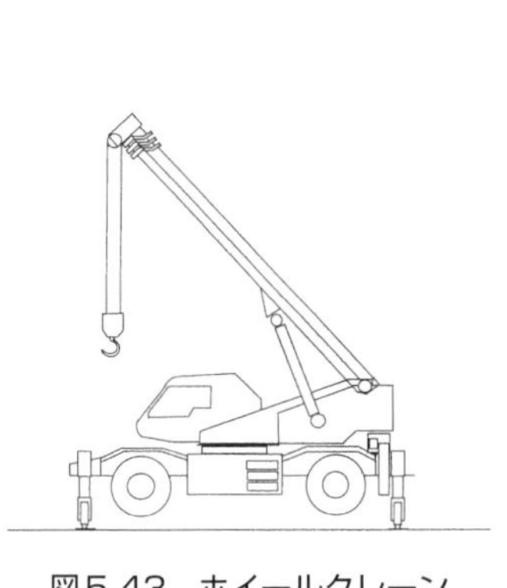
図5-43　ホイールクレーン

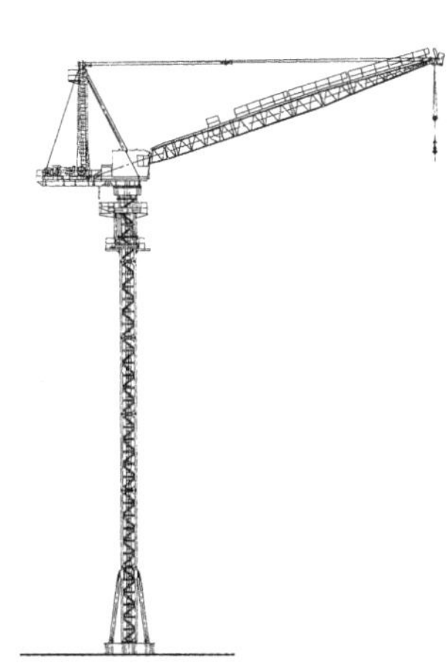
図5-44　タワークレーン

試験に出る 説明

(3) 舗装用機械

土面の舗装等に使われる主な機械には表5-21のようなものがある（写真5-19～5-22は、その一例）。

表5-21　主な舗装用機械

ロードローラー	地面を鉄製のローラーで押し固める建設機械で公道の走行はできない（写真5-19）。
タイヤローラー	含水比の高い土や砕石には適していない（写真5-20）。
トラックアジテータ	レディーミクストコンクリート工場から現場までの運搬に用いられる（写真5-21）。
ブルドーザー	土のすき取りや整地のほか、短距離の運搬に使用される（写真5-22）。

写真5-19　ロードローラー
（写真提供：酒井重工業株式会社）

写真5-20　タイヤローラー
（写真提供：酒井重工業株式会社）

写真5-21　トラックアジテータ
（写真提供：KYB株式会社）

写真5-22　ブルドーザー
（写真提供：株式会社小松製作所）

第6章 仕上げ工事

仕上げ工事は、最終的に工事が終了した後の表面に見える部分の工事をいう。施工管理をする上で、仕上げ工事の出来は建物の良否を決める重要な部分である。試験では数値、用語の意味、工法の特徴等が出題される。

躯体工事と合わせて11問出題され、8問を選択して解答する。

試験に出る 説明

R4後、R3前、H30後
【過去9試験で3回】

6.1 防水工事

防水とは、雨水が建物の中に入らないようにすることをいう。毎回1問出題される。

(1) アスファルト防水

アスファルトの層とルーフィング類を交互に数層重ねて密着し、防水層を構成する。工法には以下がある。

ルーフィングとは、屋根の防水のために瓦等の下に施工するシート状の建材で、よく使われるのが、紙にアスファルトをしみ込ませて製造されるものである。

これだけは覚える

密着工法といえば…穴あきルーフィングを使用しない。

密着工法

下地面に防水層を全面に密着させる工法で、従来から屋上防水や室内防水に多く用いられている。信頼性が最も高い。

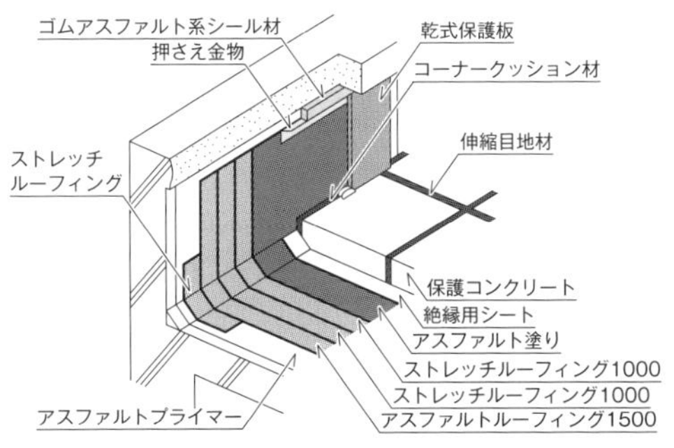

図6-1 密着工法

これだけは覚える

絶縁工法といえば…穴あきルーフィングを使用する。
砂付き穴あきルーフィングといえば…砂付き面は下向き。

これだけは覚える

ストレッチルーフィングといえば、引張っても切断しにくいルーフィングをいい、角部等の曲ったところに使われる

絶縁工法

一般部分は防水層を下地面に全面接着させず部分接着とし、立上り部および周辺部分を全面接着とした工法。特に注意することは以下の通り。

- 脱気装置が必要になる
- **砂付き穴あきルーフィング**の砂付き面を下に向けて貼る
- 入隅・出隅部は、幅700mm以上の**ストレッチルーフィング**を用いる

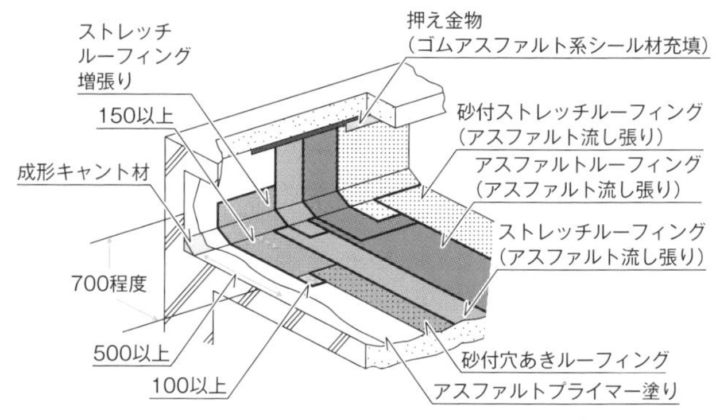

図6-2　絶縁工法

図6-5のように、アスファルト防水とシート防水の入隅（垂直断面）と立入り部の入隅（水平断面）が違うので注意すること。

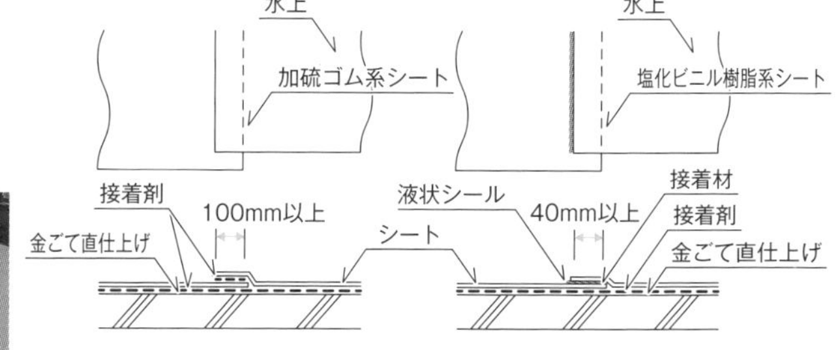

写真6-1　シート防水

図6-3　シート防水の張付け

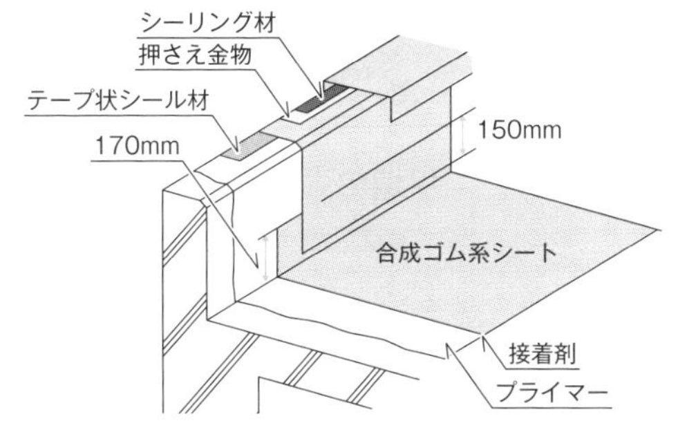

図6-4 合成ゴム系シート防水

（単位：mm）

	アスファルト防水		改質アスファルトシート防水（トーチ工法・常温粘着工法）合成高分子系シート防水 FRP系を除く塗膜防水		FRP系塗膜防水		
出　隅（垂直断面）	面取り	30	面取り	3〜5	面取り および R 形	10R〜30R	10〜30
入　隅（垂直断面）	三角形	70	直　角	直角	三角形 および R 形	10R〜30R	10〜30
立上り部の出隅（垂直断面）	面取り	30	面取り	3〜5	面取り および R 形	10R〜30R	10〜30
立上り部の入隅（水平断面）	三角形	30	直　角	直角	三角形 および R 形	10R〜30R	10〜30

図6-5 出隅・入隅の下地の形状

アスファルトルーフィングの張付け

一般平場（ひらば）（平らな部分）のルーフィングの張付けに先立ち、ストレッチルーフィングを用いて以下の増張りを行う。

- 出・入隅角は増張りをする
- 出・入隅には、幅300mm以上のストレッチルーフィングを、最下層に増張りする
- コンクリート打継ぎ部およびひび割れ部は、幅50mm

程度の絶縁用テープを張った上に、幅300mm以上のストレッチルーフィングを増張りする

これだけは覚える

平場の接合幅といえば…100mm以上。
平場の張付けといえば…水下側から張っていく。

平場の張付け

重ね部分が同じ場所に集中しないように張る。水下側のアスファルトルーフィングが、水上側のアスファルトルーフィングの下側になるように張重ねる。平場の張付けで、特に注意することは以下の通り。

- ルーフィングの張付けは千鳥張り工法とする
- 継手の幅は100mm以上とする

これだけは覚える

伸縮調整目地といえば…成形伸縮目地材という既製の製品を所定の位置に配置する。

伸縮調整目地

保護コンクリート上に、中間部は縦横間隔**3,000mm**程度、周辺の立上り面から**600mm**程度の場所に設ける。成形伸縮目地材を用いて構成する。

例題1　令和3年度　2級建築施工管理技術検定（前期）第一次検定問題〔No.23〕

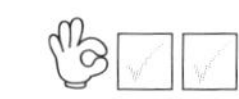

アスファルト防水工事に関する記述として，**最も不適当なもの**はどれか。

1. 防水下地となるコンクリートの入隅の形状は，通りよく45°の面取りとした。
2. 平場部のアスファルトルーフィングの重ね幅は，長手及び幅方向とも100mm以上とした。
3. 平場部のストレッチルーフィングの流し張りは，ルーフィングの両端からアスファルトがはみ出さないように押し付けながら張り付けた。
4. 砂付あなあきルーフィングを用いる絶縁工法の立上り部は，砂付あなあきルーフィングを省略した。

正解：3

ワンポイントアドバイス　アスファルトが重ね部分からはみ出すまで押し付けながら張り付ける。アスファルト防水工事に関する問題は、ほぼ毎回出題されいる。

試験に出る留意点

R3後、R3前、R1前
【過去9試験で3回】

(2) 合成高分子系ルーフィングシート防水

一般にシート防水と呼ばれる工法。厚さ1.2mm～2.0mmの薄い合成高分子ルーフィングを、接着剤を用いて、ルーフィング相互および下地と一体化させて防水層を形成する。合成高分子系ルーフィングシート防水についてはよく出題される。

加硫ゴム系全面接着工法

加硫ゴム系ルーフィングシートを、接着剤を用いて下地へ全面接着し、塗装仕上げを施す工法。接合幅は、立上り面150mm、平場部100mm。

参考

加硫ゴム系シート防水
ゴムの原材料に硫黄(いおう)を混ぜたゴムのことで、伸縮性がある素材の材料。

塩化ビニル樹脂系全面接着工法

塩化ビニル樹脂系ルーフィングシートを、接着剤を用いて下地へ全面接着する工法。接合幅は、平場部40mm。

塩化ビニル樹脂系機械的固定工法

塩化ビニル樹脂系ルーフィングを、固定金具を用いて下地へ機械的に固定する工法。

試験に出る留意点

R4前
【過去9試験で1回】

(3) ウレタンゴム系塗膜防水

緩衝用シート、補強布などと組合せて所定量の厚さに塗り付けて膜を構成し防水層を作る工法。ウレタンゴム系塗膜防水で、特に注意することは以下の通り。

- 防水層の下地からの水蒸気を排出するための脱気装置は（写真6-2）、50～100m^{2}に1箇所の割合で設置する
- 立上り部における補強布は、平場の通気緩衝シートの上に**100mm**張掛けて防水剤を塗布する

写真6-2　脱気装置

R2、R1後、R1前、H30後、H30前
【過去9試験で**5**回】

(4) シーリング工事

シーリングとは、コーキングともいい、気密性や防水性の改善のため、施工される隙間を埋める目地材をいう。

シーリング工事に関連する重要な用語は表6-1の通り。

表6-1　シーリング工事に関する用語

ムーブメント	地震や風圧、温度変化によって起こる部材の接合部の動きをいう。
プライマー	目地に充填されたシーリング材と被着体とを強固に接着するもの。
バックアップ材	3面接着の防止、充填深さの調整、目地底の形成を目的としている。
ボンドブレーカー	バックアップ材と同じ目的で入れるテープ状の材料。
マスキングテープ	目地以外の部分の汚染防止、目地縁の通りをよくする目的で使用する粘着テープ。
モジュラス	引張応力のことで、引張力に対してどれだけ耐えられるかをいう。

分類

ムーブメント（地震や風圧、温度変化によって起こる部材の接合部の動き）の大きさによって接着の種類が変わることに注目する。

表6-2　シーリング工事の分類

ワーキングジョイント	ムーブメントが比較的大きい目地のことをいう。2面接着が適する。
ノンワーキングジョイント	ムーブメントが比較的小さい目地のことをいう。3面接着が適する。

これだけは覚える

シーリング工事の施工上の注意といえば…交差部の施工とシーリング表面の仕上時期に注意。

施工上の注意事項

シーリング材の充填は、吹付け等の仕上げ前に行うのが原則。以下の点に注意して施工する。

- 低モジュラスは、伸縮に対する追随性に優れ、ムーブメントが大きく、幅の広い目地に適している
- シーリング材の充填は、交差部または角部から行う
- マスキングテープの除去は、シーリング材表面仕上げ後、直ちに行う。塗り際を乱さないように注意する
- ALCパネルなどの被着体の表面強度が低い場合の目地には、低モジュラスのシーリング材を使用する

参 考

モジュラス
ゴム状弾性を有する材料に一定の伸びを与えた時の引張応力をいう。

例題2　令和2年度　2級建築施工管理技術検定（後期）学科試験問題〔No.25〕

シーリング工事に関する記述として，**最も不適当なもの**はどれか。

1. マスキングテープは，シーリング材のへら仕上げ終了後，直ちに取り除いた。
2. コンクリートの目地等のノンワーキングジョイントは，シーリング材の充填深さの最小値を10mmとした。
3. 裏面に粘着剤が付いているバックアップ材は，目地幅より1～2mm小さい幅のものを使用した。
4. 異種シーリング材を打ち継ぐため，先打ちシーリング材が硬化しないうちに，後打ちシーリング材を施工した。

正解：4

ワンポイントアドバイス 先打ちシーリング材が十分に硬化していることを確認してから、後打ちシーリング材を施工する。シーリング工事に関する問題は、試験2回に1回程度出題されいる。

6.2 石工事

R4前、R3前、H30後
【過去9試験で3回】

これだけは覚える

湿式工法と乾式工法の違いといえば…湿式工法の取付の中心はモルタルで、乾式工法の取付の中心はステンレス製の金物。

参考

横目地合端(あいば)

横方向の目地（上と下の間）の合端（向かい合っている部分）を指す。小口(こぐち)面のこと。

石工事とは、石材を壁や床に貼付け、据付けをする工事をいう。

(1) 湿式工法

石材を金物とモルタルで固定するタイプの工法。裏込めモルタルを全面に充填する。白色系大理石の裏込めモルタルには、白色セメントを使用する。

- 石材の厚さは25mm以上
- 引き金物の穴は、石材の上端の横目地合端(よこめじあいば)に2箇所、両端部より100mm程度の位置に設ける
- だぼ穴、石材の上端の横目地合端に2箇所、両端部より150mm程度の位置に設ける
- 溶接箇所には錆止め塗装を行う
- 裏込めモルタルの配合は、容積比でセメント対砂は1：3

図6-6のように、引き金物緊結用鉄筋（流し鉄筋）は、外部に使用されることから耐久性を考慮して、錆止め塗装を行う。

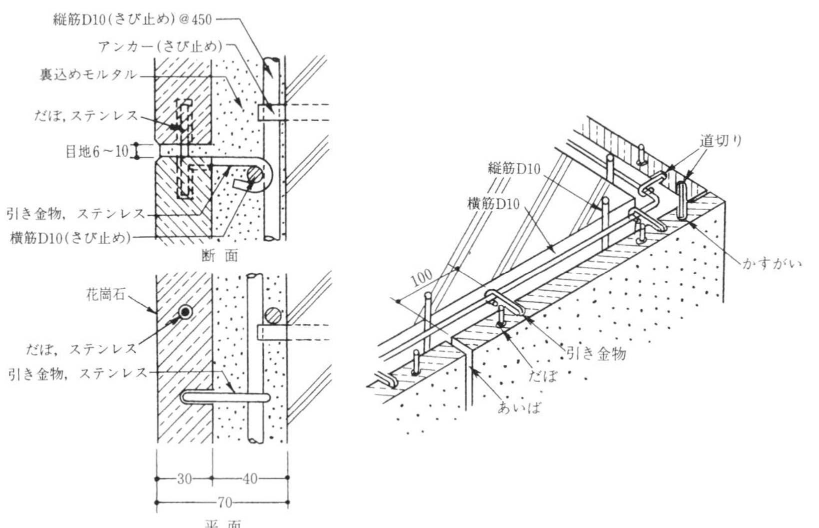

図6-6　外壁湿式工法の例

これだけは覚える

エフロレッセンス（白華）
硬化したモルタルやコンクリートの表面に出た白色の物質でセメント中に含まれる水酸化カルシウムや硫酸塩である。よって、モルタルを使用する湿式工法によく出る。

(2) 乾式工法

石材を金物（ファスナー）で固定するタイプの工法。エフロレッセンス（白華(はっか)）の発生がないことや、ぬれ色を防ぐことができる。

- 石材の厚さは30mm以上
- ダブルファスナーの取付け代として、石材の裏面と躯体コンクリートとの間の距離は70mm
- だぼ穴の位置は、石材の上端横目地合端に2箇所、両端部より石材の端1／4程度の位置に設ける
- だぼ穴の中心は石材の厚みの中心に合わせる
- 石材の最大寸法は、幅および高さは1,200mm以下、かつ、面積0.8m^{2}以下
- 目地幅は、8～10mm
- ファスナーは基本ダブルファスナーとし、ステンレス製を使用する

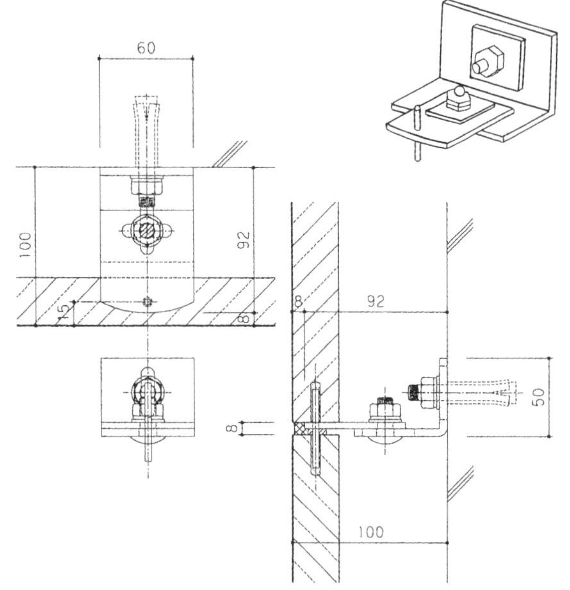

図6-7　ダブルファスナー Aタイプ

表6-3　湿式工法と乾式工法の比較

項目	湿式	乾式
躯体変位への追従性	ない	ある
施工性	工期かかる	工期短い
施工中の汚れ	多い	少ない
錆・しみ	出やすい	出にくい
耐衝撃性	大	小

表6-4　石張り工法と適用部位

工法＼部位	外壁	内壁	床・階段
湿式工法	○	—	—
乾式工法	○	○	—
石先付けプレキャストコンクリート工法	○	○	—
空積工法	—	○	—
敷きモルタル工法	—	—	○

例題3　令和3年度　2級建築施工管理技術検定（前期）第一次検定問題〔No.24〕 

外壁の張り石工事において，湿式工法と比較した場合の乾式工法の特徴として，**最も不適当なもの**はどれか。

1. 台車等の衝突で張り石が破損しやすい。
2. 白華現象が起こりにくい。
3. 地震時の躯体の挙動に追従しにくい。
4. 工期短縮を図りやすい。

正解：3

ワンポイントアドバイス　乾式工法は、湿式工法に比べて地震時の躯体の挙動に追従しやすい（ロッキング工法）。石工事に関する問題は、試験2～3回に1回出題されいる。

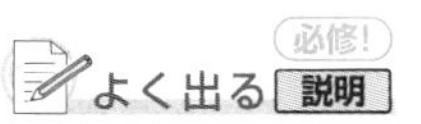

必修！よく出る説明

R4後、R2、R1後、H30前
【過去9試験で4回】

6.3 タイル工事

タイル工事とは床や壁、または洗面所、台所、浴室周辺に仕上げとしてタイルを張る工事をいう。タイルについてはよく出題される。

(1) 密着張り

これだけは覚える

密着張りといえば…上から下へ張っていく。

下地側に下地モルタルと張付けモルタルを塗り、これにタイル張り振動機（ヴィブラート）で振動を加え、タイルをモルタル中に埋込むようにして張り、同時に目地も仕上げる工法。ヴィブラート工法ともいう。密着張りで特に注意することは以下の通り。

- タイル張付けは、上部より下部へ張り進めていく
- 張付けモルタルは、2度塗りとし、塗る面積は、2m^{2}程度で、20分以内にタイルを張り終える面積とする。厚さは、5～8mm
- タイルの大きさは、小口以上

・目地深さが深くなる場合があるので、後目地施工を行う

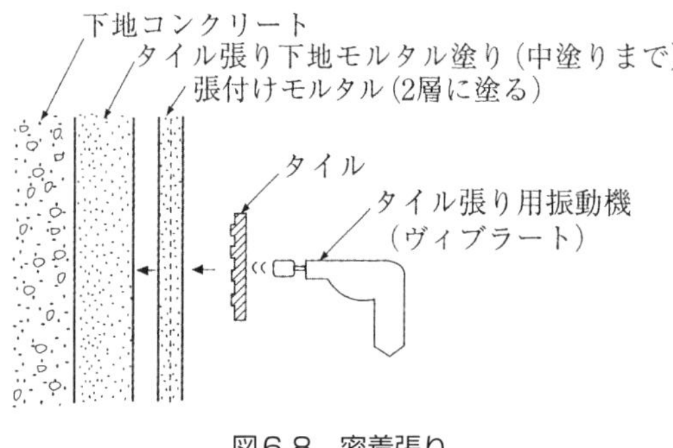

図6-8　密着張り

例題4　令和3年度　2級建築施工管理技術検定（後期）第一次検定問題〔No.41〕 

セメントモルタルによるタイル後張り工法に関する記述として，**不適当なものを2つ選べ。**

1. 密着張りにおいて，タイルの張付けは，下部から上部にタイルを張った。
2. 改良積上げ張りにおいて，小口タイルの張付けは，1日の張付け高さを1.5mとした。
3. モザイクタイル張りのたたき押えは，紙張りの目地部分がモルタルの水分で濡れてくるまで行った。
4. 改良圧着張りにおいて，張付けモルタルの1回に塗り付ける面積は，タイル工1人当たり3㎡とした

正解：1・4

ワンポイントアドバイス　1．密着張りの場合、タイルは上部から下部に張り進めるが、まず1段おきに水糸に合わせて張る。4．施工面積、施工時間は，2㎡／人以内、60分以内に張り終える。タイル工事における、セメントモルタルによる張付け工法の問題である。

(2) 改良積上げ張り

下地モルタルは中塗りまで行い、平らに**木ごて**で仕上げた下地に、タイル裏面に張付けモルタルを平らに塗り付けたものを押し付け、木づち類で十分たたき締める工法。改良積上げ張りで特に注意することは以下の通り。

- 張付けモルタルの塗り厚さは外装で4～7mm、内装で13～18mm
- 1日の張付け高さは1.5m程度
- タイルの大きさは、小口以上

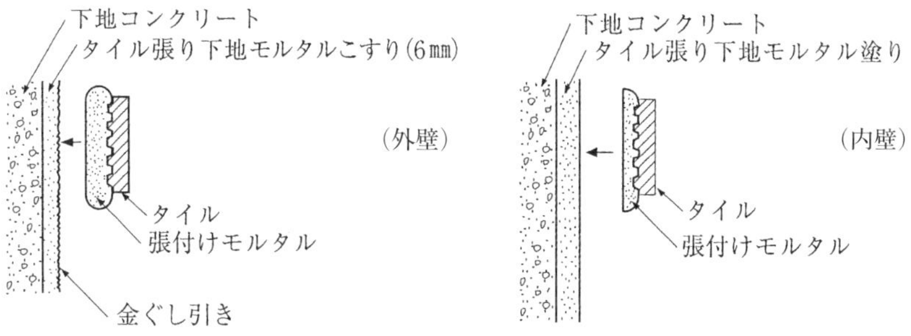

図6-9　改良積上げ張り

(3) モザイクタイル張り

タイルの大きさが25mm以下の場合、下地側に下地モルタルと張付けモルタルを塗り付け、モルタルが軟らかいうちに300mmまたは303mm角のユニットに作られたモザイクタイルを張り付け、たたき板の類で目地部分までモルタルが盛り上がるまで十分たたき締めて張付ける工法。モザイクタイル張りで特に注意することは以下の通り。

- 張付けモルタルの1回の塗り面積の限度は3m²以下で20分以内で張り終える面積
- 接着面にばらつきがあり、剥離(はくり)の原因となりやすいので、屋内の小面積以外には使用しない

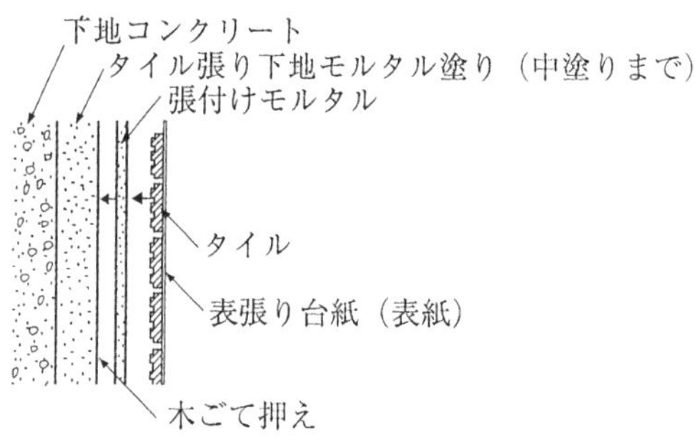

図6-10　モザイクタイル

(4) マスク張り

これだけは覚える

マスク張りといえば…張り付けモルタルを付けてから5分以内にタイルを張り終えるようにする。

モザイクタイル張りの欠点である、接着面のばらつきをなくすために改良されたもので、モザイクタイル張りと違う点は、ユニット化されたタイル裏面にタイルの大きさに見合ったマスクを用いて張付けモルタルを金ごてで均一に張り付ける工法である。マスク張りで特に注意することは以下の通り。

- マスクの厚さは4mm程度
- 25mm角を超え、小口（60×108mm）未満のタイルにこの工法は用いられる

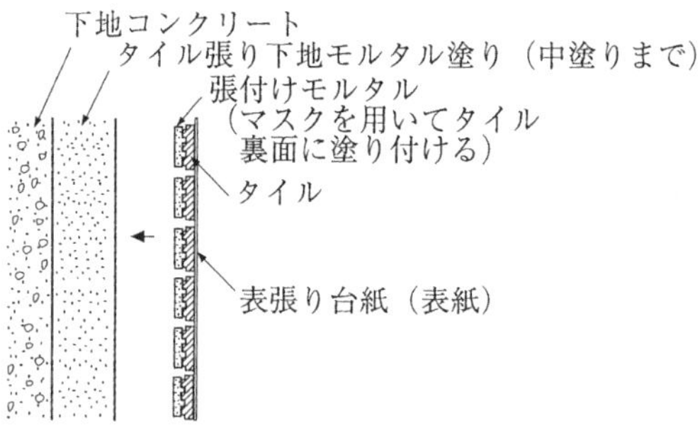

図6-11　マスク張り

これだけは覚える

改良圧着張りといえば…タイル周辺からモルタルがはみ出す程度に押し付けて張り付ける。

(5) 改良圧着張り

下地側に下地モルタルと塗付けモルタルを塗り、タイル裏足に張付けモルタルを塗り、張り付ける工法。改良圧着張りで特に注意することは以下の通り。

- 下地側の塗付けモルタルは厚さ4～6mm程度
- 1回の張付けモルタルの塗付け面積の限度は2m^{2}程度、60分以内に塗り終える面積
- タイルの大きさは、小口、二丁掛け程度

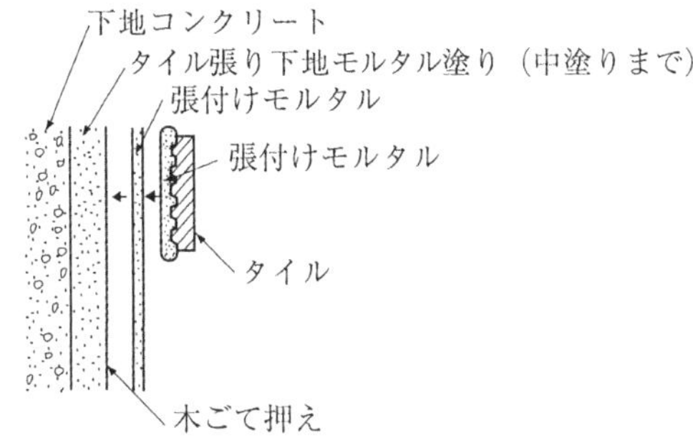

図6-12　改良圧着張り

(6) 接着剤張り

接着剤を金ごてでモルタル下地まで塗り、くし目ごてでくし目を立て、タイルを張り付ける工法。接着剤張りで特に注意することは以下の通り。

- 接着剤の1回の塗り面積の限度は、3m^{2}以内かつ30分以内に塗り終える面積

(7) タイルの大きさ

上記の通り、壁タイル張り工法の種類によって工法とタイルの組合せは異なる。それぞれの寸法は以下の通り。

表6-5　タイルの大きさ

種類	寸法	種類	寸法
小口平	60×108	四丁掛け	120×227
二丁掛け	60×227	50二丁	50×100
三丁掛け	90×227	50三丁	50×150

(8) タイルの検査

試験を行って不合格が出た場合は、該当するタイル施工面全面にわたり詳細に再試験を行う。不良部分は目地部を切断して張り直す。

これだけは覚える

打診検査といえば…目視で確認した後に検査を行う。

打診検査

打診用のハンマーを使用し、全面にわたり、たたきにより検査を行い、タイルの浮きやひび割れ等の発見を目的としている。

これだけは覚える

接着力試験といえば…タイル1枚分の周辺の目地部分をカッターで下地コンクリート面まで切断して行う。

接着力試験

施工後2週間以上経過したタイル周辺をカッターでコンクリート面まで切断し、これを試験体とし、引張り試験を行う。接着力試験に関して、特に覚えておきたいことは以下の通り。

これだけは覚える

接着力試験の強度は0.4N/mm^{2}以上

- 試験体の個数は、3個以上かつ100m^2、またはその端数につき1個以上必要
- 接着力試験の強度は、陶磁器質タイルで0.4N／mm^{2}以上、陶磁器質タイル型枠先付けタイルで、0.6N／mm^{2}以上

よく出る 留意点 必修!

R4後、R4前、R2、R1後、R1前、H30後【過去9試験で7回】

6.4 左官工事

左官工事とは、壁や床の仕上げにモルタル、しっくい等をこてやローラーで塗る工事をいう。

(1) モルタル塗り

これだけは覚える

モルタル塗りといえば…施工場所によってセメントと砂の配合が変わる。調合の数値を覚えておく。

モルタルの各層の調合は、下塗りほど富調合（砂に対してセメントの割合が多い）とし、強度を大きくする。

例） 内壁：下塗りはセメント：砂は1：2.5、 中塗り・上塗りはセメント：砂は1：3

※床以外は、1回の塗り厚さは7mmを標準とする。

例題5　令和4年度　2級建築施工管理技術検定（後期）第一次検定問題〔No.25〕

コンクリート壁下地のセメントモルタル塗りに関する記述として，**最も不適当なもの**はどれか。

1. 下塗りは，14日以上放置し，十分にひび割れを発生させてから次の塗付けにかかった。
2. 乾燥収縮によるひび割れの防止のため，保水剤を混和剤として使用した。
3. モルタルの1回の練混ぜ量は，60分以内に使い切れる量とした。
4. 上塗りモルタルの調合は，下塗りモルタルよりも富調合とした。

正解：4

ワンポイントアドバイス　上塗りモルタルのひび割れ防止のため、下塗りモルタルより貧調合とする。

(2) 下地処理

コンクリート、コンクリートブロックの壁、床等でひずみ、不陸等が著しい場合は、モルタルで補修し、夏季は7日以上、冬季は14日以上放置する。

(3) 壁塗り

下塗り前にセメントペーストを塗り付ける場合の注意事項は以下の通り。

- 下塗りの砂の粒度は、一般にふるいの呼び寸法5mmを最大、0.15mmを最小としている
- 下塗りおよびラスこすりは、14日以上放置して、ひび割れを十分発生させる
- 下地処理後、乾燥具合を見計らい、吸水調整材を全面に塗る

R1前、H30後
【過去9試験で2回】

これだけは覚える

セルフレベリングといえば…室内の窓は閉めたまま作業をする。

(4) 床塗り

材料の持つ流動性を利用して重力により自然流動させ、床版に平滑な床面を形成する、セルフレベリング工法を用いる。セルフレベリング材が硬化する前に風に当たると、表層部分だけが動いて硬化後にしわが発生する場合がある。よって、施工中は窓を開けて通風することを避ける。

H30前
【過去9試験で1回】

6.5 ガラス工事

ガラス工事とは、建具や外壁、内壁にガラスを取付けるもので、防音、雨水等を防ぐ役割がある。ガラス工事については、3回に1問くらいの割合で出題される。

一般にガラスをはめ込む場合は、シーリング構法、グレイジングガスケット構法、構造ガスケット構法等がある。

(1) 不定形シーリング材構法（一般的なシーリング構法）

シーリング構法で注意しておきたい項目は以下の通り。

セッティングブロック
サッシ内で、ガラスの重さを支えるためサッシ下辺のはめ込み構造に置く副資材。

- エッジクリアランス、面クリアランス、セッティングブロック、かかり代等の場所をしっかり理解する
- 止水性、排水性が高い

これだけは覚える

セッティングブロックといえば…面クリアランス、エッジクリアランス、かかり代、バックアップ材等の位置をしっかり覚える。

- セッティングブロックの設置位置は、ガラスの両端部より1／4のところに設置し、ガラスの下部のみに取付ける。上部はエッジスペーサーで固定する
- 可動窓の場合、開閉時の衝撃によるガラスの損傷を避けるため、エッジスペーサーを設置

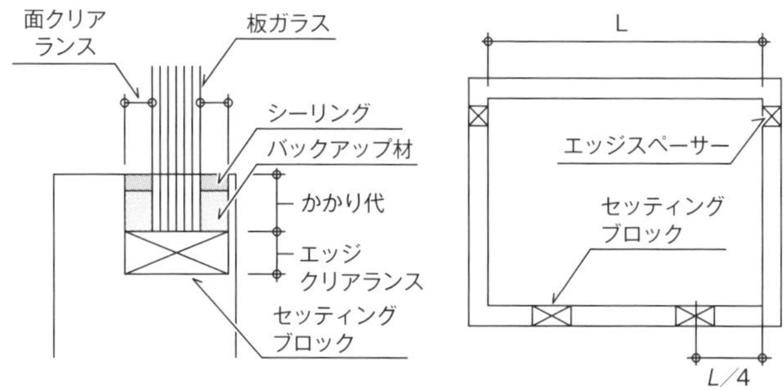

図6-13　セッティングブロックとエッジスペーサー

これだけは覚える

グレイジングガスケット構法といえば…金属やプラスチックの溝にガラスをはめ込む構法。

(2) グレイジングガスケット構法

ガラスをアルミサッシ等にはめ込む際に、周囲に巻き付けるゴム状のパッキン（ガスケット）を用いる構法。止水性、排水性が劣る。表6-6の2つの構法がある。

表6-6　グレイジングガスケット構法

グレイジングチャンネル	金属またはプラスチックのU字形溝などにガラスをはめ込む場合に、グレイジングチャンネルというガラスを留めるパッキン材を用いる構法。
グレイジングビード	金属またはプラスチックの押縁止め溝などにガラスをはめ込む場合に、グレイジングビードというパッキン材を用いる構法。

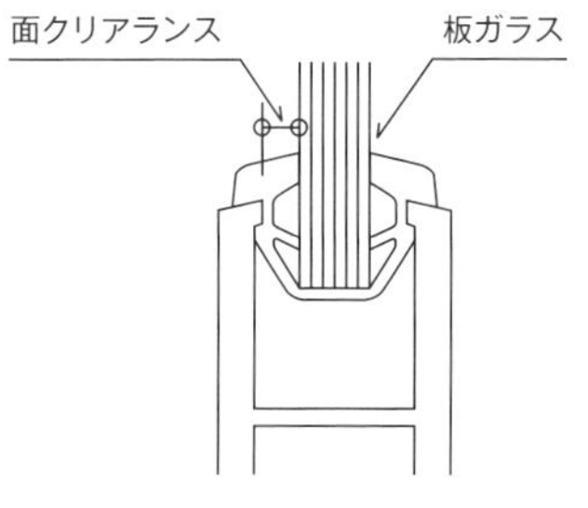

図6-14　グレイジング構法

これだけは覚える

構造ガスケットといえば…建築構成材の開口部に取り付け、ガラス等を直接支持するシーリング材。

(3) 構造ガスケット構法

建築の開口部に取付けて、板ガラスなどと支持枠を直接支持し、風圧力に抵抗する耐力を保持するとともに、水密性、気密性を確保するパッキン（ガスケット）を用いる構法。止水性、排水性が劣る。表6-7の2つの構法がある。

表6-7　構造ガスケット構法

Y形ガスケット構法	コンクリート・石などのU字形溝に、Y形のガスケットを介してガラスをはめ込む構法。
H形ガスケット構法	H形ガスケット構法は、金属枠にH形のガスケットを用いてガラスをとめる構法。

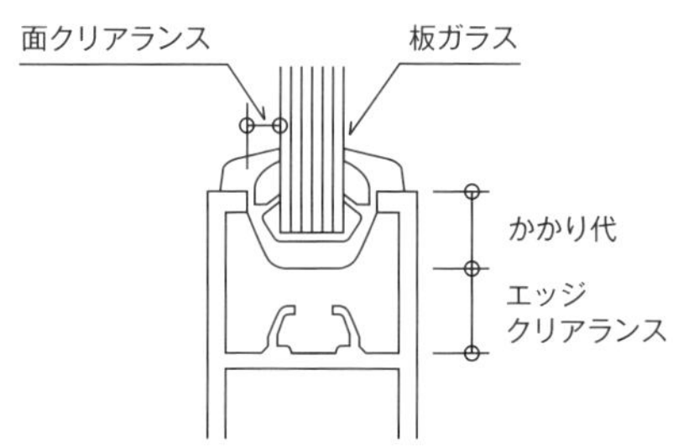

図6-15　構造ガスケット

必修！
よく出る留意点

R4後、R4前、R3前、R1後、R1前、H30後
【過去9試験で**6**回】

6.6 建具工事

建具工事とは、内壁、外壁等に木製または金属製の建具等を取付ける工事で、サッシやシャッター、自動ドア等がある。

(1) 金属製建具

建具には、主に金属製（アルミ製・鉄製）、木製、ステンレス製等がある。

金属製、ステンレス製は主に外部に面する部分によく使われ、木製は、主に内部によく使われる。

アルミニウム製建具

厚さは**1.5mm**以上、枠の見込み（奥行）寸法は、**70mm**程度が標準とされている。材料は、建具周囲に充填するモルタルと接して腐食（錆）しないように、表面に絶縁処理を施す必要がある。

建具の取付けは、コンクリートの開口部の小口に事前に埋め込まれたアンカーに溶接で固定する。アンカーの位置は、開口の隅より150mm内外、中間は500mm以下の間隔で配置する。躯体アンカーは、亜鉛めっき製の腐食防止処理を施したものを使用する。

現場内での仮置きは、立置きとする。仮止めに使用する**くさび**は、取り残しのないようにする。通常、心墨、陸墨を基準として取付ける。精度の許容差は**±2mm**以内とする。

水切り板およびサッシ下枠部と躯体との隙間には、2度に分けてモルタル詰めを行う。建具周囲に充填するモルタルに使用する保水剤には、塩化カルシウム系は避ける。

アルミニウム製建具の中で、スライディングサッシ（引き違い窓）には、耐風圧性・気密性・水密性・遮音性・断熱性などが性能項目として求められる。また、スイングドア（開き戸）には、これらに加えて面内変形追随性・鉛直荷重強さなどが求められる。

これだけは覚える

アルミニウム製建具といえば…既製品の見込みが70mm以上。

これだけは覚える

取付け許容差といえば…取付け精度は±2mm以内。

これだけは覚える

性能項目といえば…建具を出荷する前に、工場で行う検査の種類をいう。スイングドアとスライディングサッシの性能項目を理解する。

これだけは覚える

鋼製建具といえば…鉄製で出入り口に使用される。

くつずりといえば…鋼製建具の下枠。取付け前にくつずりの中にモルタルを充填しておくこと。

鋼製建具

鋼製建具の鋼板は、溶融亜鉛めっき鋼板および表面処理亜鉛めっき鋼板とする。くつずりの材料は、厚さ**1.5mm**のステンレス鋼板（SUS304）とする。

取付け精度は**±2mm**以内とする。くつずりの裏面には、あらかじめモルタルを詰めておき、建具を逆さにして仮置きする。

例題6　令和4年度　2級建築施工管理技術検定試験（前期）第一次検定問題〔No.26〕

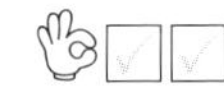

建具工事に関する記述として，**最も不適当なもの**はどれか。

1. アルミニウム製建具のアルミニウムに接する小ねじは，亜鉛めっき処理した鋼製のものを使用した。
2. ステンレス製建具のステンレスに接する鋼製の重要な補強材は，錆止め塗装をした。
3. 木製フラッシュ戸の中骨は，杉のむく材を使用した。
4. 樹脂製建具は，建具の加工及び組立てからガラスの組込みまでを建具製作所で行った。

正解：1

ワンポイントアドバイス　アルミニウム製建具のアルミニウムに接する小ねじは、ステンレス製とする。アルミニウム製建具を含めて、建具工事は、ほぼ毎回出題されている。

これだけは覚える

重量シャッターといえば…種類は一般重量シャッター、防火シャッター、防煙シャッターがある。防火シャッターのスラットの鋼板の厚さは1.5mm以上。

(2) 重量シャッター

シャッターには、スラットという細かい板が連続してつながっており、この板（鉄板）の厚みが厚いものを重量シャッター、薄いものを軽量シャッターという。

保護装置

出入り口および開口面積が15m^{2}以上の電動シャッターは、二重チェーン、ガバナー装置、リミットスイッチ、落下防止装置などを設ける。

表6-8　重量シャッターの保護装置

ガバナー装置	シャッターの急激な落下防止のための装置。
リミットスイッチ	シャッターが全開または全閉した際に所定の位置で自動的に停止させるためのもの。リミットスイッチが故障した場合に保護スイッチが作動してシャッターを停止させる。

スラット

シャッターの壁をいい、防火シャッター用のインターロッキング形と防煙シャッター用のオーバーラッピング形がある。

図6-16のインターロッキング形のスラットは、**防火用のシャッター**として、オーバーラッピング形スラットは**防煙シャッター**として使用される。

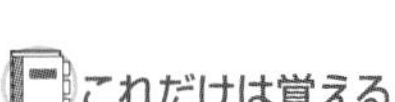
これだけは覚える

オーバーラッピング形といえば…防煙シャッターのスラットの形状。

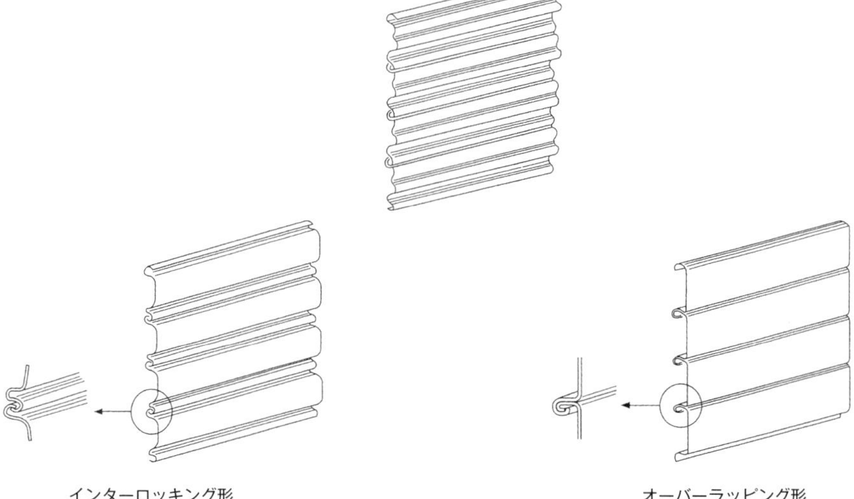

図6-16　スラット

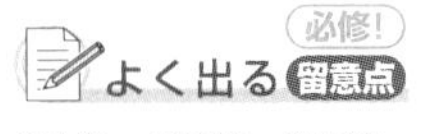

R4後、R3前、R1前
【過去9試験で4回】

6.7 金属工事

金属工事とは、鉄、アルミニウム、ステンレス等の金属製品を取り扱い、オーダーメイドの製品を設計・製造・施工まで一貫して行う工事のことで、手すり、天井下地、屋根、内外装パネル等が含まれる。

例題7　令和4年度　2級建築施工管理技術検定（後期）第一次検定問題〔No.24〕

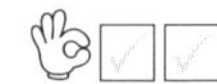

ステンレス鋼板の表面仕上げに関する記述として，**最も不適当なもの**はどれか。

1. 機械的に凹凸の浮出し模様を施した仕上げを，ヘアラインという。
2. 冷間圧延後，熱処理，酸洗いを行うことで，にぶい灰色のつや消し仕上げにしたものを，No. 2D という。
3. 化学処理により研磨板に図柄や模様を施した仕上げを，エッチングという。
4. 研磨線がなくなるまでバフ仕上げをした最も反射率の高い仕上げを，鏡面という。

正解：1

ワンポイントアドバイス　凹凸の浮出し模様は“エンボス”。ヘアラインは細かいラインが引かれているものである。金属工事の代表的な、ステンレス鋼板に関する施工法の問題である。

(1) 軽量鉄骨天井下地

最近の建築物のほとんどに使用されている軽量鉄骨を、以下の材料を使用して組み立てる工法。

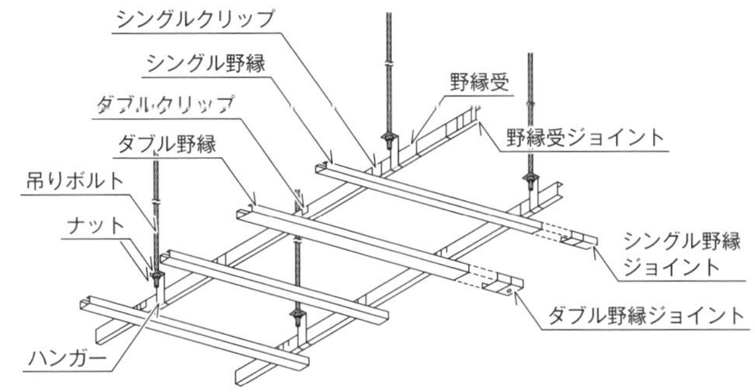

図6-17　天井下地

材料

野縁(のぶち)は一般に19形が屋内用、25形は屋外用として使用される。

表6-9　野縁などの種類

	19形	25形
シングル野縁	25×19×0.5	25×25×0.5
ダブル野縁	50×19×0.5	50×25×0.5
野縁受け	38×12×1.2	38×12×1.6
野縁受けハンガー	厚さ2.0以上	
クリップ	板厚0.6以上	板厚0.8以上
吊りボルト	転造ねじ、ねじ山径9.0	

(単位はmm)

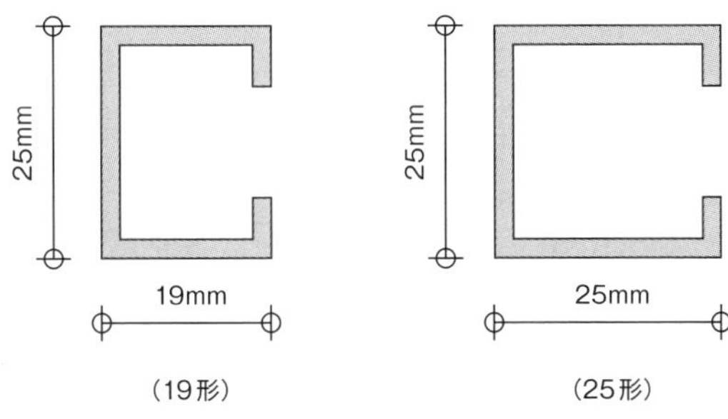

図6-18　野縁の形

吊りボルト、インサートは壁際より150mm以内にする。理由は、壁際から距離をあけると、垂れる可能性があるため。吊りボルトは、図6-19のように、垂直に取り付ける。

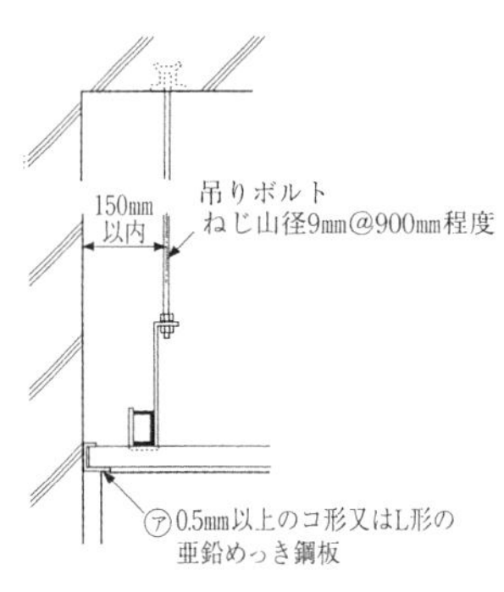

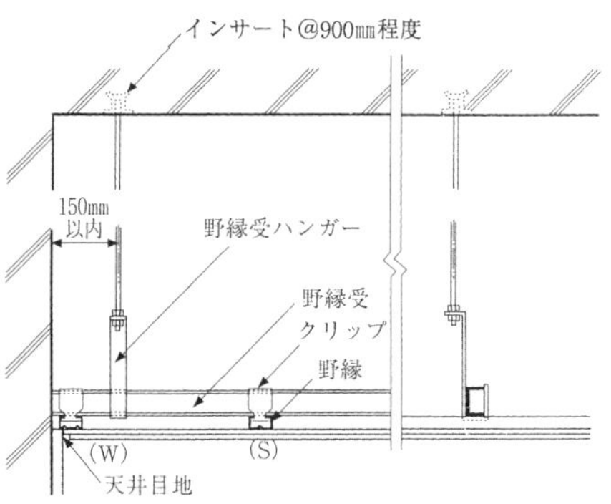

(注) S：シングル野縁 W：ダブル野縁

図6-19 天井下地の組み方

これだけは覚える
野縁と野縁受けの留付クリップといえば…交互に向きを変えて留め付ける。

これだけは覚える
吊りボルトインサートといえば…900mmの間隔で入れる。

これだけは覚える
振れ止め補強といえば…天井のふところ(天井上部の空間の高さ)が屋内で1.5m以上、屋外で1.0m以上で必要になる。

工法

インサートに**吊りボルト**を取付けて、それに野縁受けハンガーを設置し、野縁受け・野縁を取付けて、天井材を取付ける。天井下地材で特に注意することは以下の通り。

- 吊りボルトは直径9mmで、インサートおよび吊りボルトの間隔は壁際で150mm以内、一般部は900mm以内とする
- 天井のふところ（上部のスラブまでの高さ）1.5m以上の場合は、振れ止め補強を**1.8m間隔**に配置する
- 野縁の間隔は、屋外の場合**300mm**程度、屋内の場合は**300～360mm**程度とする。

図6-20のように、屋内の野縁間隔は下地張りのある場合（天井2枚張）は360mm程度、下地張りのない場合（天井1枚張）は300mm程度とする。

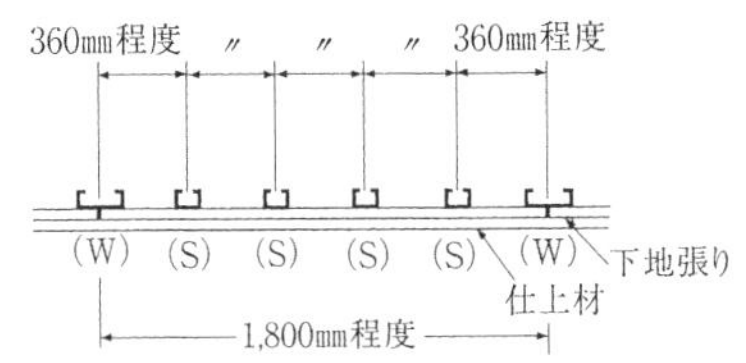

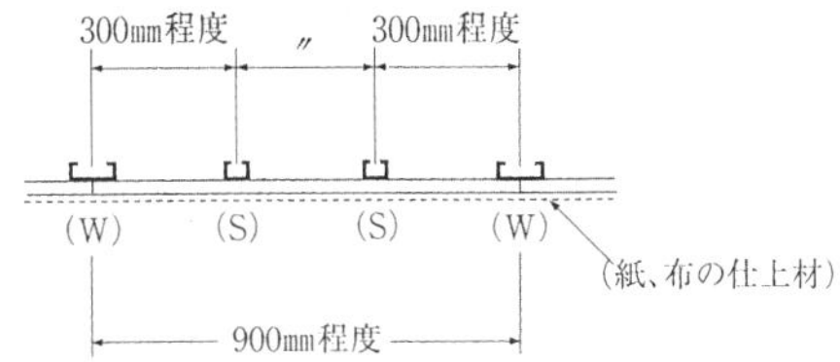

(注)　S：シングル野縁　W：ダブル野縁

㋑　下地張りのある場合　　　　㋺　下地張りのない場合

図6-20　屋内の野縁の間隔

参考

【そういう事か！「LGS」壁下地】建築バラエティー（想アーキテクツ）
https://www.youtube.com/watch?v=l2xbDZK3pN8&t=12s

(2) 軽量鉄骨壁下地

ランナーを取付けた後、スタッドをランナーに上下差し込み、半回転させて取付ける。

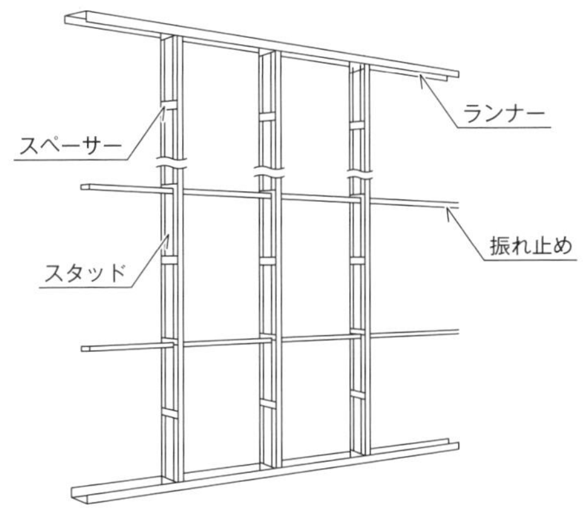

図6-21　軽量鉄骨壁下地

材料

スタッド、ランナー、振れ止め、スペーサー等がある。

工法

下地のある場合（ボード2枚張）は、強度が高いため、900mmボード短部の1/2ごとに、下地のない場合（ボード1枚張）は、強度が低いので1/3ごとにスタッドを入れる。軽量鉄骨壁下地で特に注意することは以下の通り。

これだけは覚える

スタッドといえば…高さが4.0m以下の場合は65形のスタッドを使用する。

スペーサーといえば…スタッドの補強材。

- スタッドの間隔は、下地のある場合（ボード2枚張り）は450mm程度、下地のない場合（ボード1枚張り）は303（300）mm程度
- スペーサーはスタッドの端部を押さえ、**600mm**間隔程度に留め付ける
- 出入り口およびダクト類の開口部は、**4m未満**の場合は、それぞれの大きさに応じた垂直補強材と同材をスタッドに溶接固定をして補強する
- **4mを超える**場合は、図6-22のようにスタッドを**2本**抱き合わせて、溶接で固定する

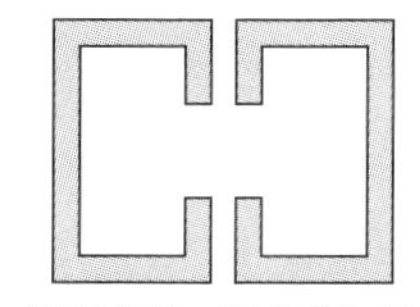

図6-22　抱き合わせ

これだけは覚える

ランナーといえば…継手は突付け継ぎとし、端部より50mm内側を固定する。

- 振れ止めは、床面から**1.2m程度**の間隔で入れ、フランジ側を上向きにしてスタッドに引き通す
- ランナーの両端部の固定位置は、端部より**50mm内側**を固定する
- スペーサーは、スタッドのねじれ防止と振止めの固定を目的として入れる

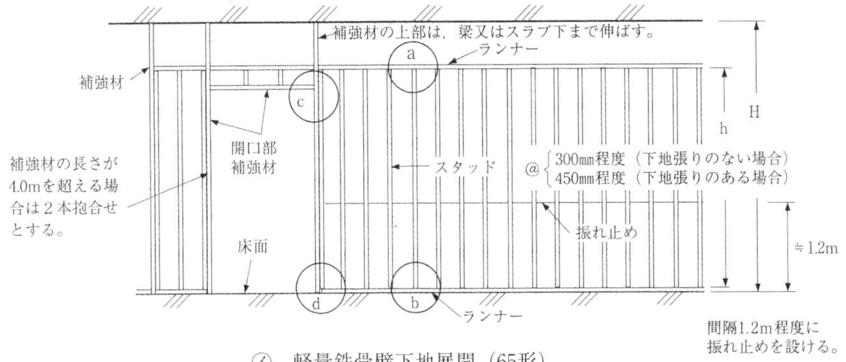

㋑　軽量鉄骨壁下地展開（65形）
（図は，Hが4.0m以下の場合）

タッピンねじ又は
溶接@900㎜程度
野縁受
野縁
ランナー
天井仕上材
スペーサー（@600㎜）
配管用の穴を
あける場合
スタッド

㋺　a 部詳細
（ランナーが野縁と直角の場合）

タッピンねじ又は
溶接@900㎜程度
野縁受
シングル野縁
ダブル野縁
下地張り
ランナー
スペーサー
壁仕上材
スタッド

㋩　a部詳細
（ランナーが野縁と平行の場合）

図6-23　ランナー

R4前、R3前、R2、
H30後、H30前
【過去９試験で**5**回】

6.8　屋根工事

屋根工事とは、瓦・折板（せっぱん）・瓦棒・スレート・アスファルトシングル等を屋根に葺（ふ）く工事をいう。目的は、雨水が建物内に侵入しないようにするためである。

(1) 瓦棒葺き

瓦棒葺きとは、亜鉛鉄板等の大きな面積の金属板で屋根を葺く（屋根を取付ける）ときに用いる工法である。

ゆるい勾配の屋根の斜面に沿って瓦棒と呼ばれる角棒状の心材を入れるタイプと心材を入れないタイプがある。

これだけは覚える

瓦棒葺きといえば…心木なしと心木ありのタイプがあり、心木なしは通し吊り子をもうける。

心木なし瓦棒葺き

金属板を取付けるために、通し吊り子が用いられる。通し吊り子の留め付け用の釘間隔は、一般地域で250mm、強風地域で200mmとする。

鋼板葺きに先立って行う下葺のアスファルトルーフィングはシートの**長手方向200mm**以上、**幅方向100mm**以上重ね合わせる。

水上部分と壁との取合い部に設ける雨押さえは、強風時に雨水が浸入しないように、壁際の立上り部分は**120mm**程度立ち上げる。

水上部分と壁との取合い部には、雨押さえを設け、雨水が浸入しないように薄板の立上がり部には水返しを設ける。

心木あり瓦棒葺き

心木あり瓦棒葺きでは、留付け釘の長さは、45～60mm程度とする。留付け用の釘の間隔は、心木なし瓦棒葺きと同じ。

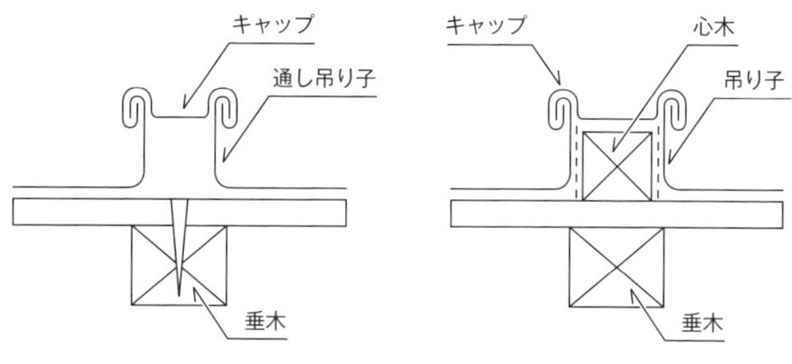

図6-24　瓦棒葺きの工法

これだけは覚える

はぜといえば…金属板を接続する場合に用いる折り曲げ部分のこと。

はぜとは、2枚の材料を合わせるとき、図6-25のように巻き上げて継ぐ方法をいう。

図6-25　はぜ

こはぜの折返し幅は図6-26のように15mm程度とする。

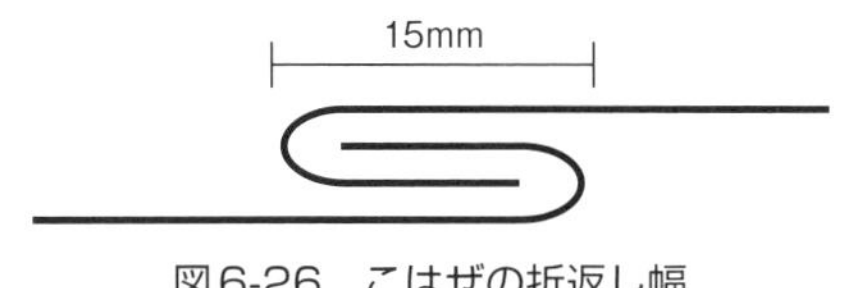

図6-26　こはぜの折返し幅

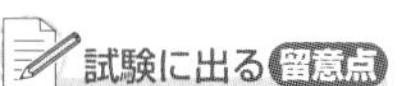

R1後、R1前
【過去9試験で2回】

これだけは覚える

折板葺きといえば…山ごとに、山の頂部よりタイトフレームに向けて緊結ボルトで固定する。
タイトフレームといえば…梁には隅肉溶接で固定する。
変形防止材といえば…折板の山間隔の3倍以上の長さを取り付ける。

(2) 折板葺き(せっぱんぶき)

タイトフレームの墨出しは、山ピッチを基準に行い、割付けは、建物の桁行方向の中心から行う。山ごとにタイトフレームに固定し、流れ方向の重ね部の緊結のボルト間隔は**600mm以下**。タイトフレームの溶接は、タイトフレームの表面に防錆処理を施す。

折板葺きで特に注意することは以下の通り。

- けらばの変形防止材は、折板の山間隔の3倍以上とし、取付けピッチは1,200mm以下とする
- 折板の耐力による区分は、1種（980N／m^2）、2種、3種、4種、5種（4,900N／m^2）の5種類がある。1種の耐力が一番小さい

長手方向で継ぐと、雨漏れの原因になるので、幅方向で継ぐ。

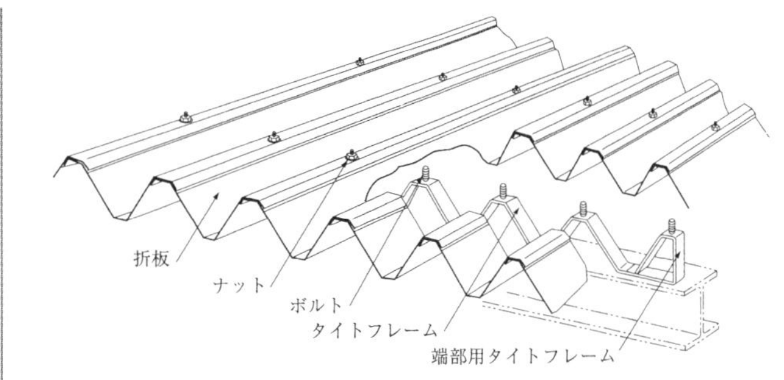

図6-27　重ね形折板屋根の例

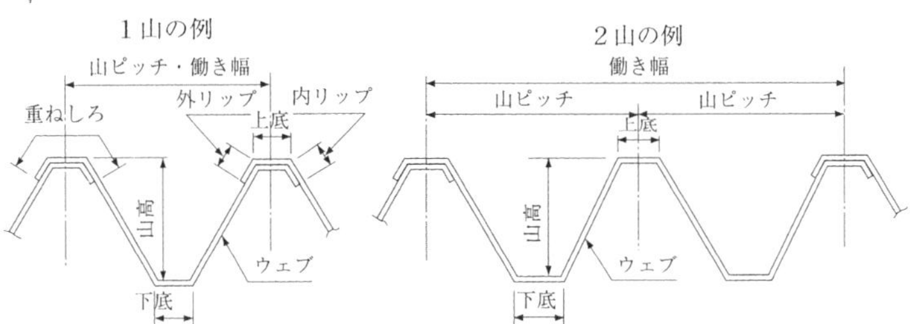

図6-28　重ね形の例

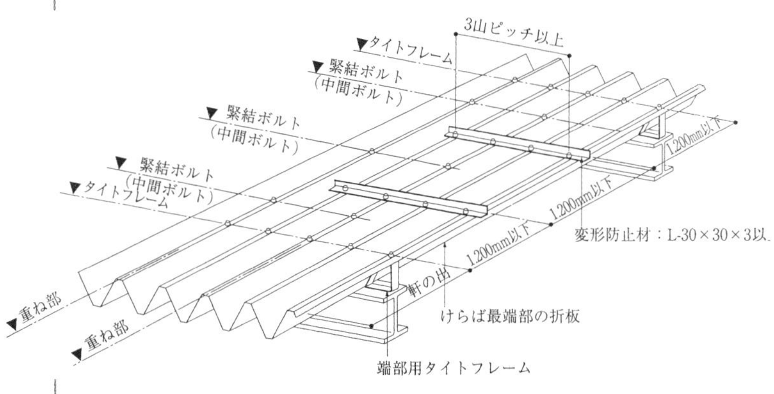

図6-29　変形防止材によるけらばの収まりの例

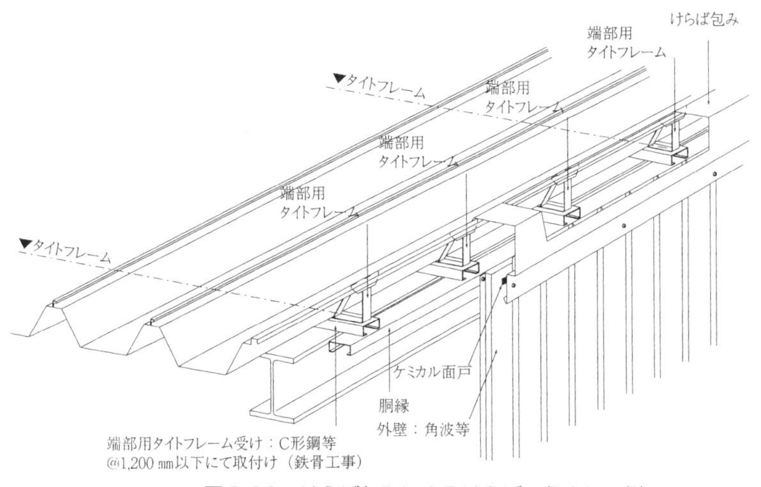

図6-30　けらば包みによるけらばの収まりの例

R4後、R3前、R2、R1前、H30前
【過去9試験で**5**回】

6.9 内装工事

内装工事とは、建物内部の工事を指し、壁材、床材、天井材、その他に分類される。毎回1問出題される。

壁材には、壁紙、せっこうボード、床材には、タイルカーペット、ビニル床シート、畳、フローリング、ビニル床タイル、カーペット、塗床、天井材には、せっこうボード、ケイ酸カルシウム板、板材等がある。

(1) ビニル床タイル

張付け前は下地面を十分に清掃し、乾燥させ、材料、下地とも5℃以下では施工しない。張付け後、1～2週間は水拭きは避ける。

これだけは覚える

ビニル床シートといえば…継目の熱溶接工法は、シート張付け後、接着剤が硬化したことを見計らい、継目を溝切りし、溶接作業を行う。

(2) ビニル床シート

シート類は長手方向に縮み、幅方向に伸びる性質があるため、長めに切断して仮置きし、24時間程度放置してなじませる。圧着は、圧着棒を用いて空気を押出すようにし、その後45kgのローラーで圧着する。

継手溶接の溝は、床シートの厚さの1／2～2／3程度とし、V字形またはU字形とする。下地コンクリートの仕上がりの平坦さは、3mにつき7mm以下とする。

余盛りを削る時期は、溶接部が完全に冷却してからにすること。

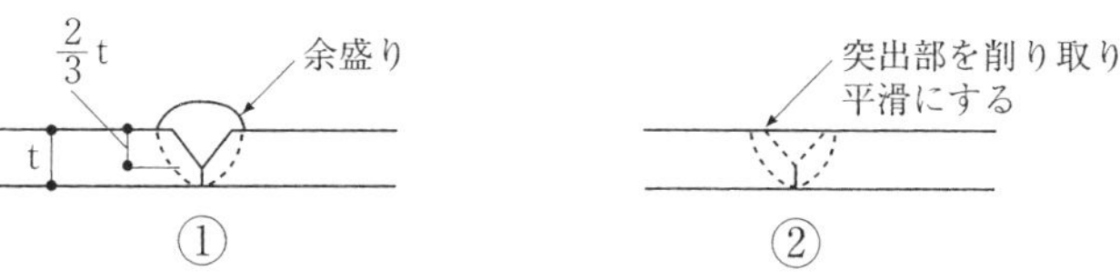

図6-31　ビニル床シートの熱溶接

試験に出る 説明
R4前、R1後、R1前
【過去9試験で3回】

(3) カーペット床

カーペットとは、主に羊毛を原料にした床用の敷物である。パイル織りや、シャトル織り（厚手のもの）などがある。

これだけは覚える
グリッパー工法といえば…下敷き材のフェルト端部はグリッパーに突付けとする。

グリッパー工法

床の周囲に釘または接着剤で固定したグリッパーと呼ばれる取付け具のピンに、引き伸ばされたカーペットの基布を差し込んで固着させる工法。

直張り工法

以下のカーペットには直張り工法を採用する。

- ニードルパンチカーペットは裏面に樹脂加工を施してある。接着工法で張付ける
- タフテッドカーペットは機械刺繍織物。接着工法で張付ける
- タイルカーペットはタフテッドカーペット材を基材として裏面にパッキング加工がされたタイル状のカーペット。簡単に剥離し、再接着ができる接着剤

を使用する

はぎ合わせ工法

ウィルトンカーペットは置き敷き工法、グリッパー工法が採用される。

(4) 塗床

塗り床は、主に建物内の床等に塗床材を塗布(とふ)して、床を形成するもので、厨房、工場等によく使われる。

弾性ウレタン塗床

コンクリート土間下には、あらかじめ防湿シートを敷く。ウレタン樹脂1回の塗り厚さは、2mm以下。プライマーは1液形ポリウレタンまたは2液形エポキシ樹脂系を使用する。

合成樹脂塗床

エポキシ樹脂のコーティング工法では、調合した材料はローラーばけやスプレーで塗り付ける。流し延べ工法では、主剤と硬化剤の1回の練り混ぜ量は、通常30分以内で使い切る量。施工場所の気温が5℃以下、湿度が80%以上の場合は作業を中止する。

(5) 壁仕上げ工事

内壁の仕上げは、ボード下地に壁紙および塗装仕上げがよく使用される。従来は、コンクリートの不陸(デコボコ)を左官工が修正してボードを張っていたが、現在は以下のような工法が主流となっている。

参考

マンションが出来るまで　vol.5　内装&完成編(大三チャンネル)
https://www.youtube.com/watch?v=G-JCHOKtJZQ

R3後、H30前
【過去9試験で2回】

せっこうによる直張り工法

コンクリート面の不陸直し、付け送りなどの下地調整および下地骨組みなしでボード張りを行う工法。せっこうによる直張り工法で特に注意することは以下の通り。

せっこうによる直張り工法といえば…張付け用の接着剤の塗付け間隔は、ボード中央部より周辺部を小さくする。

- 重ね張りする場合、上張りは縦張りとし、継ぎ目位置が下張りと重ならないようにする
- 床面から10mm程度浮かせて張る
- 接着剤の塗付け間隔は、ボード周辺部より中心部の方を大きくとる
- 接着剤の盛上げ高さは、接着するボードの仕上がり面までの高さの2倍とする
- 下地がALC面の場合、プライマーで吸水調整を施す
- せっこうボード張り後、仕上げを行うのは、仕上げ材に通気性がある場合は7日以上、通気性がない場合は20日以上放置してから行う

必修!
よく出る 説明
R4後、R4前、R3前、R2、R1前、H30前
【過去9試験で6回】

6.10 塗装工事

塗装工事とは、塗料、塗材等を工作物に吹付けまたは塗付け、張付ける等の工事をいう。毎回1問出題される。

塗装工事は、建築の仕上げ工事の中でも特に重要である。仕上りの精度（色つや、厚さ、むら等）によって、建物の出来栄えがまったく違ってくる。

(1) 素地ごしらえ

塗装対象となる素地面の汚れおよび付着物を取り除き、素地に対する塗料の付着性を確保することが目的。

鉄鋼面

動植物油は、80 ～ 100℃に加熱した弱アルカリ液で除去。鉱物油は、アルカリでは分解できないので、溶剤洗

浄する。

亜鉛めっき

亜鉛めっきはエッチングプライマーで行う。エッチングプライマーとは、金属表面に塗料を塗る場合、付着性をよくする目的で、仕上げ塗装をする前に下地（塗料を塗る元の材料）に塗ることで、金属表面を変化させながら塗膜を形成し、はがれにくくしている材料のこと。

例題8　令和4年度　2級建築施工管理技術検定（後期）第一次検定問題〔No.27〕

塗装工事に関する記述として，**最も不適当なもの**はどれか。

1. アクリル樹脂系非水分散形塗料塗りにおいて，下塗りには上塗りと同一材料を用いた。
2. 木部のクリヤラッカー塗りにおける着色は，下塗りのウッドシーラー塗布後に行った。
3. 高粘度，高濃度の塗料による厚膜塗装とするため，エアレススプレーを用いて吹き付けた。
4. 合成樹脂エマルションペイント塗りにおいて，天井面等の見上げ部分では研磨紙ずりを省略した。

正解：2

ワンポイントアドバイス　木部のクリヤラッカー塗りでは、下塗りではウッドシーラーを、中塗りでサンジングシーラーを用いて着色を行う。

(2) 欠陥

欠陥に関する原因とその対策は表6-10の通り。表中にある「希釈（きしゃく）」は、薄めるという意味。

これだけは覚える

塗装の欠陥といえば…流れ（たれ）、白化、色分かれを理解しておく。

表6-10　塗膜欠陥の原因とその対策

欠陥	原因と対策
流れ（たれ）	過度の厚塗り、過度の希釈（薄める）
	厚塗りしない、希釈しすぎない
しわ	• 厚塗りをすると上乾きし、表面が収縮する • 乾燥時に温度を上げすぎると上乾きし、しわが生ずる
	• 厚塗りを避ける • 乾燥時の急激な温度上昇を避ける
白化（はっか）	湿度が高いとき、塗り面が冷えて水が凝縮し起こる
	湿度が高いときは避ける
色分かれ	混合不十分
	十分に混合する

第7章 施工管理

施工管理とは、工事をスムーズに行うための管理のことで、施工計画、工程管理、品質管理、安全管理の４つに大別される。この分野は非常に重要である。施工管理は、毎回10問出題されてすべて必須問題になっている。施工計画３問、工程管理２問、品質管理３問、安全管理２問が一般的な出題数である。

7.1 施工計画

施工計画とは、工種ごとの工事の進め方や方法を検討し、それら工種間の施工順序、工程、運搬等の総合的施工方法について計画することをいう。毎回３問出題される。

(1) 立案に関する基本事項

施工計画の立案には、発注者とも協議する。

- 施工速度（1時間当たりの作業量）は各工程の最も遅い施工速度によって表される
- 常に新しい工法や改良を試みる心がけが必要

(2) 概要

施工管理は、品質・工程・原価・安全からなる。

- 工程が遅いと原価は高くなる
- 工程を早くして原価が最小のときが、最適工期となる
- さらに工程を早くすると突貫工事になる
- 時間をかけるほどよい品質が得られる
- よい品質ほど原価が高くつく

(3) 施工速度と工事費

工事総原価は、固定原価（現場事務所経費・現場代理人の給与・足場損料等）と変動原価（材料費・労務費等）との和。

これだけは覚える

施工速度と工事費といえば…施工速度を速めると工事費は高くなる。

- 工事総原価と施工出来高が等しい点を損益分岐点という
- 損益分岐点以上の出来高を上げるときの施工速度を採算速度という

工事費を直接費と間接費に分けて考えると、直接費は、労務費・材料費・仮設費。施工速度を速めると、超過勤務・割高な材料の使用などのために直接費は増加するが、間接費（管理費・共通仮設費・金利等）は減少する。

- 最適工期は、直接費と間接費の合計が最小になるときをいう
- 消耗材料の使用量は、施工量に比例的ではなく、型枠や支保工の転用回数の減少により増加する

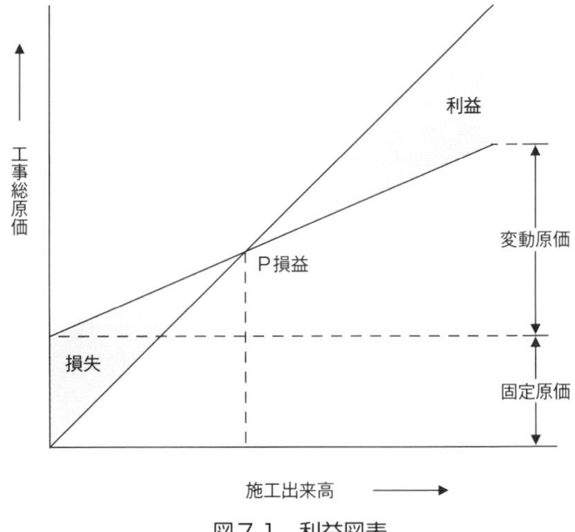

図7-1　利益図表

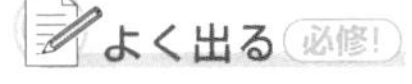

R4後、R4前、R3前、R2、R1後、R1前、H30後、H30前
【過去9試験で9回】

(4) 事前調査

事前調査項目

事前調査項目は、工事着手（始める）前に調べておかなければならない。特に地質、用地権利、電力、水の調査は入念に行う。

- 敷地の形状、高低差
- 敷地内の障害物
- 敷地周辺の道路・交通状況
- 電波障害
- 地層、土質、地下水の有無
- 敷地周辺の住宅環境

例題1　令和3年度　2級建築施工管理技術検定（後期）第一次検定問題〔No.29〕 

事前調査に関する記述として，**最も不適当なもの**はどれか。

1. 既成杭の打込みが予定されているため，近接する工作物や舗装の現況の調査を行うこととした。
2. 掘削中に地下水を揚水するため，周辺の井戸の使用状況の調査を行うこととした。
3. 工事予定の建物による電波障害に関する調査は済んでいたため，タワークレーン設置による影響の調査を省くこととした。
4. 地中障害物を確認するため，過去の土地利用の履歴について調査を行うこととした。

正解：3

ワンポイントアドバイス　建築工事の施工に当たっては、騒音、振動および電波障害に配慮した工法を選定しなければならない。工事中に使用するタワークレーンや外部足場などによっても発生することがあるため、事前に影響の確認を行う。事前調査に関する問題は、毎回出題されている。

R3前、R2、R1前、H30後
【過去9試験で4回】

建築工事の届出

建築工事の届出についてはよく出題される。申請の名称と提出者、申請先をセットで理解すること。

7 施工管理

これだけは覚える

建築工事の届出といえば…建築確認申請、建築工事届、完了検査申請、建築物除去届を覚えておく。

これだけは覚える

道路交通関係の届出といえば…道路占用許可申請と道路使用許可申請の2つの違いを理解する。

これだけは覚える

環境関係の申請といえば…特定建設作業実施届の提出者と届出先を覚える。

表7-1　建築基準法関連

名称	提出者	申請先
建築確認申請	建築主	建築主事または指定確認検査機関
建築工事届	建築主	知事
完了検査申請	建築主	建築主事または指定確認検査機関
建築物除去届（10m²以下は不要）	施工者	知事

表7-2　道路交通法関連

名称	提出者	申請先
道路占用許可申請	道路占有者	道路管理者
道路使用許可申請	施工者	警察署長

表7-3　危険物・消火設備関連

名称	提出者	申請先
設置許可申請	設置者	知事または市町村長
消防用設備等設置届	所有者または管理者	消防署長
設置完成検査申請	設置者	知事または市町村長

表7-4　電気関連

名称	提出者	申請先
工事計画許可申請	設置者	経済産業局
工事計画届	設置者	経済産業局
保安規定届	設置者	経済産業局

表7-5　環境関連

名称	提出者	申請先
特定建設作業実施届	元請負者	市町村長
特定施設設置届	設置者	知事
ばい煙発生施設	設置者	知事

労働安全衛生法関係の届出

労働基準監督署に提出する届出は、労働者の安全に関連する作業が中心。

表7-6　労働安全衛生法関係

名称	内容	申請先
クレーン	危険	労働基準監督署
機械等設置届（足場）	危険	労働基準監督署
寄宿舎の設置届	安全	労働基準監督署

特定建設資材の届出は、例外的に都道府県知事に提出する。

(5) 施工計画書

施工要領書ともいう。**各工種別**に、設計図書に基づいて、使用材料・使用機器とその性能・施工準備・施工方法・仕上がりの精度・特別な注意事項・養生等につき、具体的にこの工事ではどうするかを記載するもの。工程表を添付するほか、図面を利用し箇条書きにまとめる。

7.2 仮設計画

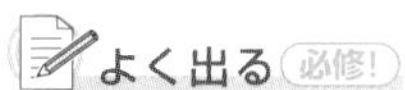

R4後、R4前、R3後、R3前、R2、R1後、R1前、H30後、H30前
【過去9試験で9回】

仮設工事は、本工事のために必要であり、本工事が終了すると撤去しなければならない工事で多種多様にある。この計画が不十分であると、本工事がスムーズに進まないため事前の計画が必要である。毎回1問出題されている。

例題2　令和4年度　2級建築施工管理技術検定（後期）第一次検定問題〔No.30〕 

仮設計画に関する記述として，**最も不適当なもの**はどれか。

1. 塗料や溶剤等の保管場所は，管理をしやすくするため，資材倉庫の一画を不燃材料で間仕切り，設置することとした。
2. 所定の高さを有し，かつ，危害を十分防止し得る既存の塀を，仮囲いとして使用することとした。
3. 工事用ゲートや通用口は必要な場合を除き閉鎖することとし，開放する場合は誘導員を配置することとした。
4. 工事現場の敷地周囲の仮囲いに設置する通用口には，内開き扉を設けることとした。

正解：1

ワンポイントアドバイス　塗料や溶剤等の保管場所を設置する場合、作業員詰所や事務所・他の倉庫と離れた場所に設置しなければならない。また、倉庫は不燃構造で天井を設けないこと、消火器を設置する等、消防法・その他法令に準拠した仕様としなければならない。仮設計画の用語に関する問題で、毎回のように出題されている。

(1) 仮設建物の配置

工事管理、機材の搬出入、構内作業の行いやすい位置とすること。現場事務所は全体の動きが見易い位置とする。

仮囲い

仮囲いの下端には、雨水等が流れ出ないように隙間がない構造とする。

歩行者用通路

歩行者用仮設通路は、幅1.5m以上、有効高さ2.1m以上。

これだけは覚える

仮設用電力といえば…低圧と高圧の範囲を理解する。

(2) 仮設用電力

工事仮設用電力は、工事を進める上で必ず必要である。照明・コンセント等の電灯（100V）、建築用設備（工事用EV、溶接器等）の動力（200V）に分けられる。

電気容量

契約電力は、50kW未満が低圧電力、50kW以上2,000kW未満は高圧電力。2,000kW以上は特別高圧となるため使用電動機材、仮設照明などの設備容量を計算して電力会社と打合せする必要がある。

電力使用期間が、1年以下の場合は臨時電力となり、1年を超える場合は一般電力となる。

仮設の受電容量は、動力は全容量の60%、電灯は全容量の80%で申し込む。

ケーブルについては以下に注意する。

- 200V以上の幹線ケーブルは地中1.2m以下に埋設する
- 300V以下の移動電線は、溶接用ケーブルを使用する場合を除き、1種キャブタイヤケーブル以外のキャブタイヤケーブルを使用する

(3) クレーンの設置

高さ60m以上のクレーンは、航空障害灯を先端に付ける。

建設用リフトは、荷の運搬を目的とし、人が乗ることはできない。

R4前、R3後、R3前、R2、R1後、R1前、H30後、H30前
【過去9試験で8回】

(4) 材料の保管

材料の保管方法は、良質な建築材料を施工する上で大切である。材料の保管方法についてはよく出題されている。

これだけは覚える

材料の保管といえば…とても重要。数値を理解しておく。

既製コンクリート杭

仮置きの場合は、地盤に水平にして、杭の支持点にまくら材を置き、1段に並べ移動止めのくさびを施す。

セメント

種類別に分類し、風化しないように保管する。

袋詰めセメント

風通しをよくしない。

アスファルトルーフィング

立て置きで保管する。

型枠

直射日光にさらされないように、シートで覆う。

高力ボルト

等級・サイズ・ロット別に区別し、温度変化の少ない場所に保管する。

- 箱の積上げ高さは３～５段程度とする
- 完全包装したものを未開封のまま工事現場へ搬入する

鉄筋

地面から10cm以上離して、地上に直接置かないようにする。

ALCパネル

直接地面につかないようにし、まくら材をして水平に保管する。

- 積上げ高さは、1段を1単位（1.0m）以下とし、2単位（2.0m）以下とする。

プレキャストコンクリートパネル

平置きとし、まくら材を2本ずつ並べ、パネルの総重ね枚数は6枚以下。

ガラス

85°程度の立置きを原則とし、室内で乾燥した場所で構造体に結びつけ（緊結）保管する。

塗料

不燃材料で造った独立した平屋建てとし、周囲の建物から離す。屋根は軽量な不燃材で葺き、天井は設けない。直射日光を避け、低温時に凍結しないように注意する。

アルミニウム製建具

平積みは避ける。異種金属との接触は避ける。

ビニル床シート

乾燥した室内に直射日光を避けて立置きにする。

合成高分子系床タイル

箱詰め梱包された場合、10段重ね以下とする。

カーペット

立置きせず、2～3段までの俵積みとする。タイルカーペットは5～6段積みまでとする。

せっこうボード

屋内の湿気が少なく、水がかからない場所を選定し、パレット等の台の上に平積みで保管する。

例題3　令和3年度　2級建築施工管理技術検定（後期）第一次検定問題〔No.31〕

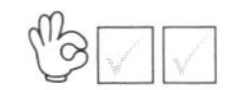

工事現場における材料の保管に関する記述として，**最も不適当なもの**はどれか。

1. アスファルトルーフィングは，屋内の乾燥した場所に平積みで保管する。
2. ALCパネルは，台木を水平に置いた上に平積みで保管する。
3. 巻いた壁紙は，くせが付かないように屋内に立てて保管する。
4. アルミニウム製建具は，平積みを避け，縦置きにして保管する。

正解：1

ワンポイントアドバイス　アスファルトルーフィングは、屋内の乾燥した場所に立積みにしておく。材料と保管方法に関する問題は、2回に1回程度出題されている。

(5) 山留め、掘削工事の施工計画

本工事を開始する前に、必ず行わなければならない計画事項は以下の通り。

- 工程表
- 工法（安全が確認できる構造計算書）
- 残土の処理方法
- 法（のり）勾配
- 排水計画
- 埋戻し土の種類
- 安全管理対策
- 公害対策

(6) 地業（杭）工事の施工計画

本工事を開始する前に、必ず行わなければならない計画事項は以下の通り。

- 工程表
- 杭の製造業者名
- 施工業者名および作業の管理組織
- 杭の種類、規格、寸法、使用箇所
- 施工方法
- 地中埋設物・障害物の検査・移設
- 施工機械の仕様の概要
- 公害対策　etc

表7-7　掘削深さと根切りの関係

地山	掘削面の高さ	法面勾配	備考
岩盤または硬い粘土による地山	5m未満	90°以下	2m以上 / 掘削面の高さ / 勾配
	5m以上	75°以下	
その他の地山	2m未満	90°以下	
	2～5m未満	75°以下	
	5m以上	60°以下	
砂からなる地山	5m未満または35°以下		掘削面とは2m以上の水平段に区切られるそれぞれの掘削面をいう
発破等により崩壊しやすい状態の地山	2m未満または45°以下		

(7) コンクリートの工事計画

本工事を開始する前に、必ず行わなければならない計画事項は以下の通り。

- 計画調合表
- 工程表
- 打設量、打設区画、打設順序
- 作業員の配置
- コンクリート運搬車の配車
- コンクリートポンプの圧送能力
- コンクリートポンプの設置場所
- コンクリートポンプ輸送管の設置

よく出る 必修!

R4後、R4前、R3後、R3前、R2、R1後、R1前、H30後、H30前

【過去9試験で9回】

7.3 工程管理

工程管理とは、一定の品質、数量、原価の製品を期日までに生産するために、労働力、機械設備、材料等を効率的に管理することである。毎回2問出題される。

建築工事では、工期（工事の日程）が工事ごとに決められる。これらの施工を期間内に終了させるために、様々な管理を行う。それが工程管理である。

(1) 進度管理

工事の遅れを早い時期に発見し、原因を追及し、適切な対策を練るための管理を進度管理という。

これだけは覚える

マイルストーンといえば…その工事が終了すると他の工事が始まる区切りの工事。

マイルストーン

工程上、重要な区切りとなる時点や、中間工期として指示される重要な作業の終了時点などをマイルストーンという。また、**管理日**ともいう。マイルストーンはクリティカルパス上にあることが多いので、進度管理上のポイントとなる。

建築分野では、主に以下の日程がマイルストーンとなる。山留め杭打ち開始日、掘削開始日、地下コンクリート打設完了日、最上階コンクリート打設完了日、鉄骨建方開始日、屋上防水完了日、受電日等。

(2) 総合工程表（基本工程表）

総合工程表は、工事全体を1つの工程表としてまとめたものである。工事の主要な作業の進捗等を示す。注意事項は以下の通り。

- マイルストーンの設定
- 前面道路の幅員、交通規制の有無
- 作業開始時期と終了時期

・資材・機械等の調達状況
・揚重機の性能と台数

施工組織体系

施工体系図は、作成された施工体制台帳に基づいて各下請負人の施工分担関係が一目で分かるようにした図のこと。施工体系図を見ることによって、工事に携わる関係者全員が工事における施工分担関係を把握することができる。

例題4　令和3年度　2級建築施工管理技術検定（後期）第一次検定問題〔No.32〕 

工程計画の立案段階で考慮すべき事項として，**最も不適当なもの**はどれか。

1. 敷地周辺の上下水道やガス等の公共埋設物を把握する。
2. 敷地内の既存埋設物の状況を把握する。
3. 全ての工種別の施工組織体系を把握する。
4. 敷地における騒音及び振動に関する法的規制を把握する。

正解：3

ワンポイントアドバイス　総合施工計画書立案段階では、全ての工種別の施工組織体系を把握する必要性は少ない。工程計画の立案段階に検討することに関する問題は、毎回出題される。

(3) 工程図表

工程図表とは、工事を工期内に終了させるために使用する図表。曲線式工程表と横線式工程表がある。工程管理には必ず必要になる。

これだけは覚える
曲線式工程表といえば…長所と短所を理解する。

出来高累計曲線

工事出来高の累計を縦軸に、工期の時間的経過を横軸に表示した曲線式工程表（図7-2）。Sチャートともいう。

表7-8　出来高累計曲線の長所と短所

長所	出来高専用管理として使用しやすい。 工程速度の良否を判断できる。
短所	出来高の良否以外は不明。

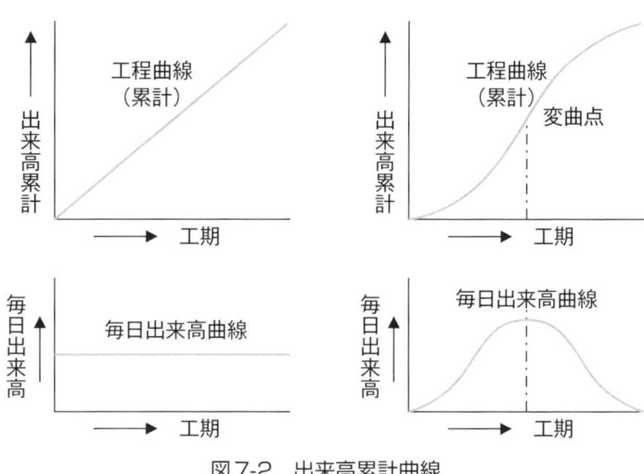

図7-2　出来高累計曲線

これだけは覚える

ガントチャートといえば…長所と短所を理解しておく。

ガントチャート

各作業の完了時点を100%として横軸にその達成度をとり、現在の進行状態を棒グラフで示す横線式工程表（図7-3）。

表7-9　ガントチャートの長所と短所

長所	進行状態が明確。作成が容易。
短所	各作業の前後関係が不明。 工事全体の進行度が不明。 各作業の所要日数が不明。

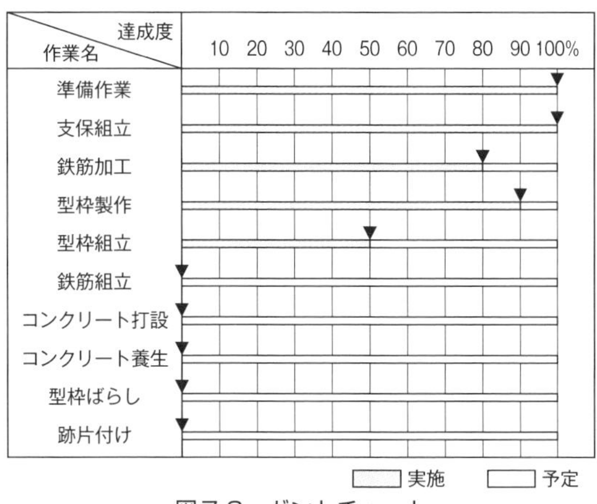

達成度
作業名
10 20 30 40 50 60 70 80 90 100%
準備作業
支保組立
鉄筋加工
型枠製作
型枠組立
鉄筋組立
コンクリート打設
コンクリート養生
型枠ばらし
跡片付け
実施
予定
図7-3　ガントチャート

バーチャート

縦軸に各作業名を書き、横軸に暦日をとり、各作業の着手日と完了日の間を棒線で結んで表示した横線式工程表（図7-4）。

表7-10　バーチャートの長所と短所

長所	各作業の所要日数と施工日程が明確。 ある程度の作業間の関連が分かる。
短所	重点管理作業が不明。 各作業の工期に対する影響度合いが把握しにくい。

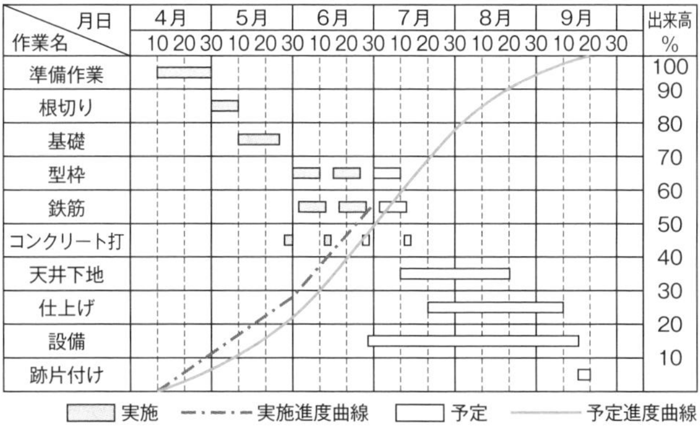

月日
作業名
4月 5月 6月 7月 8月 9月
10 20 30 10 20 30 10 20 30 10 20 30 10 20 30 10 20 30
出来高 %
100 90 80 70 60 50 40 30 20 10
準備作業
根切り
基礎
型枠
鉄筋
コンクリート打
天井下地
仕上げ
設備
跡片付け
実施
実施進度曲線
予定
予定進度曲線
図7-4　バーチャート

よく出る 必修!

R4後、R4前、R3後、R3前、R2、R1後、R1前、H30後、H30前
【過去9試験で9回】

これだけは覚える

バーチャートといえば…長所と短所を理解しておく。

例題５　令和３年度　２級建築施工管理技術検定（後期）第一次検定問題〔No.33〕 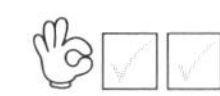

バーチャート工程表に関する記述として，**最も不適当なもの**はどれか。

1. 縦軸に工事項目を，横軸に月日を示し，各作業の開始から終了までを横線で表したものである。
2. 主要な工事の節目をマイルストーンとして工程表に付加すると，工程の進捗状況が把握しやすくなる。
3. 各作業の相互関係が表されていないため，工期に影響する作業がどれであるか掴みにくい。
4. 工程表に示す作業を増やしたり，作業を細分化すると，工程の内容が把握しやすくなる。

正解：4

ワンポイントアドバイス　工程表の中で、作業が多すぎたり細分化しすぎたりすると、各作業間の関連が複雑になりやすい。バーチャート工程表に関する問題は、毎回出題される。

これだけは覚える

ネットワーク工程表といえば…長所と短所を理解しておく。

ネットワーク工程表

工事規模が大きいときなどによく用いられる、丸と線の組合せで表現する横線式工程表（図7-5）。丸は作業の着手日と終了日を示し、線は作業の期間を示す。

表7-11　ネットワーク工程表の長所と短所

長所	重点管理作業と各作業の相互関係が明確。 工事途中の変更にも対応可能。 複雑な工程表も作成できる。
短所	作成に多くのデータが必要。 作成に熟練を要する。 正確な歩掛り（ぶかかり）が必要。

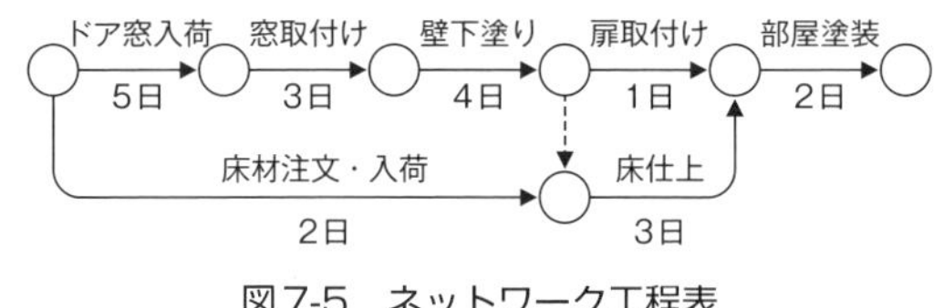

図7-5　ネットワーク工程表

(4) ネットワーク工程表の重要事項

ここではネットワーク工程表の重要事項のみ示す。

表現方法

ネットワーク工程表は、以下の表現を用いて作図する。

これだけは覚える

ネットワーク工程表の表現方法といえば…作業（アクティビティ）、結合点（イベント）、ダミーの意味を理解しておく。

表7-12　表現方法

作業（アクティビティ）	矢印の線（→）で表す。工事名、所要日数を表す。
結合点（イベント）	丸（○）で表す。作業の始点、終点または結合点を表す。
ダミー	点線の矢印で表し、架空の作業の意味で、作業の前後関係のみを表している。

クリティカルパス

これだけは覚える

クリティカルパスといえば…どのルートよりも最も長いルート（日数が多い）。

最も時間のかかる最長経路をいい、クリティカルパス上の作業が遅れると全体工期が遅れるので、クリティカルパス上にマイルストーン（管理日）を置く。特に注意することは以下の通り。

- クリティカルパス上の作業のフロート（TF、FF、DF）は0である
- クリティカルパスは必ずしも1本ではない
- TF（トータルフロート）＝0のパスをいう
- クリティカルパス以外の作業でも、フロートを消化すればクリティカルパスになる
- どのルートよりも最長なルートとなる

最早開始時刻（EST）

後続作業が、最も早く開始できる時刻をいう。前から足し算をする。2つ以上ある場合は、最も大きいものを選択する。

最早終了時刻（EFT）

その作業が、最も早く完了できる時刻をいう。前から足し算をする。2つ以上ある場合は、最も大きいものを選択する。

最遅開始時刻（LST）

その作業が、遅くともその時刻に開始される時刻をいう。後ろから引き算をする。2つ以上ある場合は、最も小さいものを選択する。

最遅終了時刻（LFT）

その作業が、遅くともその時刻に終了しなくてはならない時刻をいう。後ろから引き算をする。2つ以上ある場合は、最も小さいものを選択する。

作業時間

ネットワーク工程表では、各工事で作業した日数を、作業時間と呼ぶ。作業時間では、現在行われている作業に対して、前後の作業関係が重要である。通常の工事であれば、主工事と並行して、設備工事や外構工事や他の工事を実施していくが、ネットワーク工程表の計算では、前の工事が完全に終了しないと後続作業には移れないようになっている。その際に先に終了した工程が待たなければいけないことになる。これを余裕時間という。最終的に一番作業時間（作業日数）がかかったものが、所要工期になる。

①トータルフロート（TF）

最大余裕時間。以下のように計算する。

最大余裕時間
＝後続作業の最遅完了時刻－
（当該作業の所要時間＋最早開始時刻）

- TFが0ならば他のルートも0である

これだけは覚える

トータルフロートといえば…後続作業に影響を及ぼすフロート。

- TF＝0の作業をつないだらクリティカルパスになる
- TF＝FF＋DF
- TFを使用すると、後続作業に影響を及ぼす

これだけは覚える
フリーフロートといえば…後続作業には影響を及ぼさないフロート。

②フリーフロート（FF）

自由余裕時間。以下のように計算する。

> **自由余裕時間**
> **＝後続作業の最早開始時刻－**
> **（当該作業の所要時間＋最早開始時刻）**

- FFは必ずTFと等しいか小さい
- FFはこれを使用しても、後続する作業に影響を及ぼさない

③デペンデントフロート（DF）

独立余裕時間。以下のように計算する。

> **独立余裕日数**
> **＝最大余裕時間（TF）－自由余裕時間（FF）**

- TFが0ならばFFもDFも0である
- 後続作業の持つTFに影響を与えるフロートである

(5) その他の重要事項

工程管理に関するその他の重要事項は以下の通り。

これだけは覚える
タクト工程といえば…各部屋の間取り、内装仕上材が変わる。分譲マンションタイプは適さない。

タクト工程

高層建物で基準階が何階もある場合、同一作業がその階数分繰返し行われる。同一作業が繰返し行われる場合、その作業を効率的に行うようにするためにタクト工程を作成し検討する。

コストスロープ

ある作業を1日短縮するための費用のことをいう。

$$\text{コストスロープ}=\frac{\text{短縮費用}}{\text{短縮可能日数}}$$

第二次検定に出る **説明**

山積み工程表

日程計算で決められた作業日程通りに工事を進めていく工程表。

これだけは覚える

山積み・山崩し工程表といえば…工期短縮は検討できない。

山崩し工程表

1日の作業員量の平均化を図るために行う工程表。

施工能力

技能者のレベルごとの人数を評価項目とすることで、人材育成に注力し施工能力が高い会社が選ばれる環境を整備する。

例題6　令和3年度　2級建築施工管理技術検定（前期）第一次検定問題〔No.32〕 

工程計画及び工程管理に関する記述として，**最も不適当なもの**はどれか。

1. ネットワーク工程表は，工程における複雑な作業間の順序関係を視覚的に表現することができる工程表である。
2. 基本工程表は，工事全体を一つの工程表としてまとめたもので，工事の主要な作業の進捗を表示する。
3. 工程計画を立てるに当たり，その地域の雨天日や強風日時を推定して作業不能日を設定する。
4. 各作業の所要期間は，作業の施工数量に投入数量と1日当たりの施工能力を乗じて求める。

正解：4

ワンポイントアドバイス　1日当たりの施工能力で除して求める。工程計画に関する問題は、毎回出題されている。

7.4 品質管理

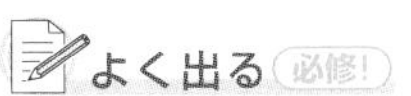

R4後、R4前、R3後、R3前、R2、R1後、R1前、H30後、H30前
【過去9試験で9回】

品質管理とは、お客様に提供する商品およびサービスの品質を向上するための一連の活動をいう。毎回3問出題される。

(1) 定義

品質管理は、目標の品質を満たす製品を、いかに安く生産し、その結果を調査し、以下の設計、製作、検査に役立つような処置を行うかという生産管理から発展してきたものである。

これだけは覚える

デミングサークルといえば…計画→実施→検査→処理の順序。

デミングサークル(PDCAサイクル)

計画(PLAN)→実施(DO)→検査(CHECK)→処理(ACTION)の4段階の回転を繰返し前進を続けていき、品質管理を行う手法。

(2) 建築工事における品質管理

品質とは、品物またはサービスが、使用目的を満たしているかどうかを決定するための評価の対象となる性質・性能である。

これだけは覚える

建築工事に関する品質の注意事項といえば…3つの品質の意味を理解する。

表7-13　建築工事における品質

設計の品質	目標の品質またはねらいの品質ともいう。
施工の品質	出来栄えの品質または合致の品質ともいう。
維持の品質	引き渡し後の品質で、補修のしやすさ、代替品の入手の容易さ等も含む。

(3) 建築施工に関する品質の注意事項

発注者が要求する基本的な品質には、一般的に、建築物の仕上がり状態、機能や性能等がある。

品質計画には、施工の目標とする品質、品質管理および体制等を具体的に記載する。

すべての品質について同じレベルで行うよりは、重点指向により重点的な管理等を行う方がよい。

検査の結果に問題が生じた場合には、適切な処理を施し、その原因を検討し再発防止処置を行う。

(4) 施工品質管理表（QC工程表）

QC工程表を作成することで、不良品が出た場合に正しく効率的に、発生場所や不良品の数なども突き止めることができる。

例題7　令和3年度　2級建築施工管理技術検定（後期）第一次検定問題〔No.34〕

施工品質管理表（QC工程表）の作成に関する記述として，**最も不適当なもの**はどれか。

1. 工種別又は部位別に作成する。
2. 管理項目は，目指す品質に直接関係している要因から取りあげる。
3. 管理項目は，品質に関する重要度の高い順に並べる。
4. 管理項目ごとに，管理担当者の分担を明確にする。

正解：3

ワンポイントアドバイス　QC工程表はプロセスを管理するものであるから、管理項目は作業の流れに従って並べる。品質管理の用語に関する問題は、毎回出題されている。

第二次検定に出る　説明

(5) ISO

国際標準化機構という国際的にあらゆる製品、用語、方法等の規格の標準化を推進している非政府国際機関であり、この組織でISO9000などの規格を発行している。

これだけは覚える

ISOといえば…世界的に認めた規格の標準化を推進している国際機関。建築はISO9000シリーズが多い。

ISO9000シリーズ

品質管理および品質保証に関する国際規格である。

(6) 品質管理に関する重要用語

品質管理に関する用語として、表7-14の項目について押さえておくとよい。

表7-14　マネジメント（一般に管理の意味）に関する用語

用語	意味
システム	相互に影響を及ぼし合う要素の集まり
マネジメントシステム	方針および目標を定め、その目標を達成するためのシステム
品質方針	経営者から正式に表明された、品質の意図および方向性
品質マネジメントシステム	品質に関して組織を指揮し、管理するためのマネジメントシステム
品質目標	品質に関して追求し目指すもの
品質計画	目標品質を設定すること
品質保証	品質要求が満たされているという確信を与えるマネジメント
許容差、公差	許容限界の上限と下限の差
誤差	観測値・測定結果から真の値を引いた差
かたより	観測値・測定結果の期待値から真の値を引いた差
真の値	ある与えられた特定の量の定義と合致する量
ばらつき	観測値・測定結果の大きさがそろっていないこと。または不ぞろいの程度。ばらつきの大きさを表すには、標準偏差等を用いる
精度、精密度	同一試料に対し、定められた条件の下で得られる独立な観測値・測定結果のばらつきの程度。ばらつきが小さい方が、より精度がよいまたは高いという
ロット	等しい条件下で生産され、または生産されたと思われる品物の集まり

（表7-14の続き）

ロット品質	ロットの集団としてのよさの程度。ロット品質とは、平均値、不適合品率、単位あたり不適合数などで表す
サンプル	母集団の情報を得るために、母集団から取られた1つ以上のサンプリング単位
サンプリング	母集団からサンプルを取ること
母集団の大きさ	母集団に含まれるサンプリング単位の数
不適合	規定要求事項を満たしていないこと
不適合品	1つ以上不適合のあるアイテム
不適合品率	(1) サンプルに関して、不適合アイテムの数を、検査したアイテムの総数で除したもの。つまり（不適合アイテムの数）÷（検査したアイテムの数） (2) ロットに関して、母集団またはロット中の不適合アイテムの数を、母集団またはロット中の総数で除したもの。つまり（母集団またはロット中の不適合アイテムの数）÷（母集団またはロット中のアイテムの数）
偏差	測定値からその期待値を引いた値
標準偏差	分散の正の平方根
プロセス	インプット（入力）を使用して意図した結果を生み出す、相互に関連するまたは相互に作用する一連の活動

(7) 品質管理の7つ道具

事実に基づく管理を具体化する基礎的手法のことで、以下に解説するパレート図、特定要因図、ヒストグラム、グラフ（管理図を含む）、チェックシート、散布図、層別のことをいう。

パレート図

製品や部材などの不良品、欠陥、故障などの発生個数を現象や原因別に分類し、大きい順に並べて、その大きさを棒グラフとし、さらにこれらの大きさを順次累積した折れ線グラフで表した図をいう。

これだけは覚える

パレート図といえば…発生個数の多い順に左から棒グラフで並べている。

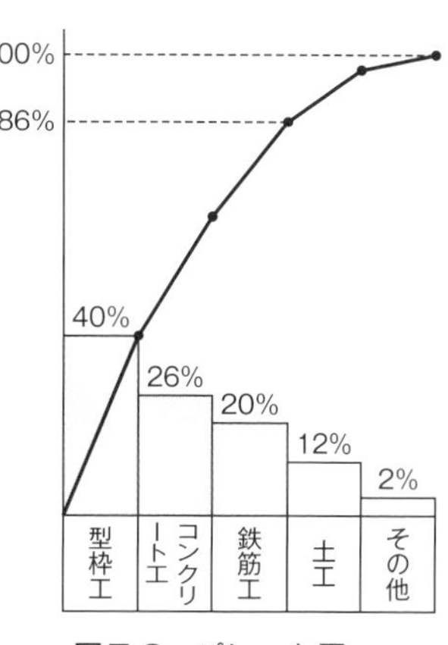

図7-6　パレート図

特性要因図

問題としている特性（結果）と、それに影響を与える要因（原因）との関係を一目で分かるように体系的に整理した図である。

これだけは覚える

特性要因図といえば…原因と結果が一目で分かる体系図（別名魚の骨）。この図形も覚えておく。

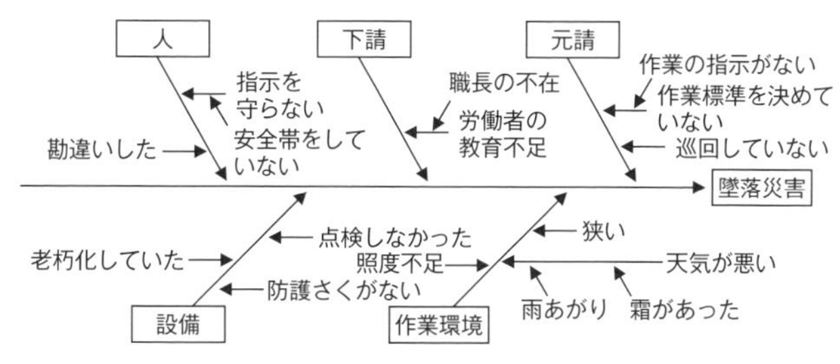

図7-7　特性要因図

これだけは覚える

ヒストグラムといえば…長さ、重さ、時間等、数値でデータが出る場合に適用される。この図形も覚えておく。

ヒストグラム

長さ、重さ、時間など計量したデータがどんな分布をしているかを、縦軸に度数、横軸にその計量値をある幅ごとに区分し、その幅を底辺とした柱状図で表したもの。

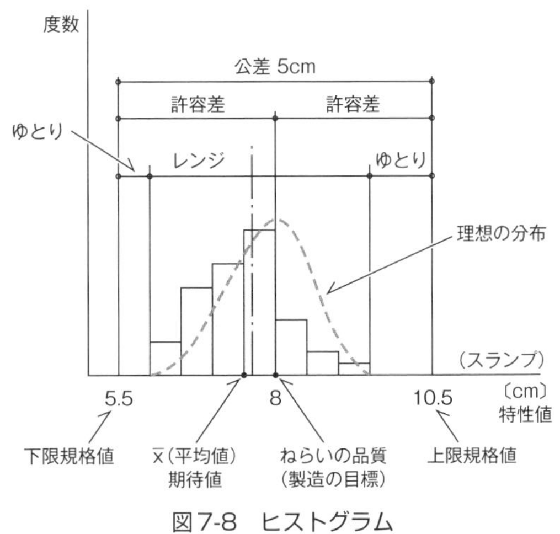

図7-8　ヒストグラム

これだけは覚える

管理図といえば…UCL(上部許容限界線)とLCL(下部許容限界線)の中にデータがあれば、よいデータであることを調べる図。CL(センターライン:中心線)。

管理図

データをプロットした点を直線で結んだ折れ線グラフの中に異常を知るための中心線や管理限界線を記入したもの。

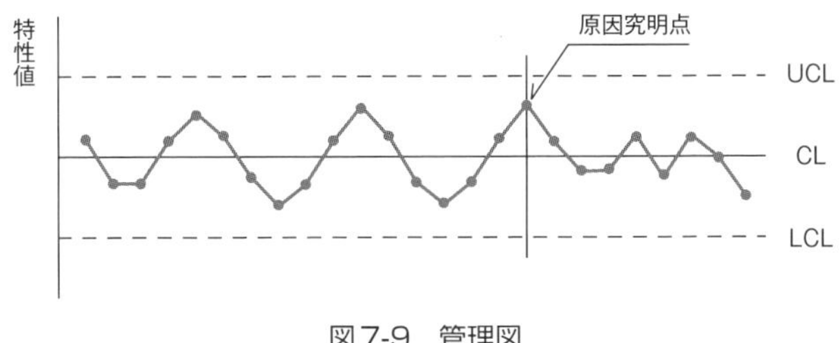

図7-9　管理図

チェックシート

不良数、欠点数など、数えるデータ（計数値）を、分類項目別に集計、整理し、分布が判断しやすく記入できるようにした記録用紙をいう。

表7-15　チェックシート

番号	打設開始A	打設完了B	所有時間B-A
1	7：50	8：55	65
2	7：53	9：05	72
3	8：03	8：45	42
4	8：15	9：18	63
5	8：55	10：05	70
6	8：59	9：43	44
7	9：40	10：54	74
8	9：43	10：51	68
9	10：28	11：39	71
10	10：32	11：15	43

散布図

関係のある2つの対になったデータの1つを縦軸に、もう1つを横軸にとり、両者の対応する点をグラフにプロットした図をいう。

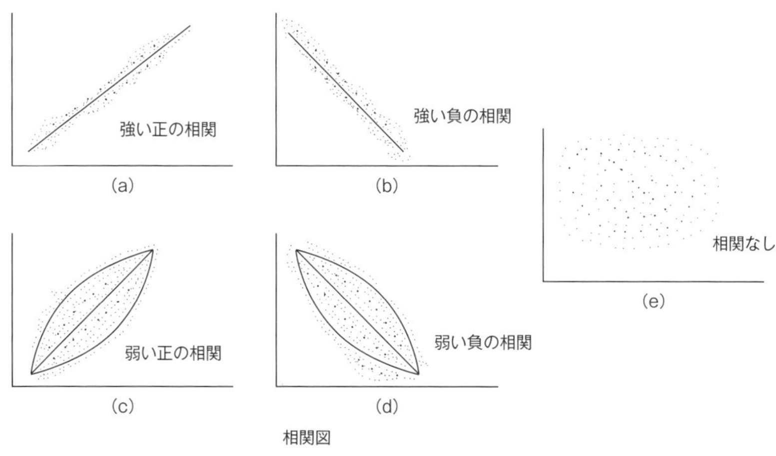

図7-10　散布図

試験に出る 説明

層別

データの特性を適当な範囲別にいくつかのグループに分けることをいう。

よく出る 必修!

R4後、R4前、R3後、R3前、R2、R1後、R1前、H30後、H30前
【過去9試験で9回】

(8)試験・検査

検査には、**抜取り検査**と**全数検査**がある。
以下の場合には抜取り検査が必要となる。

- 破壊検査の場合
  (例)コンクリート強度試験、ガラス強度試験
- 連続体やかさもの
  (例)電線、ワイヤロープ、セメント、砂利、砂、油

これだけは覚える

抜取り検査といえば、…この検査が有利な場合をよく理解する。

抜取り検査が有利となるのは以下の場合である。

- 多数、多量のもので、ある程度の不良品の混入が許される場合
- 検査項目の多い場合
- 不完全な全数検査に比べ、信頼性の高い結果が得られる場合
- 検査費用を少なくしたい場合

抜取り検査を行う場合の必要条件は以下の通り。

- 製品がロットとして処理できる場合
- 合格ロットの中にもある程度の不良品の混入を許せる場合

これだけは覚える

全数検査といえば…この検査が必要な場合をよく理解する。必ずしも全数検査が抜取り検査よりも有利とは限らない。

以下の場合には全数検査が必要となる

- 工程の状態から見て不良率が大きく、あらかじめ決めた品質水準に達していないとき
- 不良品を見逃すと人身事故のおそれがあったり、または後工程や消費者に重大な損失を与えるとき
- 検査費用に比べて、得られる効果の大きいとき

工種ごとの試験・検査

各工事で行われる試験・検査は表7-16の通り。

表7-16　工種ごとの試験・検査

工事名	試験名	目標とする数値と検査内容
木工事	含水率試験（高周波水分計）	構造材20%以下 造作材15%以下
鉄筋工事	外観検査	圧接部のふくらみの形状等
	超音波探傷試験	ガス圧接部の欠陥等
	引張試験	〃　〃
コンクリート工事	スランプ試験	8cm～18cm±2.5cm
	空気量試験	4.5%±1.5%
	圧縮強度試験	3つの試験体の平均が呼び強度以上
	塩化物含有量試験	0.3kg／m^3以下
鉄骨工事	スタッド打撃曲げ試験	100本のうち1本15°曲げ試験を行う
	超音波探傷試験	鉄骨溶接部の内部欠陥を調べる
防水工事	針入度試験	アスファルトの硬さを調べる
	高周波水分計	乾燥状態を調べる
タイル工事	接着力試験	0.4N/mm^2以上で合格
	打診（音）検査	タイル下地との密着性を調べる
シーリング工事	簡易接着性試験	接着性を調べる
左官工事	打診検査	セメントモルタル塗りの浮きを調べる
塗装工事	アルカリ度検査	PHコンパレーターでPH9以下を合格とする
硬質ウレタンフォーム吹付工事	吹付け厚さ検査	ワイヤゲージで厚さを測定する

例題8　令和3年度　2級建築施工管理技術検定（後期）第一次検定問題〔No.36〕 

コンクリートの試験に関する記述として，**最も不適当なもの**はどれか。

1. フレッシュコンクリート温度測定は，その結果を1℃単位で表示する。
2. 圧縮強度の試験は，コンクリート打込み日ごと，打込み工区ごと，かつ，150 m^3 以下にほぼ均等に分割した単位ごと行う。
3. スランプ試験は，1cm単位で測定する。
4. スランプ試験時に使用するスランプコーンの高さは，300mmとする。

正解：3

ワンポイントアドバイス　品質管理において代表的な試験として行うスランプ試験は0.5cm単位で計測する。コンクリートの試験および検査に関する問題は、試験2回に1回程度出題される。

よく出る（必修!）
R4前、R3後、R3前、R2、R1後、R1前、H30後、H30前
【過去9試験で8回】

これだけは覚える
労働災害といえば…全業種の中で建設系の労働災害が一番多い。

7.5 安全管理

安全管理とは、建設現場内での災害を未然に防止するための取組み、手法、点検、環境等をいう。毎回2問出題される。

(1) 労働災害

現場で労働者が負傷や疾病にかかったり、死亡する場合のみをいう（単なる物的災害は含まない）。多い順に並べると、第1位は墜落災害、第2位建設機械による災害、第3位自動車等による災害、第4位飛来・落下による災害、第5位土砂崩壊等による災害である。

(2) 災害発生率の指標

労働災害の発生状況を評価する際、被災者数以外に、年千人率、度数率、強度率という指標を用いる。

これだけは覚える

年千人率といえば…労働者1,000人当たり。

年千人率

労働者1,000人当たりの1年間に発生した死傷者数で表すものである。

$$年千人率=\frac{年間の死傷者数}{1年間の平均労働者数}\times 1{,}000$$

これだけは覚える

度数率といえば…100万延べ労働時間当たり。

度数率

100万延べ労働時間当たりの労働災害による死傷者数で表すもの。

$$度数率=\frac{労働災害による死傷者数}{延べ実労働時間数}\times 1{,}000{,}000$$

これだけは覚える

強度率といえば…1,000延べ労働時間当たり。

強度率

1,000延べ労働時間当たりの労働損失日数で表すものである。

$$強度率=\frac{延べ労働損失日数}{延べ実労働時間数}\times 1{,}000$$

死亡および永久全労働不能の場合は、7,500日とする。

例題9　平成29年度（後期）２級建築施工管理技術検定　学科試験〔No.34〕 

労働災害の強度率に関する次の文章中，［　］に当てはまる数値として，**適当なもの**はどれか。
「強度率は，［　］延べ実労働時間当たりの労働損失日数で，災害の重さの程度を表す。」

1. 1千
2. 1万
3. 10万
4. 100万

正解：1

ワンポイントアドバイス　強度率は、1000延べ実労働時間当たりの損失日数で表す。4回に1回程度の出題で、強度率、度数率の交互で出題されている。

(3) 安全管理の進め方

建設現場の事故をなくすために行う安全活動で重要な項目は以下である。

安全施工サイクル

建設現場における安全衛生管理を進めるに当たって、施工・作業と安全衛生を一体化するため、建設現場で毎日、毎週、毎月に行うことを一定のパターン化して、サイクルとして実施すること。

ツールボックスミーティング

作業開始前の短い時間を使って、道具箱（ツールボックス）のそばに集まった仕事仲間が安全作業について話し合い（ミーティング）をすることから始まった活動。

(4) 危険防止項目

建設現場では様々な機械や道具を用いて施工を行うため、危険も同時に発生する。以下に、特徴的な作業におけ

参考
安全施工サイクル
朝礼→安全ミーティング→機器使用開始前点検→作業中の指導・監督→安全・工程打合せ→職場片付け→作業時の確認（片付け・作業状況）

これだけは覚える
ツールボックスミーティングといえば…職場で開く安全の話し合い。

参考
KYT
危険予知訓練
OJT
オンザジョブトレーニング。職場内で業務を通して行う技術教育。

る危険防止項目を示す。

墜落・飛来崩壊等による危険の防止

高所における作業を安全に行うため、高所からの落下物による災害が起こらないように、留意する必要がある。内容は「労働安全衛生法」に基づく。

これだけは覚える

作業床の設置といえば…高さが2m以上の場所で安全に作業するために安定した作業床が必要。

表7-17　墜落・飛来崩壊等による危険の防止

作業床の設置等	・高さが2m以上の箇所（作業床の端、開口部等を除く）で作業を行う場合、墜落により労働者に危険を及ぼすおそれのある時は、足場を組み立てる等の方法により作業床を設ける。（安衛則518条） ・高さが2m以上の作業床の端、開口部等で、墜落により労働者に危険を及ぼすおそれのある箇所には、囲い等（囲い、手すり、覆い等）を設ける。（安衛則519条）
安全帯等の取付設備等	・**高さが2m以上**の箇所で作業を行う場合、労働者に安全帯等を使用させる時は、安全帯等を安全に取り付けるための設備等を設ける。（安衛則521条）
悪天候時の作業禁止	・**高さが2m以上**の箇所で作業を行う場合、強風、大雨、大雪等の悪天候のため、作業の実施について危険が予想される時は、作業に労働者を従事させてはならない。（安衛則522条）
照度の保持	・高さが2m以上の箇所で作業を行う時は、作業を安全に行うため必要な照度を保持する。（安衛則523条）

試験に出る

R3後、H30前
【過去9試験で2回】

特定元方事業者の講ずべき措置

建設現場では、発注者から直接請け負った元請（ここでは元方事業者）が作業する上で、やらなければいけない項目がある。

7 施工管理

これだけは覚える

特定元方事業者の講ずべき措置といえば…協議組織の運営、作業間の連絡および調整、作業現場の巡視等、安全施工サイクルの項目と同じ。

表7-18　特定元方事業者の講ずべき措置

特定元方事業者の講ずべき措置	特定元方事業者の講ずべき措置の主なもの ①協議組織の設置および運営 ②作業間の連絡および調整 ③作業場所の巡視 ④関係請負人が行う労働者の安全または衛生のための教育に対する指導および援助 ⑤工程および機械、設備等の配置に関する計画の作成、機械、設備等を使用する関係請負人の指導 ⑥その他労働災害を防止するための必要な事項 （安衛則30条）
協議組織の設置および運営	①特定元方事業者およびすべての関係請負人が参加する協議組織を組織する。 ②協議組織の会議を定期的に開催する。 （安衛則635条）
作業間の連絡および調整	• 随時、特定元方事業者と関係請負人との間および関係請負人相互間の連絡および調整を行う。（安衛則636条）
作業場所の巡視	• 作業場所の巡視は、毎作業日に少なくとも1回行う。（安衛則637条）
教育に対する指導および援助	• 教育を行う場所の提供、教育に使用する資料の提供等の措置を講じる。 （安衛則638条）
計画の作成	• 工程表等の仕事の工程に関する計画、作業場所における主要な機械、設備および作業用の仮設の建設物の配置に関する計画を作成する。（安衛則638条の3）
関係請負人の指導	• 関係請負人が定める車両系建設機械および移動式クレーンを使用する作業計画が上記の計画と適合するように指導する。 （安衛則638条の4）
クレーン等の運転についての合図の統一	• 労働者および関係請負人の労働者の作業が同一の場所で行われる場合、クレーン等を用いる時は、運転についての合図を統一的に定め、関係請負人に周知させる。 （安衛則639条）

（表7-18の続き）

参考

建築工事現場における公衆災害を念頭に事故・危害を未然に防止するため、安全な工事現場を構築する必要がある。

標識等の統一	• 事故現場等の標識の統一、有機溶剤等の容器の集積箇所の統一、警報の統一を行い、関係請負人に周知させる。（安衛則640条～642条）
周知のための資料の提供等	• 関係請負人が行う新たに作業を行う者に対する作業場所の状況、作業相互の関係等の周知（新規入場者教育）のための場所の提供、資料の提供等の措置を行う。（安衛則642条の3）

例題10　令和3年度　2級建築施工管理技術検定（後期）第一次検定問題〔No.37〕 

建築工事おける危害又は迷惑と，それを防止するための対策の組合せとして，**最も不適当なもの**はどれか。

1. 投下によるくずやごみの飛散――――――ダストシュートの設置
2. 工事用車両による道路の汚れ――――――沈砂槽の設置
3. 高所作業による工具等の落下――――――水平安全ネットの設置
4. 解体工事による粉塵の飛散　――――――散水設備の設置

正解：2

ワンポイントアドバイス　工事用車両により道路が汚れるおそれがある場合には，タイヤ洗浄装置などを設ける。公衆災害の防止対策の問題は、毎回のように出題される。

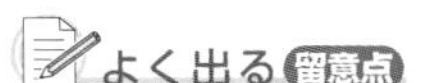

R4後、R4前、H30後
【過去9試験で3回】

作業主任者の選任すべき作業と資格

表7-19のように作業主任者ごとに選任すべき作業が定められている。

表7-19　作業主任者の選任すべき作業と資格

	名称	作業主任者を選任すべき作業
1	ガス溶接作業主任者（免）	アセチレン溶接装置またはガス集合溶接装置を用いて行う金属の溶接、溶断または加熱の作業

7 施工管理

（表7-19の続き）

2	コンクリート破砕機作業主任者（技）	コンクリート破砕機を用いて行う破砕の作業
3	地山の掘削作業主任者（技）	掘削面の高さが2m以上となる地山の掘削の作業
4	土止め支保工作業主任者（技）	土止め支保工の切梁または腹起こしの取付けまたは取り外しの作業
5	型枠支保工の組立て等作業主任者（技）	型枠支保工の組立てまたは解体の作業
6	足場の組立て等作業主任者（技）	吊り足場（ゴンドラの吊り足場を除く。以下同じ。）張出し足場または高さが5m以上の構造の足場の組立て、解体または変更の作業
7	建築物等の鉄骨の組立て等作業主任者（技）	建築物の骨組み、塔など高さが5m以上の金属製の部材の組立て、解体または変更の作業
8	木造建築物の組立て等作業主任者（技）	軒の高さが5m以上の木造建築物の構造部材の組立てまたはこれに伴う屋根下地もしくは外壁下地の取付けの作業
9	コンクリート造の工作物の解体等作業主任者（技）	コンクリート造の工作物（その高さが5m以上であるものに限る。）の解体または破壊の作業
10	酸素欠乏危険作業主任者（技）	酸素欠乏危険場所における作業
11	有機溶剤作業主任者（技）	屋内作業等で有機溶剤、有機溶剤を5%を超えて含有するものを取り扱う業務等の作業
12	石綿作業主任者（技）	石綿を取り扱う作業または石綿等を試験研究のために製造する作業

参考

足場の組立とては、建築・解体工事、屋外広告の設置、イベントの会場の設営といった高所作業において、作業員が安全に作業するために仮設の足場を設置することをいう。

例題11　令和4年度　2級建築施工管理技術検定（前期）第一次検定問題〔No.38〕 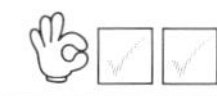

高さが2m以上の構造の足場の組立て等に関する事業者の講ずべき措置として，「労働安全衛生規則」上，**定められていないもの**はどれか。

1. 組立て，解体又は変更の時期，範囲及び順序を当該作業に従事する労働者に周知させること。
2. 組立て，解体又は変更の作業を行う区域内には，関係労働者以外の労働者の立入りを禁止すること。
3. 作業の方法及び労働者の配置を決定し，作業の進行状況を監視すること。
4. 材料，器具，工具等を上げ，又は下ろすときは，つり綱，つり袋等を労働者に使用させること。

正解：3

ワンポイントアドバイス　作業の方法および労働者の配置を決定し、作業の進行状況を監視することは、足場の組立等作業主任の職務と定められている。足場に関する問題は、毎回のように出題される

第8章 法規

ここでいう法規とは建築に関する法律および規則のことである。設計等の建築基準法、建設工事の請負契約、技術者等の建設業法、その他の関連した法律があり、その法律に従って建築物を造っていく。毎回8問出題（6問解答）される。

8.1 建築基準法

建築基準法とは、建物を設計する際に規定する法律である。毎回2問が建築基準法から出題されている。

(1) 目的

建築物の敷地、構造、設備および用途に関する最低の基準を決め、国民の生命、健康および財産の保護を図り、公共の福祉の増進に役立てることを目的とする。

よく出る 必修!

R4後、R4前、R3後、R3前、R2、R1後、R1前、H30後、H30前
【過去9試験で9回】

これだけは覚える

建築物に含まれないものといえば…プラットホームの上家、鉄道の線路、敷地内の保安施設。

これだけは覚える

事務所、戸建住宅、銀行、市役所などは、特殊建築ではない。

(2) 用語の定義

建築基準法に関連する用語のうち、最も重要な用語を以下にあげた。定義についてしっかり理解しておくことが重要である。

建築物

土地に定着する工作物。屋根および柱もしくは壁を有するもの、または、土地や高架の工作物に設ける事務所、店舗、興行場、倉庫等、建設設備を建築物という。

特殊建築物

不特定多数の人が利用する設備をいう。学校、病院、共同住宅、下宿、工場、倉庫、自転車車庫、体育館、劇場、旅館、百貨店、コンビニエンスストア等を特殊建築物という。

建築設備

建築物に設ける電気、ガス、給水、排水、換気、暖房、冷房、消火、煙突、昇降機、避雷針等を建築設備という。

これだけは覚える

居室ではない室といえば…住宅の玄関、廊下、便所、押入、浴室、洗面所等。

居室

住居、執務・作業等の目的で継続的に使用する室を居室という。百貨店の売り場、事務所の執務室は居室である。

これだけは覚える

主要構造部でないといえば…最下階の床、屋根階段、小梁間柱等。

主要構造部

防火上重要部分のことで、壁、柱、床、梁、屋根、階段を主要構造部という。

構造耐力上主要部分

建築物の自重、積載荷重、風圧、水圧、地震等に対して安全な構造であることを定められている。基礎、基礎杭、壁、柱、小屋組、土台、床板、屋根、梁、桁、筋交い、火打材、方杖等を構造耐力上主要部分という。

耐水材料

長時間水がかかっても壊れない材料をいう。れんが、石、コンクリート、アスファルト、ガラス、陶磁器等を耐水材料という。

これだけは覚える

設計図書に含まれないものといえば…現寸図、施工図等。

設計図書

建築物、工事用の図面および仕様書を設計図書という。

建築

新築、増築、改築、移転を建築という。

地階

床が地盤面下にある階で、床面から地盤面までの高さがその階の天井の高さの1/3以上のものを地階という。

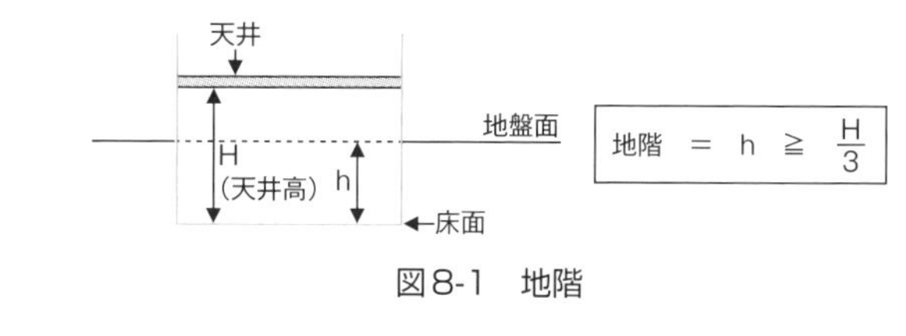

図8-1　地階

例題 1　令和3年度　2級建築施工管理技術検定（後期）第一次検定問題〔No.43〕 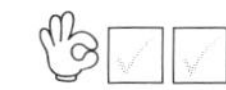

用語の定義に関する記述として,「建築基準法」上,**誤っているもの**はどれか。

1. 設計者とは，その者の責任において，設計図書を作成した者をいう。
2. コンビニエンスストアは，特殊建築物ではない。
3. 建築物に関する工事用の仕様書は，設計図書である。
4. 駅のプラットホームの上家は，建築物ではない。

正解：2

ワンポイントアドバイス　耐火建築物としなければならない特殊建築物に、物品販売業を営む店舗としてコンビニエンスストアは含まれる。建築基準法に関する問題は、毎回のように出題される。

(3) 申請

申請には建築確認申請、中間検査、完了検査があり、それぞれの申請者、申請先が重要である。

建築確認申請

建築確認申請とは、住居の建築前や大きなリノベーション・改築工事をする前に、都道府県や市などに必要書類を提出し、建築確認の手続きを申し込むことである。

提出は建築主で、建築主事または指定確認検査機関に提出する。確認申請が不要な場合は、防火地域および準防火地域外で増改築、移転する場合には、その部分の床面積の合計が10m^{2}以内。または、工事を施工するために現場

参考

特定工程

階数が3以上の共同住宅で、2階の床及びこれを支持する梁に鉄筋を配置する場合の工程。

に設ける仮設事務所。

中間検査

申請は、**特定工程**が含まれる場合に必要になる。提出は建築主で、建築主事または指定確認検査機関に「特定工程」が終了した日から4日以内に行う。

完了検査

特殊建築物で200m^{2}をこえる場合に、工事が完了したら行う検査。建築確認を受けた建物等の工事が完了した時は、建築主が工事が完了した日から4日以内に建築主事または指定確認検査機関に申請し、申請が受理された日から7日以内に完了検査を行わなければならない。

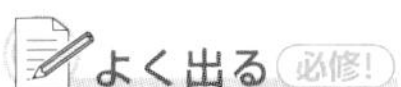

R4前、R3後、R3前、R2、R1前、H30後、H30前

【過去9試験で**7**回】

これだけは覚える

採光を必要としない室といえば…地階の居室、事務所の事務室、ホテルの客室、病院の診療室。

(4) 規定

建築基準法で必ず覚えておかなければ設計ができない項目である。

居室の採光

太陽の光を取り入れるための窓等のことをいう。住宅、学校、病院、診療所、寄宿舎、下宿、児童福祉施設の居室には、採光のための窓、その他の開口部を設ける必要がある、その面積は居室の床面積に対して表8-1のように定められている。

表8-1　採光に必要な開口部の面積

居室の種類	割合
幼稚園・小学校・中学校・高等学校・中等教育学校の教室、保育所の保育室	1/5以上
病院または診療所の病室、寄宿舎の病室または下宿の宿泊室、児童福祉施設等の寝室および保育・訓練の用途に供する居室	1/7以上
大学専修学校等の教室病院、診療所、児童福祉施設等の入院患者等の談話・娯楽のための居室	1/10以上

居室の換気

居室の床面積の1/20以上の、換気に有効な開口部を設ける必要がある。

長屋または共同住居の各戸の界壁

共同住宅の各戸の界壁は、小屋裏または天井裏に達するものとする。

居室の天井の高さ

1室の天井の高さと異なる部分がある場合は、その平均の高さとする。

階段の幅、蹴上げ、踏面

住宅の階段は、踏面（ふみづら）15cm以上、蹴上げ（け）23cm以下とする。

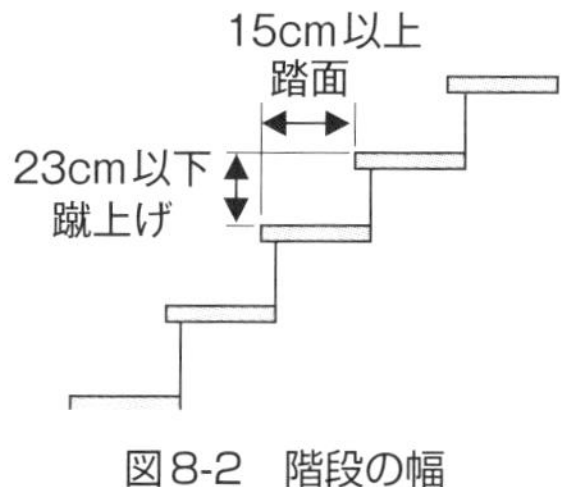

図8-2　階段の幅

階段を設置する場所、種類によって、表8-2のように寸法が定められている。

表8-2　階段、踊り場、蹴上げ、踏面の寸法

	階段の種類	階段・踊り場の幅	蹴上げ	踏面
1	小学校の児童用	140cm以上	16cm以下	26cm以上
2	中学校、高等学校、中等教育学校の生徒用 物品販売業の店舗（床面積の合計が1,500m^{2}を超える） 劇場、映画館、演芸場、観覧場、公会堂若しくは集会場の客用	140cm以上	18cm以下	26cm以上
3	直上階の床面積の合計が200m^{2}を超える地上階、居室の床面積の合計が100m^{2}を超える地階、地下工作物におけるもの	120cm以上	20cm以下	24cm以上
4	1～3以外の階段	75cm以上	22cm以下	21cm以上

迴り階段の踏面の寸法は、踏面の狭い方の端（内側）から30cmの位置で測る（図8-3）。

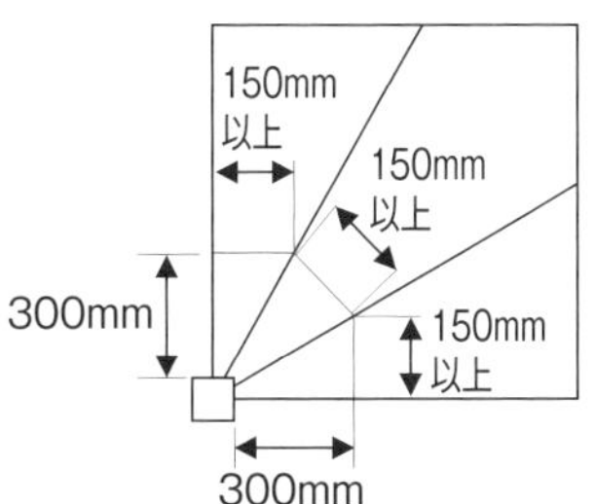

図8-3　迴り階段の踏面の寸法

住宅の階段（共同住宅の共用階段を除く）は、蹴上23cm以下、踏面15cm以上とする。

傾斜路

一般的には**スロープ**といい、身障者の車いす移動がスムーズに行えるようにする。勾配は1/8を超えないものとする。原則として手すりを設けなければならない。

例題2　令和3年度　2級建築施工管理技術検定（後期）第一次検定問題〔No.44〕 

地上階にある次の居室のうち，「建築基準法」上，原則として，採光のための窓その他の開口部を**設けなくてよいもの**はどれか。

1. 病院の診察室
2. 寄宿舎の寝室
3. 有料老人ホームの入所者用談話室
4. 保育所の保育室

正解：1

ワンポイントアドバイス　有料老人ホームは、児童福祉施設等に含まれているので、採光のための窓や開口部を設けなければならない。病院では、入院患者又は入所する者の談話、娯楽その他これに類する目的のために使用される部屋には窓その他の開口部が必要だが、病院の診察室は設けなくてよい。建築基準法における各種規定に関する問題は、毎回のように出題される。

よく出る
R4後、R3後、R3前、R2、R1前、H30後、H30前
【過去9試験で7回】

8.2 建設業法

建設業法とは、建設業者が手抜き工事等を行わないようにするための法律である。毎回法規の8問題中2問出題される。

(1) 目的

建設業は、社会生活の向上や経済の発展に必要不可欠な公共施設、産業施設、住宅などを作り出すことを担う重要な産業であり、その使命を達成するため、より良いものを建設する適正な技術力が求められている。一方、建設業の特性として、あらかじめ需要が想定できない注文による一品生産方式に加え、施工場所を移動しなければならないことが労働力や資機材の効率的な使用を困難にさせる上、屋外生業のため天候の影響を受けやすいなど、経営を不安定にさせる要素が多い。さらに、受注生業であることが注文

者の立場を強くし、請負契約における片務性を助長するなどの様々な問題を抱えている。

建設業法は、このような建設業の構造的特性に対処しつつ、良質な住宅・社会資本の整備を推進するため以下を目的として制定されている。

第一条
この法律は、建設業を営む者の資質の向上、建設工事の請負契約の適正化等を図ることによつて、建設工事の適正な施工を確保し、発注者を保護するとともに、建設業の健全な発達を促進し、もつて公共の福祉の増進に寄与することを目的とする。

(2) 建設業の許可

建設業法では、一定の規模以下の軽微な建設工事のみを請け負う場合を除き、建設業を営もうとする者について許可を受けることが義務付けられている。

大臣許可と知事許可

建設業を営もうとする者は、二以上の都道府県の区域内に営業所を設けて営業をしようとする場合には国土交通大臣の許可を、一つの都道府県の区域内のみに営業所を設けて営業をしようとする場合には当該都道府県知事の許可を受けなければならない（法第3条第1項）。

この「営業所」とは、本店または支店もしくは常時、建設工事の請負契約を締結する事務所のことをいう。また、建設業の許可は、営業について地域的制限はなく、**知事許可をもって全国で営業活動や建設工事の施工をすることができる。**

これだけは覚える
建設業の許可といえば…大臣許可と知事許可。

これだけは覚える
大臣許可といえば…2つ以上の県に営業所を設ける場合。
知事許可といえば…1つの県に営業所を設ける場合。

許可を必要としない場合（軽微な建設工事のみの請負）

建設業を営もうとする者であっても、軽微な建設工事のみを請け負うことを営業とする者は許可を受けなくてもよいとされている。この軽微な工事の規模は、工事1件の請負代金額が建築一式工事で1,500万円未満または延べ面積が150m²未満の木造住宅工事の場合、それ以外の建設工事では500万円未満の場合である（法第3条第1項、令第1条の2）。

なお、建築物等の解体工事の実施には、当該解体工事が建設業の許可を必要としない工事（請負金額が500万円未満の工事）であっても、建設工事に係る資材の再資源化等に関する法律（建設リサイクル法）に定める都道府県知事への登録と技術管理者の配置を必要とする（工事規模にかかわらず、工事を行う都道府県ごとに必要）。

例題3　令和3年度　2級建築施工管理技術検定（後期）第一次検定問題〔No.45〕 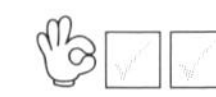

建設業の許可に関する記述として「建設業法」上，**誤っているもの**はどれか。

1. 解体工事業で一般建設業の許可を受けている者は，発注者から直接請け負う1件の建設工事の下請代金の総額が4,000万円の下請契約をすることができない。
2. 建築工事業で一般建設業の許可を受けている者は，発注者から直接請け負う1件の建設工事の下請代金の総額が6,000万円の下請契約をすることができない。
3. 建設業を営もうとする者は，すべて，建設業の許可を受けなければならない。
4. 建設業の許可を受けようとする者は，営業所の名称及び所在地を記載した許可申請書を国土交通大臣又は都道府県知事に提出しなければならない。

正解：3

ワンポイントアドバイス

工事1件の請負代金の額が建築工事一式にあっては、1500万円に満たない工事または延べ面積150㎡に満たない木造住宅工事、建築一式以外の建築工事にあっては500万円に満たない工事のみを請け負うことを営業する者は、建設業の許可を必要としない。建設業の許可に関する問題は、毎回のように出題される。

これだけは覚える

建設業の許可といえば… 一般建設業または特定建設業。区別は契約の額による。元請契約は関係ない。通常は一般建築業。

一般建設業の許可と特定建設業の許可

建設業の許可は、国土交通大臣許可と都道府県知事許可ごとに一般建設業と特定建設業に区分されている。

特定建設業の許可は、発注者から直接請け負う1件の建設工事について、その工事の全部または一部を、下請代金の額（下請契約が2以上あるときはそれらの総額）が建築工事業の場合は7,000万円以上、その他の業種の場合は4,500万円以上となる下請契約を締結して施工しようとする者が受けるもので、それ以外は、一般建設業の許可を受けることになる（法第3条第1項、令第2条）。すなわち、特定建設業と一般建設業とは、発注者から直接請け負う建設工事を下請に出して施工する場合の下請代金の限度額の有無によって区分されているものである。

この規定を受け、特定建設業の許可を受けていない者が元請負人となった場合、この下請負代金の限度額を超えた下請契約を締結することが禁じられている（法第16条）。

R4前、R3後、R1後
【過去9試験で3回】

許可の有効期間

許可の有効期限は5年で、その後も引き続き建設業を営もうとする場合には、有効期間の満了する日の前30日までに許可の更新を申請しなければ有効期間が過ぎると許可が失効する（法第3条第3項、則第5条）。

これだけは覚える

許可の有効期間といえば…5年ごとに更新。

許可の基準

営業所ごとの専任（常勤）の施術者の設置

一般建設業の場合は、次のいずれか（要約）に該当する一定の資格または実務経験を有する者を営業所ごとに専任で置かなければならない（法第7条第二号）。

イ　許可を受けようとする建設業の建設工事に関し、高等学校もしくは中等教育学校の指定学科を卒業後5年以上、または大学、高等専門学校の指定学科を卒業後3年以上の実務経験を有する者

ロ　許可を受けようとする建設業の建設工事に関し、

10年以上の実務経験を有する者

ハ　国土交通大臣がイまたはロと同等以上の知識および技能を有するものと認定した者

指定建設業の制度は、施工技術が日々進歩する中で、建設業を近代化し、良質な建設生産物を創造していくことができるよう技術水準の向上を図るための制度である。

これだけは覚える
指定建設業といえば…7つの工事業。

指定建設業の指定は、施工技術の総合性、施工技術の普及状況、国家資格制度の普及状況等の事情を考慮して行われ、現在、土木工事業、建築工事業、電気工事業、管工事業、鋼構造物工事業、舗装工事業、造園工事業の7業種が該当している。

指定建設業に指定されると、特定建設業の許可の取得や更新の際、営業所の専任技術者や特定建設業者が設置しなければならない監理技術者が1級の国家資格者等に限られるなど厳しい基準となってくる。業の許可を受けたときも，当該建設業に係る一般建設業の許可は有効である。

よく出る 必修!
R4前、R3後、R3前、R2、R1後、R1前、H30後
【過去9試験で7回】

(3) 建設工事の請負契約

建設工事の請負契約には、司法の基本的理念である「契約自由の原則」「信義誠実の原則」が適用される。

このため、法第18条で「建設工事の請負契約の当事者は、**各々の対等な立場における合意に基づいて公正な契約を締結**し、信義に従って誠実にこれを履行しなければならない」と規定している。

これだけは覚える
請負契約といえば…発注者と請負者が対等な立場。

請負契約の内容

建設工事の請負契約が成立した場合、その契約内容が不明確であると後日、当事者間に契約内容をめぐって紛争が生ずるおそれがある。

そのため、建設工事の請負契約の当事者は、契約の締結に際して、成立した契約の内容を書面に記載することにより、その明確化を図るとともに、相手方に注意を喚起させ、後になって紛争の生ずる余地のないよう署名または記

名押印をして相互に交付しなければならない（法第19条）。

なお、書面による契約内容の明記以外に、契約の相手側の承諾を得て、情報通信の技術を利用した一定の措置による契約の締結を行うことができる（法第19条の2ほか）。

現場代理人の選任等に関する通知

工事現場に、請負人が現場代理人を置く場合、または注文者が監督員を置く場合、その行為が後日、当事者間の紛争の原因とならないよう現場代理人または監督員の権限の範囲等を相手方に書面で通知しなければならない（法第19条の2）。

なお、現場代理人は、主任技術者または監理技術者を兼ねることができるが、他の工事との兼務はできない。

これだけは覚える

一括下請負の禁止といえば…元請が何もせず利益だけ取って下請に丸投げすること。発注者の承諾を得たら一括下請負はできる。

一括下請の禁止

建設業者は、その請け負った建設工事をいかなる方法をもってするかを問わず、一括して他人に請け負わせてはならない。また、建設業を営む者は、建設業者からその請け負った建設工事を一括して請け負ってはならない。

ただし、元請負人が、あらかじめ発注者から書面による承諾を得ている場合は、例外的に一括下請が認められている（法第22条）。

公共工事における一括下請負の全面禁止

建設業法第22条第3項で、あらかじめ発注者から書面で承諾を得ている場合に限り一括下請負が認められているが、「公共工事の入札及び契約の適正化の促進に関する法律」第12条により、公共工事（国・特殊法人等・地方公共団体が発注する建設工事）においては、一括下請負は全面的に禁止されている。

例題４　令和3年度　2級建築施工管理技術検定（後期）第一次検定問題〔No.46〕

建設工事の請負契約書に記載しなければならない事項として，「建設業法」上，**定められていないもの**はどれか。

1. 工事内容及び請負代金の額
2. 工事の履行に必要となる建設業の許可の種類及び許可番号
3. 各当事者の履行の遅滞その他債務の不履行の場合における遅延利息，違約金その他の損害金
4. 請負代金の全部又は一部の前金払の定めをするときは，その支払い時期及び方法

正解：2

ワンポイントアドバイス　工事の履行に必要となる建設業の許可の種類および許可番号の記載については定められていない。建設業の請負契約に関する問題は、毎年出題される。

これだけは覚える

元請負人の義務といえば…下の表の義務と期日等を覚える。

(4) 元請負人の義務（下請負人の保護、指導等）

建設業法は、建設工事の下請負人の経済的地位の確立とその体質の改善を促進するため元請負人に対して一定の義務を課すとともに、特に特定建設業者に対しては、下請負代金の支払期日、下請負人に対する指導等に関する義務を強化して、下請負人の保護を図っている。

これだけは覚える

請負工事の3要素といえば…工事内容、請負代金額、工期。

元請負人の義務

下請負人から以下の表のような請求があると元請負人は義務を果たさなければならない。特に、下請負代金の支払いの請求があると支払いを受けた日から「1ヶ月以内」に支払う。そして、完成検査の要求があれば、通知を受けた日から20日以内に検査を完了しなければならない。

義務	状況	期日等
①下請負人の意見の聴取	建設工事を施工するための工程の細目、作業方法その他元請負人が定めるべき事項を定めるとき	あらかじめ聴取しなければならない
②下請代金の支払い	元請負人が出来形部分に対する支払いまたは完成後の支払いを受けたときの、支払われた金額の出来形に対する割合および下請負人の施工した出来形部分に応じた下請代金額の支払い	支払いを受けた日から１ヶ月以内のできる限り短い期間内に支払う
③着手費用の支払い	元請負人が前払金の支払いを受けたときの、下請負人が資材購入等工事の着手に必要な費用の支払い	前払金を支払うよう適切に配慮する
④完成検査	下請負人から請け負った工事が完成した旨の通知を受けたとき通知を受けた日から20日以内のできる限り短い期間内に検査を完了	
⑤引き渡し	完成を確認した後、下請負人が引渡しを申し出たとき、直ちに引渡しを受ける 下請契約で工事完成の時期から20日を経過した日以前の一定の日が特約されている場合	特約された日に引渡しを受ける

（法第24条の2 ～ 24条の4）

(5) 施工体制台帳および施工体系図の作成等

建設工事の施工は、一般的にそれぞれ独立した各種専門工事の総合的な組合せにより成り立っているため、建設業は他産業に類をみないほど多様化し、かつ、重層化した下請構造を有している。

このような特性を持つ建設業において建設工事の適正な施工を確保するためには、発注者から直接工事を請け負った特定建設業者が、直接の契約関係に当たる下請業者のみならず、その工事の施工に当たるすべての建設業者を監督しつつ工事全体の施工を管理することが必要である。

このため、特定建設業者は、発注者から直接請け負った建設工事の下請契約の総額が建築一式工事にあっては7,000万円以上のもの、それ以外の建設工事にあっては4,500万円以上のもの（監理技術者を置く場合）については施工体制台帳等の整備を行わなければならない。なお、この整備は公共工事、民間工事を問わずに求められる。

これだけは覚える

施工体制台帳といえば…職方の資格、健康状態その他が書かれた台帳で、特定建設業の許可がいる現場には常備する必要がある。

施工体制台帳は、下請負人（2次、3次下請等を含め、当該工事の施工に当たるすべての下請負人をいう）の名称、当該下請負人にかかわる建設工事の内容および工期等を記載したもので、現場ごとに備え置かなければならない。

また、下請負人は、自らが他の建設業者から請け負った建設工事を別の建設業者に請け負わせたときは、再下請負通知を元請である特定建設業者に行わなければならない。

さらに、元請である特定建設業者は、各下請負人の施工分担関係を表示した施工体制図を作成し、工事に携わる関係者全員に施工の分担関係等が分かるよう、これを工事現場の見やすい場所に掲げなければならない。

なお、その建設工事の発注者から請求があったときには、施工体制台帳をその発注者の閲覧に供しなければならない（法第24条の7）。

①施工体制台帳	イ）記載事項等	**＊元請負人の名称、許可番号等自社に関する事項および工事名、内容、工期、監理技術者の氏名等請け負った建設工事に関する事項** **＊下請負人の商号・名称、工事内容、工期、主任技術者の氏名等** ＊下請負人がさらに下請契約（再下請負）したときは、その下請負人に関する事項と下請契約の内容に関する事項等を元請負人に通知しなければならない。
	ロ）取扱い	＊工事の目的物引渡しの日まで現場ごとに備え置き、発注者の閲覧に供す。

②施工体系図	イ）記載事項等	＊各下請負人の施工の分担関係を系統的に表示 ＊下請負人の名称、工事内容、工期、主任技術者等
	ロ）取扱い	＊工事の目的物引渡しの日まで現場の見やすい場所に掲示しておく。 ＊施工体系に変更があった場合は、変更、追加、削除を行い現時点の全施工体系が把握できるようにする。

試験に出る 説明

R4後、H30前
【過去9試験で2回】

(6) 施工技術の確保（主任技術者および監理技術者）

質のよい構造物・建築物などの工事目的物を作るという建設業の使命を達成するためには、建設業者が進歩する科学技術に対応して、施工技術（設計図書に従って建設工事を適正に実施するために必要な専門の知識およびその応用能力）の向上を図るとともに、実際の工事に技術が生かされることが必要である。

このため、建設業法は建設業者の施工技術の確保（法第25条の27）および工事現場での技術者の設置義務について規定するとともに、施工技術の向上を図るための技術検定制度を設けている。

これだけは覚える

主任技術者といえば…下請契約の金額が建築一式で7,000万円未満、その他の工事で4,500万円未満の工事。
監理技術者といえば…下請契約の金額が建築一式で7,000万円以上、その他の工事で4,500万円以上の工事。

主任技術者および監理技術者の設置

建設業者は、元請、下請にかかわらず請け負った建設工事を施工するときは、請負金額の大小に関係なく、その工事現場の建設工事の技術上の管理をつかさどるものとして一定の実務経験等を有する主任技術者（一般建設業の営業所に置く専任の技術者の資格要件と同じ）を置かなければならない（法第26条第1項）。

また、発注者から直接建設工事を請け負った特定建設業者は、その工事の下請契約の請負代金の総額が建築工事業で7,000万円以上、その他の業種で4,500万円以上となる場合は、主任技術者に代えて一定の指導監督的な実務経験等を有する監理技術者（特定建設業の営業所に置く専任の技術者の資格要件と同じ）を置かなければならない（法第26条第2項）。

8 法規

専任の主任技術者
または監理技術者を置かなければならない工事

建設業者は、下記の要件に該当する工事を施工するときは、元請、下請にかかわらず、工事現場ごとに専任の主任技術者または監理技術者を置かなければならない（法第26条第3項～第5項）。

主任技術者、監理技術者を専任で置く工事	**公共性のある工作物に関する重要な工事**（下記のイ～ニのいずれかを専任で置く工事に該当する場合）で、**工事1件の請負代金が建築一式工事で8,000万円以上、その他工事で4,000万円以上であるもの。** イ） **国・地方公共団体が発注する工事** ロ） 鉄道・道路・ダム・河川・港湾・上下水道等の公共施設の工事 ハ） 電気・ガス事業用施設の工事 ニ） **学校・図書館・工場等公衆又は不特定多数が使用する施設の工事。個人住宅を除き、ほとんどの工事がその対象となっている。**
監理技術者資格者証の交付を請け、講習を受講した監理技術者を専任で置く工事	国、地方公共団体、政令で定める公共法人が発注する工事を直接請け負い、下請代金が建築工事業で8,000万円以上、その他業種で4,000万円以上となる下請契約を締結して施工する場合。 発注者の請求があったときは監理技術者資格者証を提示しなければならない。

監理技術者資格者証制度

公共工事（国、地方公共団体、政令で定める公共法人等が発注）の工事現場に専任で配置しなければならない監理技術者は、監理技術者資格者証の交付を受けたものであって、国土交通大臣の登録を受けた講習を受講した者のうちから選任しなければならない（法第26条第4項）。

①監理技術者資格者証明の交付

資格者証の交付は一人1枚に限られるので、複数の業種の監理技術者の資格要件がある場合は、それらすべてが1枚の資格者証に記載される。

交付の条件	イ）　指定建設業の監理技術者 ＊法第15条2号のイの規定による1級国家資格を取得した者 ＊同じくハの規定による国土交通大臣の特別認定者 ロ）　指定建設業以外の業種の監理技術者 ＊法第15条2号のイの規定による1級国家資格を取得した者 ＊同じくロの規定による2級国家資格を取得または実務経験等を有し、かつ発注者から直接請け負った6,000万円以上の建設工事について2年以上の指導監督的実務経験を有している者 ＊同じくハの規定により大臣がイ、ロと同等以上と認めた者
有効期間	**資格者証の有効期間は5年間**

②国土交通大臣登録講習受講の義務付け

公共工事に監理技術者として配置されるためには、国土交通大臣の登録を受けた講習の受講が義務付けられている。監理技術者として選任されている期間中のいずれの日においても**講習を修了した日から5年を経過することのないように講習を受講していなければならない**（則第17条の14）。

③資格者証および講習修了証の携帯

資格者証は、公共工事に関する重要な工事の中でも、より適正な施工の確保が求められているものについて、当該建設工事の監理技術者が、

一．工事を請け負った企業と直接的かつ恒常的な雇用関係があるか

二．所定の資格を有しているか

三．監理技術者として定められた本人が従事しているか

等を確認するために導入されたものである。

このため、監理技術者は、発注者から請求があった場合には、資格者証を提示しなければならない。また、当該工事に従事しているときは、常時、資格者証を携帯している必要がある。なお、監理技術者講習修了証についても、発注者等から提示を求められていることがあるため、同様に携帯しておくことが望ましい。

これだけは覚える

主任技術者および監理技術者の職務といえば…施工管理と職方への技術上の指導監督。

④主任技術者および監理技術者の職務等

施工従事者の職務で、工事現場における施工に従事する者とは、職方を意味する。

主任技術者、監理技術者の職務	**工事現場における建設工事を適正に実施するため、施工計画の作成、工程管理、品質管理その他の技術上の管理および施工に従事する者の技術上の指導監督の職務**を誠実に行わなければならない。
施工従事者の職務	工事現場における施工に従事する者は、主任技術者または監理技術者が職務として行う指導に従わなければならない。

(法第26条の3)

これだけは覚える

法第40条、則第25条の一.～五.を覚える。

(7)標識の掲示

建設業者は、その店舗や建設工事現場ごとに、公衆の見やすい場所に、所定の事項を記載した定められた様式(店舗用と工事現場用の2種類がある)の標識を掲げなければならない(法第40条、則第25条)。

一.	一般建設業または特定建設業の別
二.	許可年月日、許可番号および許可を受けた建設業の種類
三.	商号または名称
四.	代表者の氏名
五.	主任技術者または監理技術者の氏名

(注) 店舗には一～四、現場には一～五の事項を記載する。

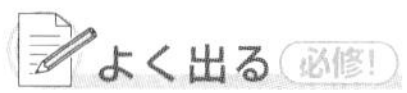

R4前、R3後、R3前、R1後、H30前
【過去9試験で**5**回】

8.3 労働基準法

労働基準法とは、労働条件の最低基準を定めた法律である。毎回1問出題される。

(1) 労働基準法の基本理念

労働基準法は、憲法第27条第2項「賃金、就業時間、休息、その他の勤労時間に関する基準は、法律でこれを定める。」を制定の根拠とし、憲法第25条第1項「すべて国民は、健康で文化的な最低限度の生活を営む権利を有する。」を基本理念としている。

(2) 労働契約

労働契約とは、労働者と使用者の間の契約のことである。

労働契約の締結

労働契約の締結に当って、労働基準法で定める基準に達しない労働条件を定める労働契約は、その部分については無効とされる。無効になった部分は、労働基準法で定める基準によると規定されている（法第13条）。

契約期間

これだけは覚える
契約期間といえば…3年以内。

労働契約は、期間のないものを除き、一定の事業の完了に必要な時間を定めるものの外は**3年を超える期間について締結してはならない**とし、建設工事のように有期事業では、3年以上であってもその工事の完了までの間を労働契約の期間とすることができる。

また、高度で専門的な知識、技術等を有する労働者との労働契約や満60歳以上の者については、契約期間の上限を5年とすることができる（法第14条）。

これだけは覚える

労働条件の明示といえば…法第15条、則第5条の一.～三.を覚える。

労働条件の明示

労働契約の締結に際し、使用者は労働者に対して賃金、労働時間その他の労働条件を明示しなければならない。明示すべき事項は、次の一～十三であるが、一～五に掲げる事項については、必ず文章でなければならない。六～十三に掲げる事項については、これらに関する定めをしない場合には明示する必要はなく、明示は、文章、就業規則の提示および口頭でもかまわない（法第15条・則第5条）。

一. **労働契約の期間に関する事項**
二. **就業の場所および従事すべき業務に関する事項**
三. **始業および終業の時刻、所定労働時間を超える労働の有無、休憩時間、休日、休暇ならびに労働者を二組以上に分けて就業させる場合における就業時転換に関する事項**
四. 賃金の決定、計算および支払の方法、賃金の締切および支払いの時期ならびに、昇給に関する事項
五. 退職に関する事項（解雇の事由を含む）
六. 退職手当の定めが適用される労働者の範囲、退職手当の決定、計算および支払の方法並びに退職手当の支払の時期に関する事項
七. 臨時に支払われる賃金（退職手当を除く）、賞与および臨時に支払われる賃金ならびに最低賃金額に関する事項
八. 労働者に負担させるべき食費、作業用品その他に関する事項
九. 安全および衛生に関する事項
十. 職業訓練に関する事項
十一. 災害補償および業務外の傷病扶助に関する事項
十二. 表彰および制裁に関する事項
十三. 休職に関する事項

なお、建設業においては、建設労働者の雇用の改善等に関する法律第7条により労働者の雇用に際し、事業主の

氏名または名称、事業場の名称および所在地、雇用期間、従事すべき業務内容を明示した文章（雇入通知書）を速やかに労働者に交付しなければならない。

解雇

解雇は、「客観的に合理的な理由を欠き、社会通念上相当と認められない場合は、その権限を濫用したとして、無効とする。」（労働契約法第16条）と規定し、解雇に関する基本的なルールが明確にされている。

①解雇の制限

次の期間については、解雇してはならない。

一. **労働者が業務上負傷または疾病により療養のため休業する期間およびその後30日間**
二. 産前産後の休業期間およびその後30日間
ただし、次に該当する場合は、上記の制限期間中であっても解雇することができる。
三. 負傷、疾病による休業期間が3年を超えて打切補償（平均賃金の1,200日分）を支払う場合
四. 天災事変その他やむを得ない事由のために事業の継続が不可能となった場合において、労働基準監督署長の認定を受けたとき（法第19条）。

これだけは覚える

解雇の予告といえば…30日前または30日分の賃金を払って解雇する。

②解雇の予告

労働者の解雇については、少なくとも30日前に予告しなければならない。また、30日前に予告しない場合は、30日分以上の平均賃金（予告手当）を支払わなければならない。ただし、天災事変その他やむを得ない事由のために事業の継続が不可能となった場合、又は、労働者の責に帰すべき事由に基づき解雇する場合において、労働基準監督署長の認定を受ければ、予告手当の支払いの必要はない（法第20条）。

また、次に該当する者についても支払いの必要はない（法第21条）。

一．日々雇入れられる者（1ケ月を超えない場合）
二．2ケ月以内の短期契約の者
三．4ケ月以内の季節的業務に従事する者
四．試用期間中の者（14日を超えない場合）

なお、退職に際し、労働者が使用期間、業務の種類、その事業における地位、賃金または退職の事由（解雇の場合は、その事由を含む）について証明書を請求した場合においては、遅滞なく証明書を交付しなければならない（法第22条）。

参 考

相殺（そうさい）
差し引いて、互いに損得がないようにすること。帳消しにすること。

③前借金相殺の禁止

使用者は、前借金その他労働することを条件とする前貸の債権と賃金を相殺してはならない（法17条）。

これだけは覚える

賃金といえば…通貨で払う、本人に直接払う。

(3) 賃金

賃金とは、労働契約のもと、仕事をした後の報酬をいう。賃金の支払い方法については、次の5原則を定め、労働者の手に確実に賃金が支払われることを期している（法第24条）。

一．「通貨払の原則」…… 実物給与を禁止する。
二．「直接払の原則」…… 労働者本人以外の者に賃金を支払うことを禁止する。
三．「全額支払の原則」…… 賃金の一部を控除して支払うことを禁止する。
四．「毎月最低1回払の原則」…… 毎月1日から月末までの間に少なくとも1回は賃金を支払わなければならない。
五．「一定期日支払の原則」…… 期日を特定して支払う。

その他賃金の支払い等について、次のように規定されている。

- 出産、疾病、災害など非常の場合に、既往の労働に対する賃金を受けることのできる非常時払いの制度（法第25条）
- 使用者の責に帰すべき事由による休業の場合による平均賃金の60/100以上の休業手当を受けることのできる休業手当制度（法第26条）
- 出来高払制、その他請負制で使用される労働者に対しては、労働時間に応じて一定額の賃金保障が受けられる出来高払制の保障給（法第27条）
- 最低賃金制度（最低賃金法の定めるところによる）（法第28条）

一の「通貨」とは、現金で支払うことをいい、手形、小切手等で支払ってはいけない。

二の「直接」とは、一括して世話役等に手渡して、その者から労働者に分配させるような方法を禁じたものであり、また、労働者の親権者や後見人に支払うことは禁じられている。

三の「全額」とは、賃金の一部を控除することを禁止する趣旨であるが、所得税、地方税の源泉徴収、雇用保険料、健康保険料等の本人負担分など法令で認められたものや、住居費、食費、組合費など労使の書面協定によって控除することとしている場合には、賃金から控除して支払うことができる。

四、五の「毎月1回以上、一定の期日」とは、毎月の賃金支払日を15日とか、20日とか定め特定することで、毎月第1月曜日といった決め方は一定の期日に違反することになる。

例題5　令和3年度　2級建築施工管理技術検定（後期）第一次検定問題〔No.47〕 

労働契約に関する記述として「労働基準法」上，**誤っているもの**はどれか。

1. 使用者は，労働することを条件とする前貸の債権と賃金を相殺することができる。
2. 労働者は，使用者より明示された労働条件が事実と相違する場合においては，即時に労働契約を解除することができる。
3. 使用者は，労働者が業務上の傷病の療養のために休業する期間及びその後30日間は，原則として解雇してはならない。
4. 労働条件は，労働者と使用者が，対等の立場において決定すべきものである。

正解：1

ワンポイントアドバイス　使用者は、前借金その他労働することを条件とする前貸の債権と賃金を相殺してはならない。労働契約に関する問題は、毎回のように出題される。

(4) 労働時間、休憩等

これだけは覚える

労働時間といえば…1週間40時間以内。

労働時間は、**休憩時間を除き1週間について40時間、1週間の各日について8時間を超えてはならない**（法第32条）。以上が労働時間の原則であるが労働基準法はこれに加えて、1ヶ月単位の変形労働時間制、フレックスタイム制、1年単位の変形労働時間制、1週間単位の非定型的変形労働時間制の4種類の変形労働時間制を定めている。

これだけは覚える

休憩といえば…労働時間が6時間を超えると45分、8時間を超えると60分。

休憩

休憩時間は、**労働時間が6時間を超える場合には少なくとも45分、8時間を超える場合には少なくとも1時間**を労働時間の途中に原則として一斉に与えなければならない。又、自由に利用させなければならない（法第34条）。

休日

休日は、**週休制とするかまたは4週間を通じ4日以上とする**（法第35条）。

時間外および休日労働

労使協定を締結し、監督署長へ届け出た場合、労働時間を延長し、又は休日に労働させることができる。

ただし、坑内労働その他の健康上、特に有害な業務は1日2時間以内までとされている（法第36条）。

年次有給休暇

年次有給休暇は、その雇入れの日から起算して6ヶ月間継続勤務し全労働日の8割以上出勤した労働者に対して、継続し、または分割した10労働日の有給休暇を与えなければならないこととし、1年6ヶ月以上継続勤務した者には、6ヶ月を超えて継続勤務する日から起算した継続勤務1年ごとに、1日ずつ加算した有給休暇（総計20日を限度）を与えなければならない。なお、2年6ヶ月を超える継続勤務年数1年については2日ずつ追加付与しなければならない。

使用者は、有給休暇は労働者の請求する時季に与えなければならない。ただし、請求された時季に与えることが、事業の正常な運営を妨げる場合においては、他の時季にこれを与えることができる（法第39条）。

R3前、R1後
【過去9試験で2回】

(5) 年少者

年少者とは18才に満たない者のことで、その年齢を証明する戸籍証明書を事業場に備え付けなければならない（法第57条）。

年少者の労働時間

年少者（18才未満）には、変形労働時間制は適用されない。ただし、1週間について40時間を超えない範囲において、1日の労働時間を4時間以内に短縮する場合において他の日の労働時間を10時間まで延長することができ、また、就業規則その他により1週間について48時間の範囲で、1日について8時間を超えない範囲において変形労働時間制を認めている（法第60条）。また、満18才に満たない者は午後10時から午前5時までの深夜業が禁止されている（交替制によって使用する満16才以上の男子については労働基準監督署長の許可により午後10時30分まで許される）（法第61条）。

これだけは覚える

未成年者の労働契約といえば…未成年者本人が労働契約をする。

未成年者の労働契約

未成年者とは20歳に満たない者のことで、親権者または後見人が、未成年者（20歳未満）に代って労働契約の締結をすることを禁止（法第58条）、また、賃金の代理受領を禁止している（法第59条）。

よく出る 必修!

R4後、R3後、R3前、R2、R1後、R1前、H30後

【過去9試験で**7**回】

8.4 労働安全衛生法

労働安全衛生法とは、建設現場内で働く労働者を災害から守るための法律である。毎回1問出題される。

（1）目的

この法律は、労働基準法と相まって、一．事業場内における責任体制の明確化、二．危害防止基準の確立、三．事業者の自主的活動の促進措置を講ずるなどの総合的な対策を推進することにより、職場における労働者の安全と健康を確保するとともに、快適な作業環境の形成を目的とすることを定めている（法第1条）。

これだけは覚える

安全衛生管理体制といえば…事業所（現場）の役職名を覚える。

（2）安全衛生管理体制

安全衛生管理体制とは、事業所（建設現場）の従業員全員が協力して事業所内の安全を推進するための職場の管理組織をいう。

労働衛生管理組織の体系

労働安全衛生法に基づく安全衛生管理体制には、事業場ごとに選任または設置を義務付けられている組織（事業者主体のもの）と、建設業等の作業所において、請負契約関係下にある事業者が混在して事業を行うことから生ずる労働災害を防止するための安全衛生管理組織（混在作業を対象とするもの）の2つがある。

①個々の事業場単位の安全衛生管理組織

- 総括安全衛生管理者（法第10条）
- 安全管理者（法第11条）
- 衛生管理者（法第12条）
- 安全衛生推進者（法第12条の2）
- 産業医（法第13条）
- 作業主任者（法第14条）

②下請混在現場における安全衛生管理組織

- 統括安全衛生責任者（法第15条）
- 元方安全衛生管理者（法第15条の2）
- ずい道等救護技術管理者（法第25条の2）
- 作業主任者（法第14条）
- 安全衛生責任者（法第16条）
- 店社安全衛生管理者（法第15条の3）

また、すべての関係請負人を含めた協議組織を設けなければならない。

個々の事業場単位の安全衛生管理組織

個々の事務所（現場）の安全管理や衛生管理が円滑に行えるように整備されている組織をいう。

①総括安全衛生管理者

事業者は、企業の自主的労働災害防止活動を推進するため、**常時100人以上の労働者を使用する事業場にあっては、総括安全衛生管理者を選任し、その者に安全管理者、衛生管理者または救護技術管理者を指揮させる**とともに当該事業場における安全衛生に関する次の業務を統括管理させなければならない（法第10条、令第2条）。

これだけは覚える
総括安全衛生管理者といえば…常時100人以上の事業所で必要。

I．総括安全衛生管理者の職務

安全管理者、衛生管理者等を指揮するとともに次の業務を統括管理する（法第10条、則第3条の2）。

- 労働者の危険または健康障害を防止するための措置に関すること
- 労働者の安全または衛生のための教育の実施に関すること
- 健康診断の実施その他健康の保持増進のための措置に関すること
- 労働災害の原因の調査および再発防止対策に関すること
- 安全衛生に関する方針の表明に関すること
- 危険性または有害性等の調査およびその結果に基づき講ずる措置に関すること
- 安全衛生に関する計画の作成、実施、評価および改善に関すること

②安全管理者

これだけは覚える
安全管理者といえば…常時50人以上の事業所で必要。

事業者は、建設業において、常時50人以上使用する事業場にあっては、総括安全衛生管理者の業務のうち安全に関する技術的事項を担当する者として、安全管理者を選任しなければならない（法第11条、令第3条）。

I．安全管理者の職務

安全管理者の職務は、総括安全衛生管理者の業務のう

ち、安全に関する技術的な具体的事項を管理する（作業場等を巡視し、設備、作業方法等の危険防止の必要な措置を講じる）ことである。事業者は、安全管理者に職務遂行のために必要な権限を与えなければならない。

これだけは覚える
衛生管理者といえば…常時50人以上の事業所で必要。

③衛生管理者

事業者は、常時50人以上の労働者を使用する全業種の事業場にあっては、総括安全衛生管理者の業務のうち衛生に関する技術的事項を管理する者として、衛生管理者を選任しなければならない（法第12条、令第4条）。

事業者は、衛生管理者を選任すべき事由が発生した日から14日以内に選任し、遅滞なく、選任報告書を所轄労働基準監督署長に提出しなければならない（則第7条）。

Ⅰ．衛生管理者の職務

衛生管理者の職務は、総括安全衛生管理者の業務のうち、衛生に関する技術的な具体的事項について管理する（少なくとも毎週1回は作業場を巡視し、設備、作業方法または衛生状態に有害のおそれがあるときは、直ちに、労働者の健康障害を防止するための必要な措置を講じる）ことである。

これだけは覚える
安全衛生推進者といえば…常時10人以上50人未満の事業所で必要。

④安全衛生推進者

事業者は、安全管理者および衛生管理者の選任を要する事業場以外の建設業等の事業場で**常時10人以上50人未満の事業場において、安全衛生に係る業務を担当する者として、安全衛生推進者を選任しなければならない**（法第12条の2、則第12条の2）。

Ⅰ．安全衛生推進者の職務

安全衛生推進者は、安全衛生業務について権限と責任を有する者の指揮を受けて法第10条第1項各号の業務（安全管理者、衛生管理者の業務）を担当しなければならない。

これだけは覚える

産業医といえば…現場付近の病院、常時50人以上の事業所に必要。

⑤産業医

事業場は、常時50人以上の労働者を使用する全業種の事業場にあっては、医師のうちから産業医を選任しなければならない（法第13条、令第5条）。

Ⅰ．産業医の職務

産業医の職務として、次の事項を行うことが定められている。

- 健康診断および面接指導の実施ならびにこれらの結果に基づく健康保持に関すること
- 作業環境の維持に関すること
- 作業の管理に関すること
- 健康管理、健康教育、健康相談その他健康保持促進に関すること
- 衛生教育に関すること
- 労働者の健康障害の原因の調査および再発防止の措置に関すること

また、産業医は、少なくとも毎月1回作業場等を巡視し、作業方法または衛生状態に有害のおそれがあるときは、直ちに、労働者の健康障害を防止するための措置を講じなければならない。

事業者は、産業医に対してこれらのことをなし得る権限を与えなければならない。

これだけは覚える

作業主任者といえば…地山、足場、鉄骨、木造の数値。

⑥作業主任者

作業主任者は、法第14条に基づき、特に危険または有害な作業について専門の資格を有する者をもって当該作業を直接、指揮監督させるための制度である。

作業主任者を選任しなければならない作業は、以下の通り。

- ガス溶接

- 地山（自然の土）の掘削（掘削面の高さ**2m以上**）
- 土留め（山留め）支保工
- 型枠支保工の組立て等
- 足場の組立て等（高さ**5m以上**）
- 建築物等の鉄骨の組立て等（高さ**5m**以上）
- 木造建築物の組立て等（軒の高さ**5m**以上）
- 酸素欠乏危険
- 有機溶剤
- 石綿
- コンクリート造の工作物の解体等（高さ**5m以上**）

下請混在現場における安全衛生管理組織

下請が混在する（様々な業種の下請が作業している）現場で安全管理や衛生管理が円滑に行えるようにする組織をいう。

これだけは覚える

統括安全衛生責任者といえば…常時50人以上の現場で、元請の所長が選出される。

①統括安全衛生責任者

建設業や造船業（特定事業）などの事業場では、元方事業者（一の場所において行う事業の仕事の一部を下請に請け負わせて、仕事の一部は自ら行う事業者のうち最先次のものをいう）および下請事業者（関係請負人）の多数の労働者が、同一場所で混在して作業が行われる。この**混在作業から発生する労働災害を防止するため、常時50人以上の労働者が従事する事業場については、特定元方事業者**（元方事業者のうち、建設業または造船業の事業（「特定事業」という）を行う者をいう）は、統括安全衛生責任者を選任しなければならない（法第15条）。

Ⅰ．統括安全衛生責任者の職務

元方安全衛生管理者の指揮をするとともに次の事項（法第30条第1項）を統括管理する（法第15条、第30条）。

- **協議組織の設置および運営を行うこと**
- **作業間の連絡および調整を行うこと**

- **作業場所を巡視すること**
- **関係請負人が行う労働者の安全または衛生のための教育に対する指導および援助を行うこと**

これだけは覚える

元方安全衛生管理者といえば…統括安全衛生責任者が選任する。

②元方安全衛生管理者

統括安全衛生責任者を選任しなければならない事業場には、統括安全衛生責任者の指揮を受け、その統括管理すべき事項のうち安全に関する技術的事項を管理するものとして**元方安全衛生管理者を選任しなければならない**（法第15条の2）。

Ⅰ．元方安全衛生管理者の職務

元方安全衛生管理者は、統括安全衛生責任者の指揮を受け、法第30条第1項の業務（統括安全衛生責任者の行う事項）のうち技術的事項を管理しなければならない。

元方安全衛生管理者には、作業が同一場所において行われることによって生ずる労働災害を防止するため必要な措置をなし得る権限が与えられている。

これだけは覚える

安全衛生責任者といえば…職方の代表で統括安全衛生責任者（元請の所長）と職方との間に入り調整する役割。

③安全衛生責任者

統括安全衛生責任者を選任すべき事業者以外の請負人は、安全衛生責任者を選任しなければならない（法第16条）。

Ⅰ．安全衛生責任者の職務

- **統括安全衛生責任者との連絡および統括安全衛生責任者から連絡を受けた事項の関係者への連絡を行うこと**
- 統括安全衛生責任者からの連絡事項の実施について管理すること
- 請負人が作成する作業計画等について、統括安全衛生責任者と調整を行うこと
- 混在作業による危険の有無を確認すること
- 請負人が仕事の一部を後次の請負人に請け負わせる場合には、その請負人の安全衛生責任者と連絡調整を行うこと

・安全衛生教育は、労働者が安全で衛生的な業務を遂行しながら事業場における労働災害を防止するために行われる教育のこと。法によって定められているため、事業者には実施が義務付けられている。

例題6　令和3年度　2級建築施工管理技術検定（後期）第一次検定問題〔No.48〕 

事業者が，新に職務に就くことになった職長に対して行う安全衛生教育に関する事項として，「労働安全衛生法」上，**定めらていないもの**はどれか。

ただし，作業主任者を除くものとする。

1. 労働者の配置に関すること
2. 異常時等における措置に関すること
3. 危険性又は有害性等の調査に関すること
4. 作業環境測定の実施に関すること

正解：4

ワンポイントアドバイス　作業環境測定の実施に関することは労働安全衛生法上、定められていない。安全衛生教育に関する問題で、毎回のように出題されている

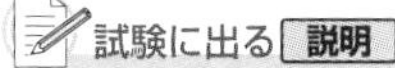

R3後、R3前
【過去9試験で2回】

8.5 騒音規制法

騒音規制法とは、建設現場内で発生する騒音を制限して、現場周辺の近隣住民に被害が発生しないようにするための法律である。

(1)目的

この法律は、工場および事業場における事業活動ならびに建設工事の施工にともなって発生する相当範囲にわたる騒音について必要な規制を行うとともに、自動車騒音にかかわる許容限度を定めることにより、生活環境を保全し、国民の健康を保護することを目的としている（法第1条）。

この目的を達成するため、住民の生活環境をおびやかす

騒音発生源を指定し、指定を受けた施設や建設作業を行う者に届出義務を課し、基準規制を守らせ、勧告や命令に従わせることにより必要な規制を行っている。

(2) 特定建設作業

これだけは覚える

特定建設作業とは…騒音、振動が発生する作業。

この法律で規制対象とする「建設工事にともなって発生する相当範囲にわたる騒音」の発生源として、以下の8種類の「著しい騒音を発生する作業」で、2日以上にわたるものを「特定建設作業」に指定している（法第2条第3項、令第2条）。

①杭打機（もんけんは除く）、杭打機（アースオーガーは除く）
②削岩機を使用する作業（1日における作業に係る2地点間の最大距離が50mを越えて移動する作業は除く）
③定格出力80kW以上のバックホウの作業
④定格出力40kW以上のブルドーザーの作業
⑤定格出力70kW以上のトラクターショベルの作業
⑥鋲（びょう）打機の作業
⑦空気圧縮機の作業
⑧混練容量0.45m^{3}以上のコンクリートプラントを設けて行う作業

(3) 特定建設作業の届出

これだけは覚える

特定建設作業の届出といえば…7日前までに市町村長に提出。1日で終われる場合は不要。

都道府県知事が指定した区域内で、特定建設作業をともなう建設工事を施工しようとするときは、特定建設作業開始の日の7日前までに、市町村長に次の事項等を所定の様式により届け出なければならない。ただし、災害その他非常の事態の発生により特定建設作業を緊急に実施しなければならない場合には、届出をすることができる状態になった時点でできるだけ速やかに届出をしなければならない（法第14条、則第10条）。

この届出は、特定建設作業を直接実施する下請業者ではなく建設工事の元請業者が届け出ることとなっている。これは、工事全体を指揮、調整して現場の総合的な管理を行う元請業者が、特定建設作業の実施時期、内容等を正確に把握していることによる。

(4) 特定建設作業の規制基準

これだけは覚える

騒音の規制基準といえば…85dB以下。

これだけは覚える

騒音の測定といえば…敷地の境界線上で測定する。

特定建設作業の騒音の大きさは、当該特定作業を行っている敷地の境界線上での測定で85デシベル以下とされている。また、深夜の作業禁止の時間帯、1日の作業時間数は地域によって異なっているが、これは第1号地域が特に静穏を必要とする地域であるからである。

なお、災害その他非常事態発生により特定建設作業を緊急に行う場合、および人命または身体の危険防止のため特に特定建設作業を行う必要がある場合は、作業時間、作業期間、作業禁止日の規制が除外される。

8.6 振動規制法

振動規制法とは、建設現場内で発生する振動を制限して、現場周辺の近隣住民に被害が発生しないようにするための法律である。

(1) 目的

この法律は、工場および事業場における事業活動ならびに建設工事にともなって発生する相当範囲にわたる振動について必要な規制を行うとともに、道路交通振動にかかわる要請の措置を定めることにより、生活環境を保全し、国民の健康を保護することを目的としている（法第1条）。

騒音発生源と振動発生源とは同じものである場合がほとんどであるため、法律の内容規制方法等は、騒音規制法とほぼ同様なものとなっている。

(2) 特定建設作業

この法律でも、建設工事として行われる作業のうちで著しい振動を発生させる作業を特定建設作業として指定し、規制することとしている。特定建設作業として政令で指定しているものは、4種類の作業で2日以上にわたるものである。

(3) 特定建設作業の届出

指定区域内において特定建設作業をともなう建設工事を施工しようとする者（元請業者）は、作業開始の7日前までに市町村長に届け出なければならない。

届出は、所定の様式に建設する施設または工作物の種類、特定建設作業の場所・実施期間、振動の防止方法、特定建設作業の種類と使用機械の名称・形式、作業の開始および終了時刻等の事項を記載し、特定建設作業の工程が明示された建設工事の工程表と作業場所付近の見取図を添付しなければならない。

なお、災害その他非常事態の発生により、特定建設作業を緊急に行う必要が生じた場合には、届出ができる状態になった時点で、できるだけ速やかに届け出なければならない（法第14条、則第10条）。

(4) 特定作業に伴う振動規制基準

特定建設作業に伴って発生する振動の規制基準は振動規制法施行規則により、振動の大きさについては75デシベル以下とされ、深夜作業の禁止、1日の作業時間の制限、6日以上連続作業の禁止、日曜日または休日における作業の禁止等が定められている。

また、騒音規制法同様、災害時等のため緊急に作業を行わなければならない場合や、人命の危険防止のために行う作業については、適用を除外されている。

これだけは覚える

振動規制基準といえば…75dB以下。

(5) 作業主任者の選任すべき作業

作業の区分に応じて選任すべき作業主任者が定められている。

表8-3　作業主任者の選任すべき作業

作業主任者	選任すべき作業
①地山掘削作業主任者	掘削面の高さが2m以上となる地山掘削の作業。
②足場の組立等作業主任者	吊り足場、張出し足場又は高さが5m以上の構造の足場の組立て、解体又は変更の作業。
③建築物等の鉄骨の組立て等作業主任者	建築物の骨組み、塔など高さが5m以上の金属製の部材の組立て、解体又は変更の作業。
④木造建築物の組立て等作業主任者	軒の高さが5m以上の木造建築物の構造部材の組立又はこれに伴う屋根下地若しくは外壁下地の取付けの作業。
⑤有機溶剤作業主任者	屋内作業等で有機溶剤、有機溶剤を5%超えて含有するものを取り扱う業務等の作業。
⑥酸素欠乏危険作業主任者	酸素欠乏危険場所における作業。

2 第2部 第二次検定対策

第1章 施工経験記述

施工経験記述は、実地試験の中で重要視されており、「主任技術者として、建築材料の強度等を正確に把握し、工事の目的物に所要の強度、外観等を得るために必要な措置を適切に行うことができる応用能力を有する」。また「設計図書に基づいて、工事現場における施工計画を適切に作成し、及び施工図を適正に作成することができる」能力が問われる。

採点の基準

この問題では、設問に対する記述の内容で、受験者が実際に施工管理をしたかどうかが審査され、以下のような視点に基づいて採点が行われる。

・問題に対して適切な内容を記述しているか（知識）
・工事概要であげた内容と具体的な記述が合致しているか（経験）
・技術的な用語や数値が適切に盛り込まれているか（文章力）

出題のパターン

〔問題1〕は、受験者の実務経験の有無と施工管理能力が判定される問題である。過去10年間においては、施工計画**4問**（令和3年度、令和元年度、平成28年度、平成25年度）、工程管理**3問**（令和2年度、平成29年度、平成26年度）、品質管理**3問**（令和4年度、平成30年度、平成27年度）、建設副産物対策**1問**（令和元年度）等の指定された課題に関して、留意した事項、実施した処置・対策、および現場で行った取組みや、活動等について具体的に記述する。この4項目におよそ絞って対策を練ることが最適である。

〔問題2〕では、工事経験に照らして、与えられた課題に関する自身の考えや意見等の記述等が求められる。

表1-1：【参考】過去10年間の施工経験記述問題

年　度	設問内容	
令和4年度	1．建築工事の経験を照らして、施工の品質を確保するために確認すべきことを記述する。	それぞれ2つ
	2．建築工事の経験を照らして、施工の品質を確保するために確認すべきことを記述する。	それぞれ2つ
令和3年度	1．施工計画にあたり3つの項目を選び、現場の状況と施工計画時に検討したこと、検討した理由と実施したことを具体的に記述する。	それぞれ3つ
	2．経験に照らして、品質低下防止及び工程遅延防止について、施工計画時に検討することの理由、防止対策と留意事項を具体的に記述する。	それぞれ2つ
令和2年度	1．工程管理にあたり工事を遅延させないために行った事例3つについて、着目したこととその理由、行った対策について具体的に記述する。	それぞれ3つ
	2．経験に照らして、工期を短縮するための有効な方法や手段を2つあげ、さらにそれらがもたらす工期短縮以外の工事への良い影響を具体的に記述する。	それぞれ2つ
令和元年度	1．施工計画にあたり3つの項目を選び、事前に検討したことと実際に行ったこと、何故検討する必要があったか、その理由を具体的に記述する。	それぞれ3つ
	2．経験に照らして、現場で発生する産業廃棄物を減らすための有効な方法と手段と、実際に行う場合に留意すべき実際に行う場合に留意すべきことを、2つ具体的に記述する。	それぞれ2つ
平成30年	1．品質を確保するため防ごうとした不具合とその要因	それぞれ3つ
	2．品質の良い建物を造るための品質管理の方法や手段と、その方法や手段が有効だと考える理由	それぞれ2つ
平成29年	1．工程を管理するうえで、手配や配置する際、留意した内容と着目した理由	それぞれ3つ
	2．工期を短縮するための有効な方法や手段とそれらがもたらす工期短縮以外の工事への良い影響	それぞれ2つ

年　度	設問内容	
平成28年	1. 事前に検討したこととその結果行ったこと、何故そうしたのかその理由	それぞれ3つ
	2. 検討すべき事項とその理由及び対応策	それぞれ2つ
平成27年	1. 施工の品質低下を防止するため、留意したことと何故それに留意したのかその理由と実際に行った対策	それぞれ3つ
	2. 品質の良い建物を造るための品質管理の方法とそう考える理由	それぞれ2つ
平成26年	1. 工期を遅延させる要因とその理由、遅延させないための実施内容	それぞれ3つ
	2. 施工の合理化の方法と、工期短縮となる理由と派生する効果	それぞれ2つ
平成25年	1. 事前に検討した内容とその理由	それぞれ3つ
	2. 作業員に周知徹底するための方法と確認する方法	それぞれ2つ

例題 1　令和4年度　2級建築施工管理技術検定　第二次検定問題〔問題1〕

あなたが経験した**建築工事**のうち，あなたの受検種別に係る工事の中から，**品質管理**を行った工事を**1つ**選び，工事概要を具体的に記入したうえで、次の1．及び2．の問いに答えなさい。

なお、**建築工事**とは，建築基準法に定める建築物に係る工事とし，建築設備工事を除くものとする。

〔工事概要〕

イ．工事名

ロ．工事場所

ハ．工事の内容（新築等の場合：建物用途，構造，階数，延べ面積又は施工数量，主な外部仕上げ，主要室の内部仕上げ
改修等の場合：建物用途、建物規模、主な改修内容及び施工数量）

ニ．工期等（工期又は工事に従事した期間を年号又は西暦で年月まで記入）

ホ．あなたの立場

ヘ．あなたの業務内容

1．工事概要であげた工事であなたが担当した工種において，**施工の品質低下を防止するため**に取り組んだ事例を**3つ**選び，次の①から③について具体的に記述しなさい。

ただし，①は同一でもよいが，あなたの受検種別に係る内容とし，②及び③はそれぞれ異なる内容とする。また，③の 行 ったことは「設計図書どおりに施工した。」等行ったことが具体的に記述されていないものや品質管理以外について記述したものは不可とする。

① **工種名又は作業名等**

② 品質低下につながる**不具合**とそう**考えた理由**

③ ②の不具合を発生させないために**行ったこと**とその際特に**留意したこと**

2. 工事概要であげた工事及び受検種別にかかわらず，あなたの今日までの建築工事の経験を踏まえて，施工の品質を確保するために確認すべきこととして，次の①から③をそれぞれ2つ具体的に記述しなさい。

ただし，①は同一でもよいが，②及び③はそれぞれ異なる内容とする。また、②及び③は「設計図書どおりであることを確認した。」等確認した内容が具体的に記述されていないものや，1．の②及び③と同じ内容を記述したものは不可とする。

① **工種名又は作業名等**
② ①の**着手時の確認事項とその理由**
③ ①の**施工中又は完了時の確認事項とその理由**

解答例1 〔工事概要〕

建築 躯体 仕上げ

工事概要は、枠名に必ず収まるように簡潔に記述する。

イ．工事名は、必ず固有名詞で書くこと。新築工事、改修工事等とし、手直し工事は書かない。
ロ．工事場所は、番地まで詳細に記入する。
ハ．工事の内容は、以下のように書く。
（1）新築の場合
A．建物用途：（例）共同住宅／事務所ビル／病院 など
B．構造：（例）木造／鉄筋コンクリート造／鉄骨造 など
C．階数：（例）地上５階建て、地下１階／地上２階建て など
D．延べ面積（元請負業者の場合）：各階床の合計面積
施工数量（下請負業者の場合）：（例）外壁磁器質タイル張り 1,230m^2 ／室内床プラスチックタイル張り 765m^2 など
E．主な外部仕上げ：（例）外壁磁器質タイル張り／外壁吹付タイル塗装 など

F. 主要室の内部仕上げ：（例）壁ビニルクロス張り／床プラスチックタイル張り など

（2）改修等の場合

A. 建物用途：（例）共同住宅／住居／学校 など

B. 主な改修内容：（例）屋上防水張り替え一式／外壁タイル張り替え一式 など

C. 施工数量：（例）屋上アスファルト防水560m^2／外壁タイル1,230m^2 など

建物規模：（例）鉄骨造３階建て／鉄筋コンクリート造５階建て など

ニ. 工期は、「令和４年４月〜令和４年12月」のように記入する。西暦でもかまわない。できるだけ平成以降の新しい建物について記入した方がよい。工事が完全に竣工した建物について書くこと。

ホ. あなたの立場は、以下のように書く。

元請負業者の場合：（例）工事監督／工事主任／安全担当員／工事係員 など

下請負業者の場合：（例）現場監督／塗装工事の工事監理全般、内装工事の品質管理／工程管理担当 など、どの業種のどの立場かを明確にする。

へ. 業務内容 は、以下のように書く。

元請負業者の場合：（例）工程管理／工事監理／安全管理／品質管理 など（工事主任や現場監督）

：（例）総合管理 など（現場代理人、工事所長）

：（例）安全管理 など（安全担当者）

下請負業者の場合：（例）内装工事主任／塗装工事主任 など

記述例1 建築

イ．工事名	大阪新中島ビル新築工事
ロ．工事場所	大阪府大阪市西淀川区大和田8丁目12-9
ハ．工事の内容	事務所ビル、RC造、7階建て、延べ面積1,350m^2 主な外部仕上げ：吹付タイル 主要室の内部仕上げ： 床はビニルシート、壁はビニルクロス張り
ニ．工期	令和3年4月～令和3年12月（工期9ヶ月）
ホ．あなたの立場	現場主任
ヘ．業務内容	工程管理・安全管理

ワンポイントアドバイス　工事場所の番地は最後まで明確に記入すること。

記述例2 躯体

イ．工事名	東京新中央マンション新築工事
ロ．工事場所	東京都千代田区千代田1番地3-9
ハ．工事の内容	共同住宅、SRC造、8階建て、延べ面積1,550m^2 主な外部仕上げ：磁器質タイル張り 主要室の内部仕上げ： 床はフローリング張り、壁は塗装仕上げ
ニ．工期	令和2年9月～令和3年8月（工期12ヶ月）
ホ．あなたの立場	現場監督員
ヘ．業務内容	工程管理・安全管理

ワンポイントアドバイス　工期はxx年xx月まで明確に記入すること。

記述例3 仕上げ

イ．工事名	福岡マンション外壁改修工事
ロ．工事場所	福岡県福岡市中央区中野町12-23
ハ．工事の内容	共同住宅、S造、6階建て、 外壁タイル施工面積2,425m²
	主な外部仕上げ：磁器質タイル張り
	主要室の内部仕上げ： Pタイル張り、壁は塗装仕上げ
ニ．工期	令和3年9月～令和4年8月（工期12ヶ月）
ホ．あなたの立場	現場主任（タイル工事）
ヘ．業務内容	工事管理全般

ワンポイントアドバイス　外壁タイルの施工面積を明確に記入すること。

解答例1　1. 施工の品質低下を防止するために取り組んだ事例　建築　躯体　仕上げ

設計図や仕様書通りに進捗しているかといった、事案と合わせて、品質評価の対象となる項目ごとに品質を確保していることを確認することが求められる。

事例１　コンクリート工事 建築 躯体

①工種名又は作業名等	夏場コンクリートのコンクリート内水分不足による発現強度低下。
②品質低下につながる不具合とそう考えた理由	夏場はコンクリートの水分が失われやすい、強度低下やひび割れにつながるため。
③②の不具合を発生させないために行ったこととその際特に留意したこと	コンクリート打設後に自動散水装置を設置し、定期的な散水を行った。散水は、コンクリート打設後７日観とし、頻度は設計者の指示に従った。

ワンポイントアドバイス　コンクリート工事は、気温が15℃～25℃以下で作業しやすい。

事例２　鉄筋工事 建築 躯体

①工種名又は作業名等	鉄筋の各所におけるかぶり厚さによる耐久性等への影響。
②品質低下につながる不具合とそう考えた理由	かぶり厚さの不足はコンクリートのひび割れなどの耐久性に影響し、また鉄筋の腐食にもつながるため。
③②の不具合を発生させないために行ったこととその際特に留意したこと	所定のかぶり厚さ（40mm）を確保するためにスペーサーを1mに１個の設置を行い、写真で撮影記録を残した上で施工を行った。

ワンポイントアドバイス　施工管理者は工事管理者とともに、かぶり厚さの計測、目視検査を行い、写真撮影を行う。

事例3　鉄筋工事 建築 躯体

①工種名又は作業名等	トルシア型ボルトの接合部の耐力低下。
②品質低下につながる不具合とそう考えた理由	接合部の標準ボルト張力が得られない場合は、構造耐力が得られないため。
③②の不具合を発生させないために行ったこととその際特に留意したこと	全数マーキングを行い、本締め後マーキングのずれとピンテールの破断を目視で検査し、共回りや軸回りのないことを確認した。

ワンポイントアドバイス　施工管理者は工事管理者とともに、マーキングのずれを目視検査で行い、写真撮影を行う。

事例4　防水工事 建築 仕上げ

①工種名又は作業名等	防水層の施工不良による雨漏り。
②品質低下につながる不具合とそう考えた理由	防水は建物の寿命を大きく左右する、特に重要な工程であり、不良があってはならないため。
③②の不具合を発生させないために行ったこととその際特に留意したこと	アスファルトプライマーを塗布する前に水分計により含水率の測定を行った。測定は監理者の立合いの元とし、8パーセント以下を確認した。

ワンポイントアドバイス　下地の乾燥度によってアスファルトプライマーの不陸が生じる。

事例5　内装仕上工事 建築 仕上げ

①工種名又は作業名等	無垢フローリングの伸縮による隙間や欠けの発生。
②品質低下につながる不具合とそう考えた理由	無垢フローリングはその特性上、湿気を吸いやすく、伸び縮みするため。
③②の不具合を発生させないために行ったこととその際特に留意したこと	搬入に当っては晴れの日に行うこととし、屋内保管とした。保管中も湿気を吸ってしまう場合があるので、風通しのよい場所を選定した。

ワンポイントアドバイス　完成して不陸が生じてしまうと工事は最初からやり直しはできない。

事例6　内装仕上工事 建築 仕上げ

①工種名又は作業名等	ビニル床シートの熱溶接部分の耐久性確保。
②品質低下につながる不具合とそう考えた理由	熱溶接の精度が悪いとシートのはがれなどにつながるため。
③②の不具合を発生させないために行ったこととその際特に留意したこと	160℃～200℃による熱溶接機で行い、余盛は冷却後にカットして継目の耐久性を確保した。

ワンポイントアドバイス　工事の不備は、雨漏りの原因になる。

解答例1　2. 施工の品質を確保するために確認すべきこと 建築 躯体 仕上げ

施工の品質を確保するために、作業員が携わった出来形分の施工確認を随時行い、その都度記録を残し、竣工時に提出する書類にまとめる。これで、仕様書に記載された資材・数などを満たしていることが確認できる。

事例1 建築 躯体

①工種名又は作業名等	コンクリート工事
②①の着手時の確認事項とその理由	コンクリート打設に当っては、練り混ぜから打設完了まで90分以内で行えるように生コン工場の距離を確認した。躯体コンクリート打設が夏場にかかるため、工場での練り混ぜから打設完了までの時間が90分を超えないようにする必要があったため。
③①の施工中又は完了時の確認事項とその理由	打設中は荷受け伝票による出荷のコントロールを行い、運搬時間を随時確認する。打設に合わせて生コンの出荷調整を行わなければ、打設までの時間が長くなってしまい、90分を超える恐れがあるため。

ワンポイントアドバイス 時間厳守しないと、コールドジョイントの発生になり、コンクリートの耐久性が損なわれる。

事例2 建築 躯体

①工種名又は作業名等	鉄筋工事
②①の着手時の確認事項とその理由	かぶり厚さの不足はコンクリートのひび割れなどの耐久性に影響し、また鉄筋の腐食にもつながるため。
③①の施工中又は完了時の確認事項とその理由	コンクリート打設前にかぶり厚さの目視点検や写真撮影を行うようにする。作業員による作業精度の違いを抑制することができるため。

ワンポイントアドバイス 各作業員が、作業方法や管理手順について建築工事の工種ごとに心掛ける。

事例3 建築 仕上げ

①工種名又は作業名等	タイル工事
②①の着手時の確認事項とその理由	タイル張りの前に下地の凹凸やゴミ・汚れがないか確認した。タイルの接着強度が低下する恐れがあり、下地の確認は重要であると考えたため。
③①の施工中又は完了時の確認事項とその理由	タイル施工前には下地の高圧洗浄を行い、施工完了時には引張試験を行い、0.4N／㎟を確認する。タイルがきちんと接着されているかを確認しなければならない。

ワンポイントアドバイス 特に外壁にタイル張りを行うときには施工管理者は、工事監理者と伴に検査を行う。

事例4 建築 仕上げ

①工種名又は作業名等	左官工事
②①の着手時の確認事項とその理由	外壁のセメントモルタル工事は、ひび割れができてしまうとそこから雨水が入り込み、内部の腐食や雨漏りの原因になる恐れがあるため、下地の乾燥状態、不陸の状態を確認した。
③①の施工中又は完了時の確認事項とその理由	下地の乾燥に関しては、含水計によって確認し、不陸の確認は、凹凸を目視、または機械を使って確認する。

ワンポイントアドバイス 左官工事は下地の乾燥状態と不陸の状態が重要視される。

例題2　令和2年度　2級建築施工管理技術検定　実地試験〔問題1〕

あなたが経験した**建築工事**のうち，あなたの受検種別に係る工事の中から，**工程の管理**を行った工事を**1つ**選び，工事概要を具体的に記述したうえで，次の1．から2．の問いに答えなさい。

なお，**建築工事**とは，建築基準法に定める建築物に係る工事とし，建築設備工事を除くものとする。

〔工事概要〕

イ．工事名

ロ．工事場所

ハ．工事の内容（新築等の場合：建築用途，構造，階数，延べ面積又は施工数量，主な外部仕上げ，主要室の内部仕上げ
改修等の場合：建築用途，建物規模，主な改修内容及び施工数量）

ニ．工期（年号又は西暦で年月まで記入）

ホ．あなたの立場

へ．業務内容

1．工事概要であげた工事であなたが担当した工種において，事例を**3つ**答えなさい。

その事例ごとに項目Aのa．からc．の中から項目を選び，それらを手配や配置，施工をする際，あなたが**工事を遅延させない**ためにどのようなことに努めたのか，項目Bの①から③について具体的に記述しなさい。

なお，選んだ項目Aは○で囲み，3つの事例は同じ項目を選んでもよいものとする。

また，項目Bの①**工種名**は同じでもよいが，②**着目したこと**と**その理由**と③**行った対策**は異なる内容の記述とし，品質管理のみ，安全管理のみ，コストのみについて記述したものは不可とする。

項目A

a．材料（本工事材料，仮設材料）

b. 工事用機械・器具・設備
c. 作業員（交通誘導警備員は除く）

項目B
①**工種名**
②工事を遅延させるかもしれないと**着目したこと**と**その理由**
③②の遅延を防ぐために実際に**行った対策**

2. 工事概要であげた工事及び受検種別にかかわらず，あなたの今日までの建築工事の経験に照らし，工程を短縮するために**有効な方法や手段**を**2つ**具体的に記述しなさい。また，それらがもたらす工程の短縮以外の工事への**良い影響**を，それぞれ具体的に記述しなさい。

ただし，**有効な方法や手段**が同一のもの及び1.の③**行った対策**と同一のものは不可とする。

解答例2 〔工事概要〕

建築　躯体　仕上げ

工事概要は例題1同様。受験申込に記入した工事経歴と同じ内容を記入すること。

解答例2　1. 工事を遅延させないためにどのようなことに努めたのか　建築　躯体　仕上げ

多くの工種が交錯する建築工事の現場施工にあたって、工程管理を行うには、あらかじめ施工上の計画（工法の検討、材料や工事用の資機材の手配、作業員の手配、コストなど）を行う。

事例1　建築　躯体

項目A：a. 材料（本工事材料，仮設材料）

項目B：

①工種名	外壁ALCパネル工事
②着目したこととその理由	外壁ALCパネル工事の複層塗材仕上げ、雨の多い6月末～7月初旬の工程で、塗装～乾燥期間を含めて工期遅延のおそれがあったため。
③遅延を防ぐために実際に行った対策	現場での塗装仕上げをやめてALCパネル工場の場所を利用して、温湿度の安定した中での複層塗材仕上げを実施して、現場では設置のみとすることで、天候に左右されず工期を厳守した。

ワンポイントアドバイス　ALC版のみならず外壁塗装仕上げは、工場で塗材仕上して現場へ搬入する。

事例2 建築 躯体

項目A：b. 工事用機械・器具・設備

項目B：

①工種名	鉄筋工事
②着目したこととその理由	コロナ禍により工事が一時的にストップし全体的に工程促進が必要な中、鉄筋工事がこの梅雨の時期で、雨天にも影響せずに工事を進める必要があったため。
③遅延を防ぐために実際に行った対策	梁および柱筋は工場での先組工法を採用し、現場に搬入の上レッカーで吊り上げた。現場では継手は機械式で対応することにより、雨天でも工事が可能となり工期遅延を防げた。

ワンポイントアドバイス 工場での先組工法は、施工の合理化、安全管理面でも推奨される。

事例3 建築 躯体

項目A：c. 作業員（交通誘導警備員は除く）

項目B：

①工種名	内装工事
②着目したこととその理由	現場周辺で建築工事が多数同時に実施されており、施工期間が重なるので、内装工事で多用するせっこうボード工等の不足が考えられ、工期が遅延することが想定された。
③遅延を防ぐために実際に行った対策	現場周辺の専門会社に事前に人員の確保を依頼し、宿泊施設を確保した。現場では、食堂等を設置し生活環境を整備し、工程遅延を防いだ。

ワンポイントアドバイス 現場での人手不足は顕著であり、事前準備の段階で考慮する。

事例４ 建築 仕上げ

項目Ａ：a．材料（本工事材料，仮設材料）

項目Ｂ：

①工種名	型枠工事（基礎、地中梁）
②着目したこととその理由	基礎、地中梁解体において、型枠を在来工法で施工すると、打設後に型枠を解体しないと埋戻しを行えない。これにより、工程が遅延した場合に回復することができないため。
③遅延を防ぐために実際に行った対策	合板型枠の代わりに、建築技術審査証明を受けたラス型枠を使用した。これにより型枠の解体が不要となり、速やかに埋戻し作業を始めることができたため、工程遅延が防げた。

ワンポイントアドバイス　躯体工事は、在来工法から新工法。仕上工事は、湿式工法から乾式方法。

事例５ 建築 仕上げ

項目Ａ：b．工事用機械・器具・設備

項目Ｂ：

①工種名	鉄骨工事（建方）
②着目したこととその理由	敷地が狭く、鉄骨はトラックから直接トラッククレーンで吊り上げ、さらに本締め用足場は空中で組み立てることとなり、作業効率が悪く、工期を遅延させる可能性があったため。
③遅延を防ぐために実際に行った対策	１階床を補強してクレーンを建物内に入れ荷取りスペースを確保し、地組みスタンドを２基作成して本締め用足場や梁筋を地組みすることで、作業効率を上げ、遅延を防いだ。

ワンポイントアドバイス　空中作業から地組作業をすることにより、作業員の安全効率、作業の精度向上になる。

事例6 建築 仕上げ

項目A：c. 作業員（交通誘導警備員は除く）

項目B：

①工種名	木工事
②着目したこととその理由	各教室の木製オープン棚はすべて部材からの現場加工組立だが、設置時期が3月下旬の工程となっており、1年での工事の最も繁忙期であり、熟練工の確保が難しいと判断したため。
③遅延を防ぐために実際に行った対策	教室ごとに採寸を実施した上ですべて工場製作にて発注し、完成品の状態で搬入を行い、現場では組立および連結のみとしたので熟練工が不要となり、工事の遅延を防いだ。

ワンポイントアドバイス 造作材等は、工場製作により精度向上が見られ、現場再作に伴う廃棄物がなくなる。

解答例2 2. 工程を短縮するために有効な方法や手段とその影響

工程を短縮するには、構法を変え無駄な作業を減らすことが有効である。例えば、入手しやすい資材や事前処理が不要な資材を使うことで、所要時間の削減が可能である。また、工業化やユニット化などで現場での工数を減らしたり、天候による工期の遅れを防ぐために工夫したりすることも有効である。

事例1

有効な方法や手段	鋼製建具の改修による交換工事は既存枠・建具の交換ではなく、枠は解体せずに新たに枠を被せるカバー工法で建具改修を行うことにより工期短縮が可能となる。
良い影響	枠の解体がなくなることにより、枠解体に伴う枠の発生材および周辺壁の補修が不要となり、廃棄物の抑制および費用の削減にもつながる。

ワンポイントアドバイス　現場での作業を減らすことにより、工期短縮につながり、後続作業にゆとりができる。

事例2

有効な方法や手段	アスファルト防水改修工事は改質アスファルト防水・トーチ工法に変更することで、既存の防水層の撤去が不要で下地処理のみ行うことにより新規の防水を被せることで工期短縮となる。
良い影響	溶融釜の準備が不要になり、煙や臭気の発生が抑えられCO2の削減につながるだけでなく、既存防水層の撤去がなくなることで発生材の抑制にもつながる。

ワンポイントアドバイス　市街地におけるアスファルト防水工事では、トーチ工法が使用される。

例題3　令和元年度　2級建築施工管理技術検定 実地試験〔問題1〕

あなたが経験した**建築工事**のうち，あなたの受検種別に係る工事の中から，**施工の計画**を行った工事を**1つ**選び，工事概要を具体的に記入したうえで，次の1．から2．の問いに答えなさい。

なお，**建築工事**とは，建築基準法に定める建築物に係る工事とし，建築設備工事を除くものとする。

〔工事概要〕

イ．工事名

ロ．工事場所

ハ．工事の内容（新築等の場合：建築用途，構造，階数，延べ面積又は施工数量，主な外部仕上げ，主要室の内部仕上げ
改修等の場合：建築用途，建築規模，主な改修内容及び施工数量）

ニ．工期（年号又は西暦で年月まで記入）

ホ．あなたの立場

ヘ．業務内容

1．工事概要であげた工事であなたが担当した工種において，次の項目a．からe．のうちから**異なる項目**を **3つ**選び，施工の計画に当たり，①**事前に検討したこと**とその検討をもとに実際に**行ったこと**，②何故検討する必要があったのか**その理由**を，**工種名**をあげて具体的に記述しなさい。

ただし，①事前に検討したことと実際に行ったことは，選んだ各項目ごとにそれぞれ異なる内容とし，コストについてのみの記述は不可とする。

なお，工種名については，同一の工種名でなくてもよい。

項目　a．施工方法又は作業方法

b．資材の搬入又は荷揚げの方法

c．資材の保管又は仮置きの方法

d．施工中又は施工後の養生の方法（ただし，労働者の安全に関する養生は除く）

e．試験又は検査の方法と時期

2. 工事概要であげた工事及び受検種別にかかわらず，あなたの今日までの建築工事の経験に照らし，建設現場で発生する産業廃棄物を減らすため，①**有効な方法や手段**と，②その方法や手段を実際に行う場合に**留意すべきこと**を，**2つ**の事例について具体的に記述しなさい。

ただし，方法や手段が同一の記述及び 1. の実際に行ったことと同一の記述は不可とする。

解答例3 〔工事概要〕

建築 躯体 仕上げ

工事概要は例題1同様。受験申込に記入した工事経歴と同じ内容を記入すること。

解答例3 1. 施工の計画に当たり事前に検討したこと、その理由

施工の計画にあたり事前に検討することは、次の事項に留意する。

1. 発注者の要求する品質を確保し、同時に安全施工を基本とした計画とする
2. 過去の施工法に捉われず、新工法・新技術の採用を検討する
3. 1つの計画のみではなく、代案を考えて比較検討して最良の計画を採用する
4. 施工計画と実行予算の整合性を図る

記述例1 建築 躯体

項目：a. 施工方法又は作業方法

工種名	鉄筋工事
①事前に検討したこと	鉄筋工事の継手は当初はガス圧接継手であったが、施工が6月の梅雨の時期となり工事の遅延のおそれがあったので、工事監理者の承認を得て、機械式継手に変更した。
②何故検討する必要があったのかその理由	ガス圧接継手は天気が雨の時は施工できないが、機械式継手は天候に左右される事なく施工が可能なため。

ワンポイントアドバイス　機械式継手は、工期短縮につながる。

記述例2 建築 躯体

項目：b. 資材の搬入又は荷揚げの方法

工種名	型枠工事
①事前に検討したこと	型枠の搬入について検討した。
②何故検討する必要があったのかその理由	敷地に余裕がないため、柱・梁・型枠等を工場で加工し、組立て後に現場に搬入し、クレーンでそのまま吊り上げて、設置した。

ワンポイントアドバイス　工場で組み立てることによってすぐに荷揚げできる。

記述例3 建築 躯体

項目：c. 資材の保管又は仮置きの方法

工種名	土工事
①事前に検討したこと	掘削した土を、埋戻し土に利用すること。
②何故検討する必要があったのかその理由	掘削の作業を行うときは、物体の飛来または落下による労働者の危険を防止するため、当該作業に従事する労働者に保護帽を着用させなければならない。

ワンポイントアドバイス　土を仮置きしたことで工期短縮にもつながる。

記述例4 建築 躯体

項目：d. 施工中又は施工後の養生の方法（ただし，労働者の安全に関する養生は除く）

工種名	コンクリート工事
①事前に検討したこと	夏場の暑い時期に施工したコンクリートの床スラブは、施工後速やかに養生マットによる湿潤養生を7日間行い、コンクリートの品質を確保した。
②何故検討する必要があったのかその理由	夏場のコンクリート打設は直射日光や急激な乾燥により、コンクリート表面の乾燥収縮によるひび割れや、強度の発現にも影響するため。

ワンポイントアドバイス　コンクリートのひび割れ防止には有効な手段である。

記述例5 建築 躯体

項目：e. 試験又は検査の方法と時期

工種名	コンクリート工事
①事前に検討したこと	ミキサー車の荷下ろし時にスランプおよび空気量試験を行った。
②何故検討する必要があったのかその理由	試験値の合否確認により目的の品質の確保状況を知るため。

ワンポイントアドバイス スランプおよび空気量試験は、コンクリートの強度、耐久性の確保につながる。

記述例6 建築 仕上げ

項目：a. 施工方法又は作業方法

工種名	内装工事
①事前に検討したこと	ビニル床シートを、張り上げにおいて必要量よりも多めに切断し、24時間以上仮敷きをした。
②何故検討する必要があったのかその理由	ビニルシートは伸び縮みする性質があるので、仕上がり不良とならないため。

ワンポイントアドバイス ビニルシートは巻き癖をなくして作業を始める。

記述例７ 建築 仕上げ

項目：b. 資材の搬入又は荷揚げの方法

工種名	ウレタン塗膜防水工事
①事前に検討したこと	屋上の防水改修工事において、防水材を一斗缶での搬入ではなく、ウレタン圧送システムにより自動撹拌して圧送機にて荷上げを行った。
②何故検討する必要があったのかその理由	共同住宅内のエレベータは一機しかなく、朝の搬入時間帯は居住者の通勤・通学者のエレベータの利用と重なっており、効率的な搬入が難しいと予想されたため。

ワンポイントアドバイス 施工時必要な設備投入により効率的になる。

記述例８ 建築 仕上げ

項目：c. 資材の保管又は仮置きの方法

工種名	内装工事
①事前に検討したこと	工程を把握した上で、資材の保管方法は、早く使用する資材は上に積み、遅く使用する資材は下に積むようにした。
②何故検討する必要があったのかその理由	保管場所が少ない中でも効率的な作業が行えるようにするため。

ワンポイントアドバイス 資材管理の方法は、工期短縮と施工の合理化になる。

記述例9 建築 仕上げ

項目：d. 施工中又は施工後の養生の方法（ただし，労働者の安全に関する養生は除く）

工種名	左官工事
①事前に検討したこと	玄関の土間における左官工事後の外部からの損傷の恐れを検討し、厚めのシートによる養生を行った。
②何故検討する必要があったのかその理由	作業関係者が工具等を落としたりする可能性もあり、損傷を受ける可能性があるため。

ワンポイントアドバイス　左官工事後における仕上面の保護は重要視が必要。

記述例10 建築 仕上げ

項目：e. 試験又は検査の方法と時期

工種名	タイル工事
①事前に検討したこと	施工後２週間以上経過してから行ったタイルの接着力試験で、引張り接着強度が0.4N／mm^{2}以上であることを確認した。
②何故検討する必要があったのかその理由	設計図書に定められた確認試験であったため。

ワンポイントアドバイス　品質管理における客観的な数値は設計図書を基にする。

解答例3　2. 産業廃棄物を減らすため①有効な方法や手段と②留意すべきこと

産業廃棄物を減らすためには、作業所（工事現場）での3R活動を行う。1. リデュース：廃棄物になるものを発生させない・持ち込まない。2. リユース：資機材に繰り返し使う物を採用することで、廃棄物の発生を抑制する。3. リサイクル：できるだけ発生抑制した上で、どうしても発生した廃棄物を資源として再生する。

事例1

工種名：内装工事（軽量鉄骨下地プラスター仕上）

①有効な方法や手段	内装工事で軽量鉄骨下地材とプラスターボードについて、現場で切断加工した各端材は、それぞれ材料ごとに分別を徹底して、廃棄するのではなく再生利用を積極的に行う。
②その方法や手段を実際に行う場合に留意すべきこと	屋根のある場所に分別ヤードを設け、特にプラスターボードは雨に濡れないよう保管し、また各材料は異物が混じらないよう分別箇所を分かりやすく明示を行うよう留意する。

ワンポイントアドバイス　内装材の材料管理は、雨露を避ける。

事例2

工種名：コンクリート（床スラブ）

①有効な方法や手段	床スラブの合板型枠工事は工事監理者の承認を得てフラットデッキ工法に変更することにより、木製型枠の発生材を大幅に抑制が可能となる。
②その方法や手段を実際に行う場合に留意すべきこと	フラットデッキ型枠を使用する際は、施工時には所定のかかり代を確保し、割付け図面通りにフラットデッキを施工するよう留意する。

ワンポイントアドバイス　型枠の解体作業が必要ないフラットデッキ工法の採用は工期短縮につながる。

【建設現場で発生する産業廃棄物について】

(1) 廃棄物の特殊性

建設工事に伴って発生する廃棄物には、次のような特殊性がある。

・廃棄物の発生場所が一定ではない
・発生する量が膨大である
・廃棄物の種類が多様であり、混合状態で排出されることが多いが、的確に分別すれば再生利用が可能なものが多い
・廃棄物を取り扱う者が多数存在する

建設廃棄物の中の、木くず、がれき類などの解体廃棄物は不法投棄される量が多く、住民に産業廃棄物に対する不信感を生じさせる大きな要因となっているとして問題になっている。このような不信感を与えないためにも、廃棄物の適正処理を普段から心がけるようにする。

(2) 建設廃棄物の種類

建設廃棄物について、法律では、「土木建築工事であり建築物や工作物の新築・改築・解体工事に伴って発生する廃棄物」と定義されている。
建設廃棄物には、工事から直接排出される廃棄物と、建設現場、現場事務所などから排出される廃棄物がある。すなわち、産業廃棄物と事業系一般廃棄物の両方を含んでいる。これらはそれぞれ処分方法が異なるので、分別して排出、処分する。

建設廃棄物処理指針に示されている主な建設廃棄物の種類は以下の通り。

表1-2 建築廃棄物の分別表示と品目（例）

WOOD 木くず	**木くず** 不要木製型枠財、不要造作・建具材、木製梱包材など	CONCRETE コンクリート	**コンクリート** コンクリート塊、モルタルくずなど
As-Con アスコン	**アスファルト・コンクリート** アスファルト・コンクリート塊	METAL 金属くず	**金属くず** 鉄筋くず、金属加工くず、ボルト類、スチールサッシ、アルミサッシ、メタルフォームなど
GYPSUM BOARD 石こうボード	**石こうボード** 石こうボード	ROCKWOOL BOARD ロックウール吸音板	**ロックウール吸音板** ロックウール吸音板
ALC 軽量気泡コンクリート	**軽量気泡コンクリート** ALC	ELECTRIC WIRE 電線くず	**電線くず** 電線くず
PVC PIPE 塩ビ管	**塩ビ管** 塩ビ管、塩ビ管継ぎ手	PLASTIC 廃プラスチック	**廃プラスチック** ビニール、PPバンド、プラスチック類など
FOAM STYROL 発泡スチロール	**発泡スチロール** 発泡スチロール	CORRUGATED PAPER ダンボール	**ダンボール** ダンボール
INERT INDUSTRIAL WASTE 安定型産業廃棄物	**安定型産業廃棄物** 廃プラスチック類、ガラスくずおよび陶磁器くず、金属くず、コンクリート等のがれき類（有機性のものが付着したプラスチックおよび金属の廃容器･包装は除く）	CONTROL INDUSTRIAL WASTE 管理産業廃棄物	**管理産業廃棄物** 紙くず、木くず、廃石こうボード、繊維くず、廃容器、包装（有機性のものが付着した金属･プラスチック）、鉛製の管又は板、廃プリント配線板など
ASBESTOS 石綿含有産業廃棄物	**石綿含有産業廃棄物** 石綿含有建材：押出成形品、ストレート波板、ビニル床タイル、ケイ酸カルシウム第一種、セメント円筒、窯業系サイディングなど		

参考：（社）建築業協会

(3) 元請業者の責務と役割（排出事業者は元請業者）

建設工事（解体工事を含む）から生じる産業廃棄物について責任を負うのは、この場合の「排出事業者」となる元請業者である。これは、廃棄物処理法という法律で定められている。

(4) 排出事業者の責任

排出事業者である元請業者は、自らの責任において建設廃棄物を廃棄物処理法に従って、適正に処理しなければならない。よって、下請け業者がこの産業廃棄物を運搬するのであれば、小規模な修繕工事など許可なく運搬できるとされている特例の場合を除いて、収集運搬業の許可が必要となる。また、この場合には下請け業者は元請事業者と委託契約を交わす必要がある。

(5) 建設廃棄物を他人に委託する場合

建設廃棄物を自ら処理（保管、運搬、処分）できないときには、業者に委託することになる。その場合は収集運搬業者、中間処理業者または最終処分業者とそれぞれ事前に委託契約を交わす。また、廃棄物の種類ごとにマニフェストは必ず交付し、適正な処理費用の支払いをするなどして排出事業者として適正処理を確保するように努めなければいけない。

(6) 排出事業者に求められること

排出事業者には、建設廃棄物を発生させない工夫をしたり、積極的に再生利用をすることなどによって減量化するように努力することが求められる。

(7) 下請人が許可なく運搬できる特例

収集運搬業の許可がなくても建設廃棄物の収集運搬ができる特例がある。小規模な修繕工事などにおいては、以下の条件のもとに下請け業者が収集運搬業の許可がなくても自ら運搬できるという例外規定がある。〈廃棄物処理法第21条の3、第3項〉

・対象工事：請負代金が500万円以下の維持修繕工事（新築、増築、解体を除く）、請負代金500万円以下相当の瑕疵補修工事
・対象廃棄物：1回の運搬が1m^3以下
・特別管理産業廃棄物（廃石綿等）を除く

・運搬途中に保管を行わない
・運搬先：同一県内または隣接県内の元請業者（の使用権原を有する）の指定する場所
・携行書面：廃棄物の種類などの必要事項を記載した別紙（環境省通知に示す別記様式）と、この規定に基づく運搬である旨を記載した請負契約書の写し

以上のような特例に該当しない場合には、産業廃棄物を運ぶ下請け業者にも孫請け業者にも産業廃棄物収集運搬業の許可が必要となる。いい換えると、元請業者が自社運搬する場合と、自社運搬ではなく下請け業者に運搬を委託するけれど、特例に当てはまる場合に、収集運搬業の許可はなくてもよいとなる。

第2章 用語の説明と留意内容

問題2は、計14個の建築用語のうち5個を選び、その用語の説明と施工上の留意事項を記述する問題である。担当分野によっては見慣れない用語が多いと感じられるかと思うが、解答するのは5問であり、過去問によく出題される用語が少なくないので、きっちり演習を行えば解答できる。

本章の解答例の多くは、公共建築工事標準仕様書と建築工事監理指針を基にしている。また、一部は、労働安全衛生規則、公共建築標準仕様書等を参照している。

例題 1　令和3年度 2級建築施工管理技術検定 第二次検定問題〔問題2〕

次の建築工事に関する用語の一覧表の中から**5つ**用語を選び，解答用紙の**用語の記号欄**の記号にマークしたうえで，**選んだ用語欄**に用語を記入し，その**用語の説明**と**施工上留意すべきこと**を具体的に記述しなさい。

ただし，g及びn以外の用語については，作業上の安全に関する記述は不可とする。また，使用資機材に不良品はないものとする。

用語の一覧表

用語の記号	用　　語
a	クレセント
b	コンクリート壁の誘発目地
c	ジェットバーナー仕上げ
d	セルフレベリング工法
e	鉄骨の耐火被覆
f	土工事における釜場
g	乗入れ構台
h	腹筋
i	ビニル床シート熱溶接工法
j	フラットデッキ
k	壁面のガラスブロック積み
l	ボンドブレーカー
m	木工事の大引
n	ローリングタワー

解答例1 用語の説明、施工上留意すべき内容 建築 躯体 仕上げ

建築 仕上げ （建具工事）

①

選んだ用語	a クレセント
用語の説明	引違い、片引きサッシの召し合わせ部に取り付ける締まり金物。
施工上留意すべき内容	取付け後に、きしみ、緩み、がたつき、建具の異常な応力、たわみ変形等を生じず、円滑に作動するように調整および確認を行う。

ワンポイントアドバイス 主に引違い窓の施錠金物である。

建築 躯体 （コンクリート工事）

②

選んだ用語	b コンクリート壁の誘発目地
用語の説明	鉄筋コンクリート造に生じる乾燥収縮ひび割れを、計画的に発生させるために、垂直にコンクリート躯体に設ける目地。
施工上留意すべき内容	コンクリート壁の誘発目地は、幅20mm以上、深さ10mm以上とする。

ワンポイントアドバイス 所定の間隔で断面欠損部を設けることによって、ひび割れを集中的に発生させることを目的とする。

建築 仕上げ （石工事）

③

選んだ用語	c ジェットバーナー仕上げ
用語の説明	バーナーによる火炎を当てて、石材表面を粗面とした仕上げ。
施工上留意すべき内容	加熱により表層の組織が壊れるため、厚さに5mm程度の余裕を見込む。

ワンポイントアドバイス 耐火性が弱い素材の場合、ひび割れが発生しやすいので加熱時間、水の散布方法に留意する。

建築 仕上げ （左官工事）

④

選んだ用語	d セルフレベリング工法
用語の説明	表面が自然に水平になる性質を有する塗り材を使用して平坦な床を造る工法。セルフレベリング材には，せっこう系とセメント系がある。
施工上留意すべき内容	室温が5℃以下になるおそれがある場合は、硬化遅延、硬化不良の原因となるので、作業を中止するか採暖を行う。

ワンポイントアドバイス 床面の仕上精度向上のために使用する。

建築 躯体 （鉄骨工事）

⑤

選んだ用語	e 鉄骨の耐火被覆
用語の説明	耐火性能のある材料で、吹付けや張付けなどにより、鉄骨を火災の熱から守るための被覆。
施工上留意すべき内容	耐火材吹付けに当り、十分な養生を行い、周辺への飛散防止に努める。

ワンポイントアドバイス 鉄骨は熱に弱いので露出させない。

建築 躯体 （土工事）

⑥

選んだ用語	f 土工事における釜場
用語の説明	掘削底面に湧出してくる地下水を集水するためのピット。ここにポンプを設置して地下水を揚水する。
施工上留意すべき内容	排水中は、釜場内の土の溜まり具合、排水ホースの状態、電力配線の漏電などに注意する。

ワンポイントアドバイス 地下水がたくさん出る場所には不向きである。

建築 躯体 （仮設工事）

⑦

選んだ用語	g 乗入れ構台
用語の説明	根切りや地下躯体工事などにおいて、土砂の搬出を行う車両や生コン車などが乗り入れる仮設構台。
施工上留意すべき内容	乗入れ構台の配置は、施工機械・車両の配置や動線、施工機械の能力、作業位置等により決定する。

ワンポイントアドバイス　構台を設置することで、工事が順調になる。

建築 躯体 （鉄筋工事）

⑧

選んだ用語	h 腹筋
用語の説明	梁の補強筋として、梁上端筋と下端筋の間に、平行に配置される鉄筋。
施工上留意すべき内容	梁せい600mm以上の場合、あばら筋の内側に間隔300mm以内で配筋する。

ワンポイントアドバイス　あばら筋の間隔を保つために入れる鉄筋である。

建築 仕上げ （防水工事）

⑨

選んだ用語	i ビニル床シート熱溶接工法
用語の説明	熱溶接機を用いて、ビニル床シートと溶接棒を同時に溶融し、加圧しながら行う工法。
施工上留意すべき内容	溶接完了後、溶接部が完全に冷却した後、余盛りを削り取り平滑にする。

ワンポイントアドバイス　シート防水の継目を溶着する。

建築 躯体 （鉄骨工事）

⑩

選んだ用語	j フラットデッキ
用語の説明	床型枠用の上面が平らな鋼製デッキプレート。
施工上留意すべき内容	フラットデッキは衝撃に弱く、曲ったり変形したりしやすいため、養生方法、揚重方法、つり治具などに注意する。

ワンポイントアドバイス　工期短種と施工の合理化。

建築 仕上げ （建具工事）

⑪

選んだ用語	k 壁面のガラスブロック積み
用語の説明	壁部分に、壁用金属枠を用いてガラスブロックを積んだもの。
施工上留意すべき内容	目地幅が狭過ぎると力骨との接触や充填が悪くなるため、標準寸法10mm程度とする。

ワンポイントアドバイス　病院等の待合室の採光と、プライバシー保護。

建築 仕上げ （防水工事）

⑫

選んだ用語	l ボンドブレーカー
用語の説明	シーリング材を3面接着させない目的で、目地底に張り付けるテープ状材料。
施工上留意すべき内容	ボンドブレーカーは、シーリング材と接着せず、またシーリング材の性能を低下させないものとする。

ワンポイントアドバイス　代表的なのは、アルミサッシ枠とRC外壁の雨漏り防止。

建築 仕上げ （木工事）

⑬

選んだ用語	m 木工事の大引
用語の説明	根太のすぐ下にあって、根太を支えている横材。
施工上留意すべき内容	大引は、腹を上側に、背を下側に向けて使う。

ワンポイントアドバイス 大引きと根太は互いに直交して接している。

建築 躯体 （仮設工事）

⑭

選んだ用語	n ローリングタワー
用語の説明	天井など高い部分の作業に用いる移動式のキャスターを付けた足場。
施工上留意すべき内容	作業者を乗せたままで、絶対に移動させてはならない。

ワンポイントアドバイス 昇降できるように昇降設備を設ける。

例題2　令和2年度　2級建築施工管理技術検定 実地試験〔問題2〕

次の建築工事に関する用語の一覧表の中から5つ用語を選び，解答用紙の**用語の記号欄**の記号にマークしたうえで，**選んだ用語欄**に用語（b及びgについては（　）内の略語）を記入し，その**用語の説明と施工上留意すべきこと**を具体的に記述しなさい。

ただし，d及びl以外の用語については，作業上の安全に関する記述は不可とする。また，使用資機材に不良品はないものとする。

用語の一覧表

用語の記号	用　　語
a	帯筋
b	改質アスファルトシート防水トーチ工法・密着露出仕様（防水トーチ工法）
c	機械ごて
d	クローラークレーン
e	コンクリートのブリーディング
f	スタッド溶接
g	せっこうボード張りにおけるコーナービード（コーナービード）
h	タイル張りのヴィブラート工法
i	天井インサート
j	床付け
k	布基礎
l	パイプサポート
m	ベンチマーク
n	木工事の仕口

解答例2 用語の説明と留意すべき内容 建築 躯体 仕上げ

建築 躯体 （鉄筋工事）

①

選んだ用語	a 帯筋
用語の説明	鉄筋コンクリート柱の主筋に所定の間隔で巻きつけた水平方向の鉄筋。
施工上留意すべき内容	フックおよび継手の位置は、交互とする。

ワンポイントアドバイス 帯筋の末端は135°に曲げる。

建築 仕上げ （防水工事）

②

選んだ用語	b 改質アスファルトシート防水トーチ工法・密着露出仕様（防水トーチ工法）
用語の説明	露出防水用改質アスファルトシートの裏面と下地をトーチにより十分あぶり、下地に全面接着する仕様。
施工上留意すべき内容	改質アスファルトシート相互の接合部は、改質アスファルトがはみ出すまで十分溶融させる。

ワンポイントアドバイス アスファルトルーフィングに代わって、無臭で効率がよい改質アスファルトシート防水が使用される。

建築 躯体 （建設機械）

③

選んだ用語	c 機械ごて
用語の説明	床コンクリートの表面を仕上げるための、電力またはエンジン駆動によって回転する数枚の羽根上のこて。
施工上留意すべき内容	機械ごてを何度も強くかけ過ぎると故障が生じやすいので、押さえ過ぎに注意する。

ワンポイントアドバイス 施工の効率化・不陸防止を図る機械である。

建築 躯体 （土工事）

④

選んだ用語	d クローラークレーン
用語の説明	クローラーを装備した自走行台車上にクレーン装置を架装したもの。
施工上留意すべき内容	強風のため作業の実施について危険が予想されるときには、その作業を中止する。

ワンポイントアドバイス 軟弱地における掘削、整地に使用される。

建築 躯体 （コンクリート工事）

⑤

選んだ用語	e コンクリートのブリーディング
用語の説明	コンクリートの打込み後、材料の沈降や分離によって、練混ぜ水の一部が表面まで上昇する現象。
施工上留意すべき内容	ブリーディングに伴って形成したレイタンスは除去し、健全なコンクリート面を露出させる。

ワンポイントアドバイス スランプが大きいほど、ブリーディングが大きくなる。

建築 躯体 （鉄骨工事）

⑥

選んだ用語	f スタッド溶接
用語の説明	鉄骨とコンクリートとの付着をよくし、一体性を確保するための、ボルト先端と母材の間にアークを発生させて行う溶接。
施工上留意すべき内容	スタッド溶接用電源は、原則として専用電源とし、やむを得ず他の電源と併用する場合は、必要な容量を確保する。

ワンポイントアドバイス 鉄骨工事の床に使用されるデッキプレートとコンクリートの付着力を高めるもの。

建築 **仕上げ**（内装工事）

⑦

選んだ用語	g せっこうボード張りにおけるコーナービード（コーナービード）
用語の説明	壁・開口部回りなどの隅角部の動きによるひび割れ、衝突による損傷を防止するための補強部材。
施工上留意すべき内容	コーナービードとせっこうボードを密着させるため、ビス等で止めた後、パテ処理を行い、平滑に仕上げる。

ワンポイントアドバイス 壁・開口部回りなどの隅角部の損傷を防止するため。

建築 **仕上げ**（タイル工事）

⑧

選んだ用語	h タイル張りのヴィブラート工法
用語の説明	木づちの代わりにタイル張り用振動機を用いてタイル面に特殊衝撃を加えて、タイルをモルタル中に埋め込むようにして張り付ける工法。
施工上留意すべき内容	タイル張付けは、上部から下部へと張り進めるが、まず１段置きに水糸に合わせて張り、その後、間を埋めるようにして張る。

ワンポイントアドバイス コンクリート外壁にⅠ類タイルを張付けるときの工法である。

建築 **仕上げ**（軽量鉄骨天井下地工事）

⑨

選んだ用語	i 天井インサート
用語の説明	コンクリートスラブ面に吊りボルトを取り付けるために、あらかじめスラブ下面に埋込む小形の部品。
施工上留意すべき内容	インサートは鋼製とし、周囲の端部から150mm以内、間隔900mm程度とする。

ワンポイントアドバイス 壁際の天井ボードが垂れ下がらないように、壁際から近い位置にインサートを設ける。

建築 **躯体** **（土工事）**

⑩

選んだ用語	j 床付け
用語の説明	掘削後、所定の深さに地盤を掘りそろえること。
施工上留意すべき内容	床付け面を乱した場合には、れき・砂質土は転圧による締固めを行う。粘性土はれき・砂質土などの良質土に置換し、セメント・石灰などによる地盤改良を行う。

ワンポイントアドバイス　掘削後、地盤を掘りそろえること。

建築 **躯体** **（地業工事）**

⑪

選んだ用語	k 布基礎
用語の説明	壁下などに使われる、長く連続した細長い形の基礎。
施工上留意すべき内容	布基礎の立上りの厚さは12cm以上、地面から基礎上端までの高さは30cm以上とする。

ワンポイントアドバイス　主に木造の基礎で間取り壁下に設ける。

建築 **躯体** **（型枠工事）**

⑫

選んだ用語	l パイプサポート
用語の説明	スラブや梁などの型枠を支える支保工として用いられる鋼管支柱。
施工上留意すべき内容	支柱は垂直に立てる。上下階の支柱は、原則として平面上の同一位置とする。

ワンポイントアドバイス　コンクリート打設の際に生じる側圧積載荷重を支える支柱のこと。

建築 **躯体** **(仮設工事)**

⑬

選んだ用語	m ベンチマーク
用語の説明	建物の高さおよび位置の基準であり、既存の工作物あるいは新設の杭などに基準を記したもの。
施工上留意すべき内容	ベンチマークは2箇所以上設け、相互にチェックを行うとともに、十分養生を行う。

ワンポイントアドバイス 建物の高さおよび位置の基準をBMマークという。

建築 **躯体** **(木工事)**

⑭

選んだ用語	n 木工事の仕口
用語の説明	2つ以上の部材が、ある角度をもって接合されること。
施工上留意すべき内容	仕口は構造的な弱点となりやすい。他の工法、部材の取合い、配置等によって集中を避けるようにし、必要に応じて補強を行う。

ワンポイントアドバイス 材木を通直に接合するのが継手。材木を直行に接合するのが仕口。

例題3　令和元年度　2級建築施工管理技術検定 実地試験〔問題2〕 

次の建築工事に関する用語a.からn.のうちから**5つ**選び，その**用語の説明**と**施工上留意すべきこと**を具体的に記述しなさい。

ただし，a.及びn.以外の用語については，作業上の安全に関する記述は不可とする。また，使用資機材に不良品はないものとする。

用語
a. 足場の手すり先行工法
b. 型枠のセパレータ
c. 軽量鉄骨壁下地のスペーサー
d. 鋼矢板
e. コンクリートのスランプ
f. セルフレベリング材工法
g. 鉄筋工事のスペーサー
h. 内壁タイルの接着剤張り工法
i. 被覆アーク溶接
j. 防水工事の脱気装置
k. 木工事の大引き
l. 木造住宅の気密シート
m. ルーフドレン
n. 陸墨

解答例3 用語の説明と留意すべき内容 建築 躯体 仕上げ

建築 躯体 （仮設工事）

①

選んだ用語	a. 足場の手すり先行工法
用語の説明	足場の組立てや解体中の墜落・転落防止対策として、作業床で上枠を組み立てるときでも、手すりを先行して設置してから作業する工法。
施工上留意すべき内容	労働者が足場の組立てなどの作業の際に必ず手すりが設置された状態で行うようにし、墜落などの災害の危険性を回避しなければならない。

ワンポイントアドバイス　足場の組立時に作業床に乗る前に手すりを先行して設置する。

建築 躯体 （型枠工事）

②

選んだ用語	b. 型枠のセパレーター
用語の説明	せき板相互の間隔を正しく保持するために用いられる金物。
施工上留意すべき内容	型枠のせき板にセパレーターを垂直に用いないと、破壊強度の低下を招く。

ワンポイントアドバイス　コンクリート打放しの場合は、コーン付きセパレーターを用いる。

建築 仕上げ （内装工事）

③

選んだ用語	c. 軽量鉄骨壁下地のスペーサー
用語の説明	軽量鉄骨壁下地材のスタッドの補強材。
施工上留意すべき内容	緩み・がたつきのないよう、スペーサーの間隔は600mm程度に固定する。

ワンポイントアドバイス　ペーサは、軽量鉄骨壁下地の壁を自立するための補強材である。

建築 躯体 （土工事）

④

選んだ用語	d. 鋼矢板
用語の説明	鋼製の矢板。港湾、河川などの護岸工事や山留め用として用いられる材料である。
施工上留意すべき内容	矢板相互間のジョイントの重ねを所定の寸法以上にしないと止水性のある壁を構築できなくなる。

ワンポイントアドバイス 鋼矢板は、設計者や施工者にもなじみが深く、港湾・河川・土留・基礎等の工事分野において止水性に優れた品質と施工性によって広く使用されている。

建築 躯体 （躯体工事）

⑤

選んだ用語	e. コンクリートのスランプ
用語の説明	生コンの軟らかさを長さ（cm）で表す。数値が大きいほど軟らかく、小さいほど硬い。
施工上留意すべき内容	コンクリートのスランプ値は、調合管理強度に応じて変わる。調合管理強度33N/mm^{2}以上の場合21cm以下、調合管理強度33N/mm^{2}未満の場合18cm以下。

ワンポイントアドバイス スランプ値の許容差は、スランプ21cm以下の場合±1.5cm、スランプ8～18cm以下の場合±2.5cmと規定されている。

建築 **仕上げ** **(コンクリート床工事)**

⑥

選んだ用語	f. セルフレベリング材工法
用語の説明	セルフレベリング材は、せっこうまたはセメント系の材料。それを流し込むことで平滑な床下地を造る工法。
施工上留意すべき内容	セルフレベリング材が硬化する前に風が当たるとしわが発生する場合があるので、施工中および施工後の硬化までは通風を避ける。

ワンポイントアドバイス　安定した品質が得られ、金鏝押さえを行う必要がなく、スピーディーな施工で工期短縮できる、有効で画期的な工法である。

建築 **躯体** **(鉄筋工事)**

⑦

選んだ用語	g. 鉄筋工事のスペーサー
用語の説明	鉄筋コンクリートを打設する際、鉄筋が動かないように所定の位置に固定させるとともに、必要なかぶりを保つために用いる材料。
施工上留意すべき内容	断熱材打込み部は普通のスペーサーではかぶり厚さの確保が難しいので、めり込み防止の付いた専用スペーサーを使用する。

ワンポイントアドバイス　スペーサーとは、鉄筋のかぶりを保持する物。

建築 **仕上げ** **(内壁タイル工事)**

⑧

選んだ用語	h. 内壁タイルの接着剤張り工法
用語の説明	有機系接着剤を乾燥したモルタル下地やボード下地面に塗布して、タイルを張り付ける工法。
施工上留意すべき内容	接着剤の１回の塗布面積は3m^2以内かつ30分で張り付ける面積とし、金ごてなどで下地面に塗布する。

ワンポイントアドバイス　この工法は、主として内装タイルに適応する。施工法は圧着張りと同様で、有機質接着剤張りとなる。

建築 **躯体** （躯体工事）

⑨

選んだ用語	i 被覆アーク溶接
用語の説明	消耗電極式（溶極式）アーク溶接法の一種で、比較的安価な設備で手軽に行うことができる。手で行うので「手溶接」ともいう。
施工上留意すべき内容	作業を中断しているときでも、無負荷電圧は出力状態になっており感電の恐れがある。作業前に溶接機の電源やスイッチの位置を確認しておき、作業が終了したらすぐに電源を切ることを忘れないようにする。

ワンポイントアドバイス　鋼材を接合する１つの方法が溶接であり、溶接にはいくつかの種類がある。

建築 **躯体** （防水工事）

⑩

選んだ用語	j. 防水工事の脱気装置
用語の説明	脱気装置とは、屋上の防水層と下地（コンクリートなど）の間に、雨や室内の湿気などで発生する水蒸気を外へ排気するための装置のこと。
施工上留意すべき内容	各種防水層で使用できるステンレス製の脱気装置で、下地からの水蒸気を外部に逃がす働きがある。アスファルト防水以外にもウレタンゴム系塗膜防水用や塩ビ系シート防水用など種類がある。

ワンポイントアドバイス　マンションの屋上やベランダ、バルコニーなどに取り付けられている。陸屋根では不可欠といっても過言ではない。

建築 躯体 （木工事）

⑪

選んだ用語	k. 木工事の大引き
用語の説明	床材の下に設置される材。床束の上に設置され、根太の下に入れて、床を支える。
施工上留意すべき内容	大引きを910mm間隔で並べ、その上に大引きと直行する形で根太が乗り、床板を張って仕上げる。

ワンポイントアドバイス 大引きと根太は互いに直交して接している。

建築 躯体 （木工事）

⑫

選んだ用語	l. 木造住宅の気密シート
用語の説明	住宅の壁や天井に張り、防湿・防風のために入れる省エネルギー対策用のポリエチレンフィルム。
施工上留意すべき内容	シートごとの重ね代の確保、切り込み部分のテープ施工を実施し、気密の確保をする。

ワンポイントアドバイス 気密シートは、屋根または天井と壁、壁と床の取合い部、および壁の隅角部で、これを構成する各部位が外気等に接する部分において、下地材のある部分で100mm以上重ね合わせる。

建築 仕上げ （防水工事）

⑬

選んだ用語	m. ルーフドレン
用語の説明	陸屋根の屋上やバルコニーなどで雨水を集めて竪樋に流すための雨水排水金具のこと。RDと略される。鉄製、鋳鉄製や、耐蝕性を高めたステンレス製のものが多い。
施工上留意すべき内容	積雪が多い寒冷地では、排水管が凍結した際に熱によって溶けた融雪水が屋上にたまって、施工の甘い部分から漏水する危険性があるため、設置部分周りの防水や漏水防止加工を慎重に行う。

ワンポイントアドバイス　雨水を排水するとともに、落ち葉等のゴミを集める役割を持つ。

建築 躯体 （仮設工事）

⑭

選んだ用語	n. 陸墨
用語の説明	墨出し作業において、各階の水平の基準を示すための水平墨のこと。一般的に使われるのは、床仕上りより1000mmのところである。
施工上留意すべき内容	原則的に1階または基準レベル位置より確認することにより誤差を小さくする。

ワンポイントアドバイス　腰墨、水墨ともいう。陸墨から上げて示す墨を上がり墨、下げて示す墨を下がり墨という。

例題4　平成30年度　2級建築施工管理技術検定 実地試験〔問題2〕 

次の建築工事に関する用語のうちから**5つ**選び，その**用語の説明**と**施工上留意すべき内容**を具体的に記述しなさい。

ただし，仮設工事以外の用語については，作業上の安全に関する記述は不可とする。また，使用資機材に不良品はないものとする。

あばら筋	親綱
型枠のフォームタイ	金属製折板葺きのタイトフレーム
コンクリートポンプ工法の先送りモルタル	タイル張りのヴィブラート工法
テーパーエッジせっこうボードの継目処理	鉄骨の地組
吹付け塗装のエアレススプレー塗り	べた基礎
ボンドブレーカー	木造在来軸組構法のアンカーボルト
床コンクリートの直均し仕上げ	ローリングタワー

解答例4 用語の説明と留意すべき内容 建築 躯体 仕上げ

建築 躯体 （鉄筋工事）

①

選んだ用語	あばら筋
用語の説明	鉄筋コンクリート梁の主筋の位置の保持およびせん断補強のために、材軸に直交して主筋の周囲に配置する鉄筋。
施工上留意すべき内容	あばら筋の余長は、90°曲げは8d以上、135°曲げは6d 以上、180°曲げは4d以上とする。

ワンポイントアドバイス コンクリート打設時に動かないように、堅固に結束線で締め付ける。

建築 躯体 （仮設工事）

②

選んだ用語	親綱
用語の説明	安全帯等を取付けるために設けるロープまたはワイヤロープのこと。
施工上留意すべき内容	コーナーに使用する親綱支柱には、平行方向と直角方向の２本の親綱を同時に取付けない。

ワンポイントアドバイス 切り傷・摩耗等がある材料は使用しないこと。

建築 躯体 （型枠工事）

③

選んだ用語	型枠のフォームタイ
用語の説明	型枠の間隔を一定に保ち、コンクリートの圧力で破壊されないように締め付けるボルト。
施工上留意すべき内容	フォームタイの締め付け金具のゆるみや締め忘れがないか確認する。

ワンポイントアドバイス セパレーターとセットで用いる。

建築 **仕上げ** （屋根工事）

④

選んだ用語	金属製折板葺きのタイトフレーム
用語の説明	建物躯体と屋根の折板との固定に使用するための山型の部材。
施工上留意すべき内容	タイトフレームと下地材との接合は、隅肉溶接とし、溶接後はスラグを除去しA種の錆止め塗料を塗り付ける。

ワンポイントアドバイス　回し溶接で固定する。

建築 **躯体** （コンクリート工事）

⑤

選んだ用語	コンクリートポンプ工法の先送りモルタル
用語の説明	コンクリートの圧送に先立ち、富配合（調合）のモルタルを圧送することで、圧送配管内の湿潤性を保つために行う。
施工上留意すべき内容	先送りモルタルは、板や入れ物で受けて、廃棄処分とする。

ワンポイントアドバイス　モルタルはポンプ車洗浄後のグリス（油脂）が相当混入しており、硬化不良を起こすので、型枠内には入れないようにする。

建築 **仕上げ** （タイル工事）

⑥

選んだ用語	タイル張りのヴィブラート工法
用語の説明	モルタル下地に張付けモルタルを塗り、ヴィブラートという工具を用いて振動を与え、張る工法。
施工上留意すべき内容	タイルの張付けは、上部から下部へ張り、張付けモルタルは塗る面積を2m^{2}程度とする。

ワンポイントアドバイス　別名密着工法といい、上部から下部へ張り進めるのが特徴。

建築 **躯体** (内装工事)

⑦

選んだ用語	テーパーエッジせっこうボードの継目処理
用語の説明	エッジが大きく斜めにカットされたボードで、継目処理を行い目地のない平滑な面を作る工法。
施工上留意すべき内容	上塗りは、中塗りの乾燥を確認後、薄くジョイントコンパウンドを塗り、幅 200 ～ 250mm程度に塗り広げて平滑にし、乾燥後、軽く研磨紙ずりをして、さらに、平滑に仕上げる。

ワンポイントアドバイス せっこうボードの表面に仕上をした場合でも、ボードの継ぎ目が見えてしまわないようにする工法である。

建築 **仕上げ** (鉄骨工事)

⑧

選んだ用語	鉄骨の地組
用語の説明	鉄骨の柱や梁の接合を地上で行うこと。
施工上留意すべき内容	地組を行うときは、地面に直接触れないように架台や受け台の上で作業を行う。

ワンポイントアドバイス 地組を行うことで、高所での作業が減り、危険が少なくなる。

建築 **仕上げ** (塗装工事)

⑨

選んだ用語	吹付け塗装のエアレススプレー塗り
用語の説明	塗料自体に高圧力をかけて液膜を作り、高速で静止空気に衝突させてスプレーガンから吹付ける方法。
施工上留意すべき内容	液膜が波打たないように均一の圧力で吹付ける。

ワンポイントアドバイス エアレススプレーガンは塗料自体に圧力をかけて噴射させるもので、近年では主流となっている。

建築 躯体 （基礎工事）

⑩

選んだ用語	べた基礎
用語の説明	立上りだけでなく、底板一面が鉄筋コンクリートになっている基礎。
施工上留意すべき内容	土との設置面積が大きいため、コストと工期への負担が大きい。耐震性が高まる分、立ち上がり部を含め床全体の鉄筋とコンクリートの使用量が増え、材料費・人件費ともにコストアップとなる。

ワンポイントアドバイス　地面をコンクリートで覆うので地面から上がってくる湿気を防ぎ、シロアリも侵入しにくくなる。

建築 仕上げ （木工事）

⑪

選んだ用語	ボンドブレーカー
用語の説明	シーリングを行う目地の深さが浅い場合、3面接着を防止するために目地底に設ける紙・布等の粘着テープのこと。
施工上留意すべき内容	浮きが生じないように目地底にしっかり張付ける。

ワンポイントアドバイス　シーリング材と接着しない材料を選択する。

建築 仕上げ （木工事）

⑫

選んだ用語	木造在来軸組構法のアンカーボルト
用語の説明	木造住宅で、基礎のコンクリートと木の土台を緊結するために設けるボルト。
施工上留意すべき内容	アンカーボルトのねじ山を損傷しないようにし、衝撃を与えて曲げたりしない。

ワンポイントアドバイス　埋込み長さは2階建ての場合L＝240mm以上、3階建ての場合L＝360mm以上必要。

建築 仕上げ （左官工事）

⑬

選んだ用語	床コンクリートの直均し仕上げ
用語の説明	コンクリート打設後にモルタル塗りをせずに、天端を金ごてなどで押さえて床を均して仕上げる工法。
施工上留意すべき内容	コンクリート打込み後、所定の高さに粗均しを行い、粗骨材が表面より沈むまでタンピングを行う。

ワンポイントアドバイス 床の使用状態に応じて、可能な限り硬練りとする。

建築 躯体 （仮設工事）

⑭

選んだ用語	ローリングタワー
用語の説明	高い場所での作業で使用する作業床であり、仮設移動式の足場。
施工上留意すべき内容	作業床の床材は隙間が3cm以下となるように全面に敷き並べ、かつ支持物に確実に固定する。

ワンポイントアドバイス 昇降できるように、昇降設備を設ける。

第3章 施工管理

実地試験の問題３は、施工管理についての問題である。主にバーチャート工程表が出題される。出来高は単純な計算問題なので、過去問を演習すれば対策できる。出題工事は、ここ４年鉄骨造が続いている。バーチャート工程で、全体の工程の流れを理解して慣れる必要がある。

例題１　令和3年度　2級建築施工管理技術検定 第二次検定問題〔問題3〕 

鉄骨造3階建て複合ビルの新築工事について，次の１．から４．の問いに答えなさい。

工程表は，工事着手時点のもので，鉄骨工事における耐火被覆工事の工程は未記入であり，予定出来高曲線を破線で表示している。

また，出来高表は，3月末時点のものを示しており，総工事金額の月別出来高，耐火被覆工事の工事金額及び出来高は記載していない。

なお，各作業は一般的な手順に従って施工されるものとする。

〔工事概要〕

用　　　途：店舗（1階），賃貸住宅（2，3階）

構造・規模：鉄骨造 地上3階，延べ面積 300m^2

鉄骨耐火被覆は半乾式工法

外部仕上げ：屋上防水は，ウレタンゴム系塗膜防水絶縁工法，脱気装置設置

外壁は，ALCパネル張り，防水形複層塗材仕上げ

内部仕上げ：店　　舗　床は，コンクリート直押さえのまま

壁，天井は軽量鉄骨下地せっこうボード張り

ただし，テナント工事は別途で本工事工程外とする。

賃貸住宅　床は，乾式二重床，フローリング張り

壁，天井は，軽量鉄骨下地せっこうボード張りの上，クロス張りユニットバス，家具等（内装工事に含めている）

1．工程表の仮設工事のⒶ，鉄筋コンクリート工事のⒷ，内装工事のⒸに該当する**作業名**を記入しなさい。

2．鉄骨工事のうち,耐火被覆工事**完了日**を月と旬日で定めて記入しなさい。ただし，**解答の旬日**は，**上旬，中旬，下旬**とする。

3．出来高表から，2月末までの実績出来高の累計金額を求め，総工事金額に対する**比率**をパーセントで記入しなさい。

4．出来高表から，3月末までの実績出来高の**累計金額**を記入しなさい。

工　程　表

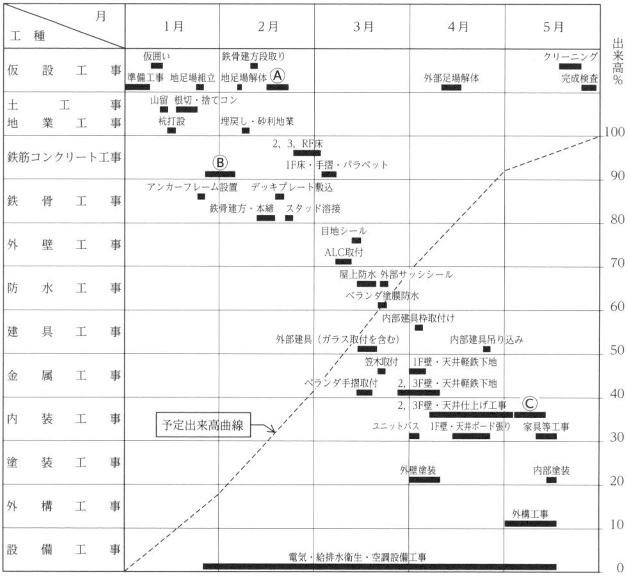

工種＼月	1月	2月	3月	4月	5月
仮設工事	仮囲い 準備工事　地足場組立	鉄骨建方段取り 地足場解体　Ⓐ		外部足場解体	クリーニング 完成検査
土工事 地業工事	山留　根切・捨てコン 杭打設	埋戻し・砂利地業			
鉄筋コンクリート工事	Ⓑ	2，3，RF床 1F床・手摺・パラペット			
鉄骨工事	アンカーフレーム設置	デッキプレート敷込 鉄骨建方・本締　スタッド溶接			
外壁工事			目地シール ALC取付		
防水工事			屋上防水　外部サッシシール ベランダ塗膜防水		
建具工事			内部建具枠取付け 外部建具（ガラス取付を含む）	内部建具吊り込み	
金属工事			笠木取付 ベランダ手摺取付	1F壁・天井軽鉄下地 2，3F壁・天井軽鉄下地	
内装工事				2，3F壁・天井仕上げ工事 ユニットバス　1F壁・天井ボード張り	Ⓒ 家具等工事
塗装工事				外壁塗装	内部塗装
外構工事					外構工事
設備工事	電気・給排水衛生・空調設備工事				

予定出来高曲線

出来高%：0，10，20，30，40，50，60，70，80，90，100

出　来　高　表

単位　万円

工種	工事金額	予定 実績	1月	2月	3月	4月	5月
仮設工事	500	予定	50	200	50	150	50
		実績	50	200	50		
土工事 地業工事	600	予定	390	210			
		実績	390	210			
鉄筋コンクリート工事	900	予定	450	180	270		
		実績	360	200	340		
鉄骨工事	900	予定	50	760			
		実績	30	780			
外壁工事	400	予定			400		
		実績			400		
防水工事	150	予定			150		
		実績			150		
建具工事	500	予定			400	100	
		実績			400		
金属工事	250	予定			100	150	
		実績			100		
内装工事	500	予定				400	100
		実績					
塗装工事	200	予定				150	50
		実績					
外構工事	200	予定					200
		実績					
設備工事	900	予定	90	90	180	450	90
		実績	90	90	180		
総工事金額	6,000	予定					
		実績					

Point こう解く!

ここでは、バーチャート工程表の問題を読み解くために必要な知識について解説する。
バーチャート工程表とは、作業項目を縦軸に、月日を横軸に示し、各作業の開始から終了を棒状に表現する工程表のことである。
各種工事の流れおよび作業工程上のポイントは以下のようになる。

仮設工事	外部足場の場合は、埋戻しが終了後、1階躯体施工の前に設置を行う。外装工事が終わって、サッシや外装タイルの清掃終了後に解体する。
土工事、山留め工事	既成杭→根切→床付け→砕石敷→杭頭処理→埋戻し→土間砕石地業→1F土間コンクリート→地上躯体
コンクリート工事	基礎、地中梁コンクリート打設→型枠解体→埋戻し→土間地業→配筋→土間コンクリート打設→1階の型枠、鉄筋工事
鉄骨工	鉄骨建方→本締め→デッキプレート敷き→梁上の頭付きスタッドの溶接→床コンクリート打設→外壁下地鉄骨組み→耐火被覆→外壁金属パネル取付→外壁シーリング
防水工事	最上階の躯体コンクリート打設後、3週間から1か月程度養生期間をとってから開始。
外壁シーリング工事	外壁がタイル張りの場合は、外壁タイル張り施工後、足場の解体前まで行う。また、外壁が仕上塗材（吹付仕上げ）の場合は、サッシ取付後、外壁仕上げの前に行う。
タイル工事	外壁タイル工事の場合は、下地モルタル塗り後14日以上の養生期間をおいてから開始する。
建具講じ	外部建具工事の場合は、外壁がタイル張りの場合は、タイル下地モルタル塗りに先立って行う。
外装工事（外壁ALCパネル工事の場合）	鉄骨建方→本締め→デッキプレート敷き→床コンクリート打設→ALCパネル取付→耐火被覆→外部回りシール
内装工事	天井→壁→床（原則）。内部ボード張り工事は、天井・壁下地組、内部建具枠、外壁室内側断熱工事が施工されている必要がある。また、ガラス工事を完了して、外部から雨が吹き込まなくなってから開始する。

この問題は以下のように読み解いていく。

①問題から現在工事を確認する
　３月末時点であることが確認できる。
②問題から工事概要を確認する
　RF、鉄骨造、店舗付き賃貸住宅、地上３階建て、杭基礎。
③バーチャート工程表の工事（鉄骨工事）の手順を覚える

バーチャート工程表
以下のように、工程表から工事の手順が分かる。

1月：準備工事⇒仮囲い⇒山留⇒杭打設⇒根切・捨コン⇒地足場組立⇒アンカーフレーム設置⇒B
2月：B⇒地足場解体⇒埋戻し・砂利地業⇒鉄骨建方段取り⇒鉄骨建方・本締⇒A⇒デッキ王レート敷込み⇒スタッド溶接⇒2，3、RF床
3月：2，3、RF床⇒1F・床・手摺・パラペット⇒ALC取付⇒目地シール⇒屋上防水⇒ベランダ塗膜防水⇒外部建具⇒ベランダ手摺取付⇒笠木取付⇒2，3F壁・天井軽鉄下地
4月：2，3F壁・天井軽鉄下地⇒1F壁・天井軽鉄下地⇒2，3F壁・天井仕上げ工事⇒ユニットバス⇒1F天井ボード張り
5月：2，3F壁・天井仕上げ工事⇒C⇒家具工事

1．作業名

(A）仮設工事「外部足場解体」の前に行う作業は何か。(B）鉄筋コンクリート工事最初に作業を行う部位は何か。(C）内装工事「23F壁・天井仕上げ工事」に続けて行う工事は何か。

2．耐火被覆工事完了日

鉄骨工事「耐火被覆工事」は、「2，3F壁・天井軽鉄下地」開始前に完了させる。

3. 総工事金額に対する比率

2月末までの実績出来高の累計金額は、2月までの実績の合計に等しい。総工事金額に対する比率は、「実績の合計÷総工事金額×100（パーセント）」である。

4. 実績出来高の累計金額

未記載の出来高を記入し、3月末までの実績出来高の累計金額を求める。

解答例1

1. 作業名	（A）外部足場組立、 （B）基礎・地中梁 （C）2,3F床工事(二重床、フローリング張り)

ワンポイントアドバイス Pointの手順で解いていく。

2. 耐火被覆工事完了日	3月下旬

ワンポイントアドバイス 耐火被覆は、鉄骨工事⇒外壁が終わった後に行うので、終了日は3月下旬が妥当。

3. 総工事金額に対する比率	40パーセント

ワンポイントアドバイス 2月末までの実績出来高は2,400万円、総工事金額は6,000万円。

4. 実績出来高の累計金額	4,110万円

ワンポイントアドバイス 出来高表の3月末までの実績の合算は4,020万円。ただし、耐火被覆の金額が入っていない（3月末までに実施）が、鉄骨工事の工事金額900万円−出来高810万円＝90万円であることが分かる。4,020万円＋90万円＝4,110万円が3月までの実績出来高となる。

例題2　令和2年度　2級建築施工管理技術検定 実地試験〔問題3〕

鉄骨造3階建て事務所ビルの建設工事における右の工程表と出来高表に関し，次の1．から5．の問いに答えなさい。

工程表は，工事着手時点のものであり，予定出来高曲線を破線で表示している。

また，出来高表は，4月末時点のものを示している。

ただし，工程表には，建具工事における外部サッシ工事（ガラス取付けを含む。以下同じ。）の工程は未記入であり，出来高表には，総工事金額の月別出来高，外部サッシ工事の工事金額及び出来高は記載していない。なお，各作業は一般的な手順に従って施工されるものとする。

〔工事概要〕

用　　　途：事務所

構造・規模：鉄骨造 地上3階建て，塔屋1階建て，階高 3.5m（各階共），延べ面積 300m²　2階以上の床は合成床版

地　　　業：既製コンクリート杭

山 留 め：自立山留め

鉄骨工事：建方は，移動式クレーンを使用
耐火被覆は，耐火材巻付け工法，外周部は合成工法

外部仕上げ：屋根は，アスファルト露出断熱防水
外壁は，押出成形セメント板（ECP）張りの上，45 二丁掛タイル有機系接着剤張り

内部仕上げ：床，OAフロアー敷設の上，タイルカーペット仕上げ
壁は，軽量鉄骨下地せっこうボード張りの上，塗装仕上げ
天井は，軽量鉄骨下地せっこうボード下張りの上，ロックウール化粧吸音板張り

1．工程表の鉄骨工事の A，内装工事の B に該当する**作業名**を記入しなさい。

2．建具工事の外部サッシ取付け**完了日**を月次と旬日で定めて記入しなさい。ただし，**解答の旬日**は，**上旬**，**中旬**，**下旬**とする。

3．出来高表から，2月末までの**実績出来高の累計金額**を記入しなさい。

4．3．で求めた2月末までの実績出来高の累計金額と，同月末の予定出来高の累計金額の**差**を求め，総工事金額に対する**比率**をパーセントで記入しなさい。

5．4月末までの実績出来高の累計金額を求め，総工事金額に対する**比率**をパーセントで記入しなさい。

工　程　表

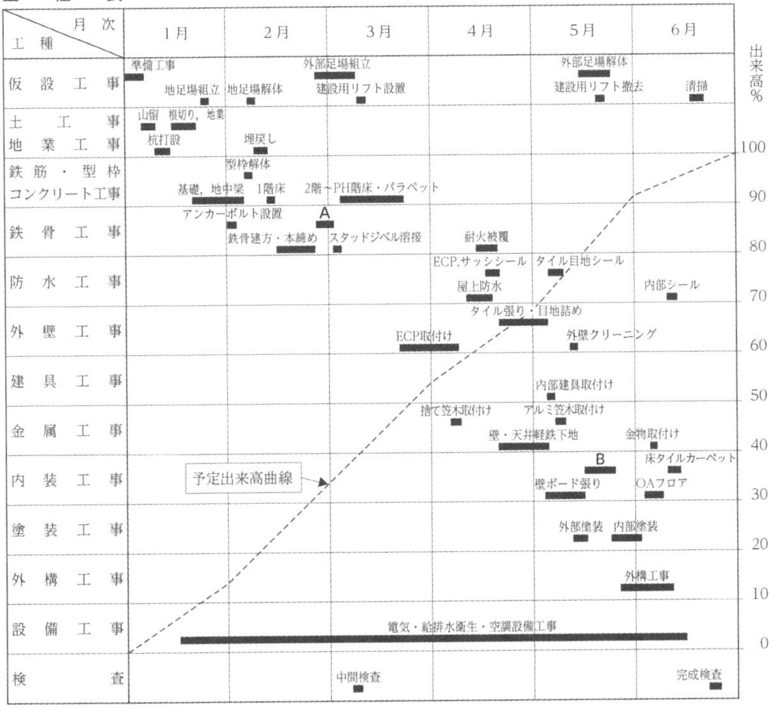

工種＼月次	1月	2月	3月	4月	5月	6月
仮設工事	準備工事、地足場組立	地足場解体	外部足場組立、建設用リフト設置		外部足場解体、建設用リフト撤去	清掃
土工事 地業工事	山留、根切り，地業、杭打設	埋戻し				
鉄筋・型枠 コンクリート工事	基礎，地中梁	型枠解体、1階床	2階～PH階床・パラペット			
鉄骨工事		アンカーボルト設置、鉄骨建方・本締め、A	スタッドジベル溶接	耐火被覆		
防水工事				ECP,サッシシール、屋上防水	タイル目地シール	内部シール
外壁工事				ECP取付け、タイル張り・目地詰め	外壁クリーニング	
建具工事					内部建具取付け	
金属工事				捨て笠木取付け、壁・天井軽鉄下地	アルミ笠木取付け	金物取付け
内装工事					B、壁ボード張り	床タイルカーペット、OAフロア
塗装工事					外部塗装、内部塗装	
外構工事						外構工事
設備工事	電気・給排水衛生・空調設備工事					
検査			中間検査			完成検査

予定出来高曲線

出来高%：0、10、20、30、40、50、60、70、80、90、100

出　来　高　表

単位　万円

工種	工事金額	予定 実績	1月	2月	3月	4月	5月	6月
仮設工事	500	予定	50	70	180	20	150	30
		実績	50	70	150	20		
土工事 地業工事	550	予定	350	200				
		実績	350	200				
鉄筋・型枠 コンクリート工事	800	予定	320	150	330			
		実績	300	150	350			
鉄骨工事	800	予定		700	50	50		
		実績		650	80	70		
防水工事	90	予定				60	20	10
		実績				50		
外壁工事	950	予定			550	300	100	
		実績			550	300		
建具工事	400	予定					100	
		実績						
金属工事	100	予定				80	10	10
		実績				80		
内装工事	540	予定					350	190
		実績						
塗装工事	70	予定					50	20
		実績						
外構工事	200	予定					50	150
		実績						
設備工事	1,000	予定	100	100	100	50	550	100
		実績	50	100	100	50		
総工事金額	6,000	予定						
		実績						

Point こう解く!

例題１と同様に、バーチャート工程表の問題の解き方について以下のように読み解いていく。

①問題から現在工事を確認する
４月末時点であることが確認できる。
②問題から工事概要を確認する
RF、鉄骨造、事務所ビル、地上３階建て、杭基礎。
③バーチャート工程表の工事（鉄骨工事）の手順を覚える

バーチャート工程表
以下のように、工程表から工事の手順が分かる。

１月：準備工事⇒仮囲い⇒山留⇒杭打設⇒根切・地業⇒地足場組立⇒基礎・地中梁⇒
２月：⇒アンカーボルト設置⇒型枠解体⇒地足場解体⇒埋戻し⇒１階床⇒鉄骨建方・本締⇒A⇒外部足場組立
３月：スタッドジベル溶接⇒中間検査⇒２階～PH階床・パラペット⇒建設用リフト設置⇒ECP取付
４月：ECP取付⇒捨て笠木取付⇒屋上防水⇒耐火被覆⇒ECPサッシシール⇒タイル張り・目地詰め⇒壁・天井軽鉄下地
５月：壁・天井軽鉄下地⇒壁ボード張り⇒アルミ笠木取付⇒内部建具取付⇒タイル目地シール⇒外壁クリーニング⇒外部塗装⇒B⇒内部塗装⇒外部足場解体⇒建設用リフト撤去⇒外構工事
６月：外構工事⇒金物取付⇒OAフロア⇒床タイルカーペット⇒清掃⇒完成検査

１．Aの作業名、Bの作業名

バーチャート工程のポイントの一つに、工事概要を熟読することがある。そこから答えがよく見えてくる。この工事は鉄骨造で、２階以上の床は合成床版と記載されている。鉄骨建方の後は床を作る必要があることは分かるだろう。また、内装工事は壁ボードと前後する天井ボード張りが工程に記載されていないので、必然的にこちらも答えは明瞭である。バーチャート工程に自信がない場合、過去の年次のバーチャートの工程もよく眺めながら、工程パターンを理解しておくこと。そして、工事概要で各仕上げをよく読み取ること。

2. 外部サッシ取付け完了日

外壁ECP工事完了後、開口部にサッシを溶接で取り付ける。

3. 2月末までの実績出来高

1月の実績出来高は、鉄筋・型枠コンクリート工事以外は、100%である。2月の実績出来高は、鉄骨工事以外は、100%である。

4. 実績出来高と予定出来高の差

2月末までの予定と累計の差の比率（パーセント）は、「2月までの予定の合計と実績の合計との差÷総工事金額×100（パーセント）」で求める。

5. 実績出来高の総工事金額に対する比率

4月末までの実績出来高の累計比率（パーセント）は、未記載の出来高を出来高表に記入した後、「4月までの実績の合計との差÷総工事金額×100（パーセント）」で求める。

解答例2

1. 作業名	A 合成床版、B 天井ボード張り

ワンポイントアドバイス　鉄骨工事「本締め」の次に行う作業は、「デッキプレート敷き」である。内装工事「壁ボード張り」の次に行う作業は、「天井ボード張り」である。

2. 外部サッシ取付け完了日	4月中旬

ワンポイントアドバイス　工程的には外壁の押出成形セメント板（ECP）張りが終了して、その後防水工事でのECP、サッシシールが予定されている4月中下旬までに終えておく必要がある。よって4月中旬となる。

3. 2月末までの実績出来高	1,920万円

ワンポイントアドバイス　計算間違いに注意。それだけ。1月の出来高は750万円、2月の出来高は1,170万円で2月までの累計出来高は1,920万円。

4. 実績出来高と予定出来高の差	2パーセント

ワンポイントアドバイス　まず1月の予定出来高は820万円、そして2月の予定出来高は1,220万円で合計2,040万円。予定出来高と累計出来高の差は2,040万円－1,920万円＝120万円が差となる。そして総工事金額は6,000万と記載されている。そうなると比率は120万÷6,000万＝0.02となり2パーセントが正解となる。

5. 実績出来高の総工事金額に対する比率	67パーセント

ワンポイントアドバイス　問題文をよく読む必要がある。まず「出来高表には、総工事金額の月別出来高、外部サッシ工事の工事金額及び出来高は記載していない。」とある。外部サッシは、工事金額は400万円で出来高は5月の100万円のみの記載になっている。また、外部サッシは問題2で4月中旬に完了することになっている。よって、4月中旬段階での出来高300万円を追加する必要がある。まず、2月末までの実績出来高は1,920万であることは、問題3で導いている。3月は1,230万円、4月は570万円。これに外部サッシの400万円を追加する。合算すると、1,920＋1,230＋570＋300=4,020万円が4月末まで出来高になる。4,020÷6,000=0.67となり67パーセントが正解。

例題3 令和元年度　2級建築施工管理技術検定 実施試験〔問題3〕

鉄骨造3階建て事務所ビルの建設工事における右の工程表と出来高表に関し，次の1．から4．の問いに答えなさい。

工程表は，工事着手時点のものであり，予定出来高曲線を破線で表示している。

また，出来高表は，4月末時点のものを示している。

ただし，工程表には，外壁工事における押出成形セメント板取付けの工程は未記入であり，出来高表には，総工事金額の月別出来高及び押出成形セメント板の出来高は記載していない。

〔工事概要〕

用　　途：事務所

構造・規模：鉄骨造 地上3階建て　延べ面積470m^2

地　　業：既製コンクリート杭

山 留 め：自立山留め

鉄 骨 工 事：建方は，移動式クレーンで行う。
耐火被覆は，耐火材巻付け工法，外周部は合成工法

仕 上 げ：屋根は，アスファルト露出断熱防水
外壁は，押出成形セメント板（ECP）張り，耐候性塗料塗り
内装は，壁，天井は軽量鉄骨下地せっこうボード張り
床はOAフロアー，タイルカーペット仕上げ

1．工程表の鉄骨工事の **A** に該当する作業名を記入しなさい。

2．外壁工事の押出成形セメント板取付け**終了日**を月次と旬日で定めて記入しなさい。ただし，**解答の旬日**は，**上旬**，**中旬**，**下旬**とする。

3．出来高表から，2月末までの**完成出来高の累計**を金額で記入しなさい。

4．出来高表から，総工事金額に対する 4月末までの**完成出来高の累計**をパーセントで記入しなさい。

工　程　表

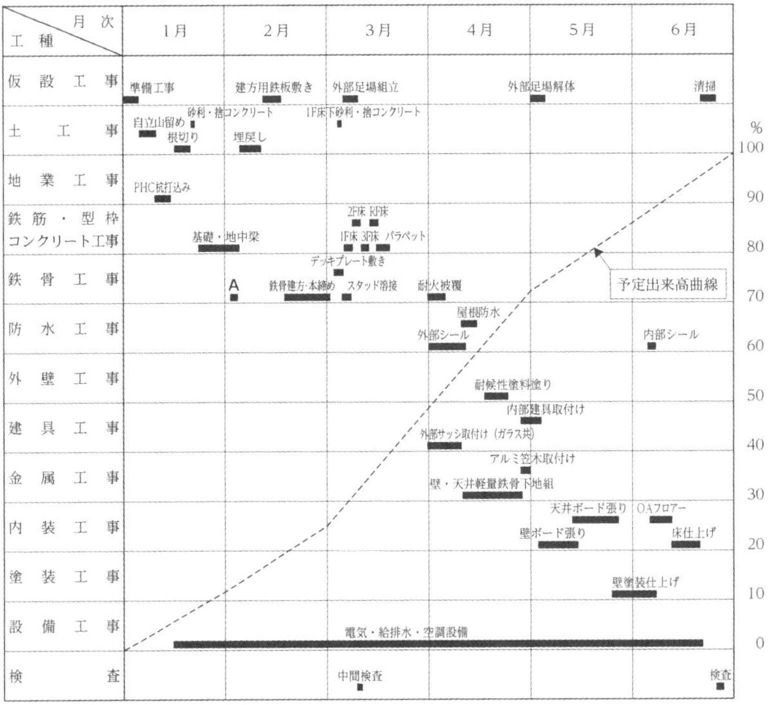

工種＼月次	1月	2月	3月	4月	5月	6月
仮設工事	準備工事	建方用鉄板敷き	外部足場組立		外部足場解体	清掃
土工事	自立山留め 砂利・捨コンクリート 根切り	埋戻し	1F床下砂利・捨コンクリート			
地業工事	PHC杭打込み					
鉄筋・型枠コンクリート工事	基礎・地中梁	基礎・地中梁	2F床　RF床 1F床　3F床　パラペット			
鉄骨工事		A 鉄骨建方・本締め	デッキプレート敷き スタッド溶接	耐火被覆		
防水工事				屋根防水 外部シール		内部シール
外壁工事				耐候性塗料塗り		
建具工事				内部建具取付け 外部サッシ取付け（ガラス共）		
金属工事				アルミ笠木取付け 壁・天井軽量鉄骨下地組		
内装工事					天井ボード張り 壁ボード張り	OAフロアー 床仕上げ
塗装工事					壁塗装仕上げ	壁塗装仕上げ
設備工事	電気・給排水・空調設備	電気・給排水・空調設備	電気・給排水・空調設備	電気・給排水・空調設備	電気・給排水・空調設備	電気・給排水・空調設備
検査			中間検査			検査

予定出来高曲線

%　100　90　80　70　60　50　40　30　20　10　0

出　来　高　表

単位　万円

工種	工事金額	予定／実績	1月	2月	3月	4月	5月	6月
仮設工事	750	予定	50	200	200	50	150	100
		実績	50	200	200	50		
土工事	600	予定	400	120	80			
		実績	400	120	80			
地業工事	200	予定	200					
		実績	200					
鉄筋・型枠コンクリート工事	900	予定	200	300	400			
		実績	200	350	350			
鉄骨工事	950	予定		270	500	180		
		実績		280	490	180		
防水工事	200	予定				150		50
		実績				150		
外壁工事	600	予定				100		
		実績				100		
建具工事	520	予定				420	100	
		実績				400		
金属工事	200	予定				200		
		実績				200		
内装工事	1,000	予定					350	650
		実績						
塗装工事	180	予定					120	60
		実績						
設備工事	1,400	予定	50	100	100	650	300	200
		実績	50	100	100	500		
総工事金額	7,500	予定						
		実績						

1. 作業名

基礎の工事完了段階で鉄骨のアンカーボルトを設置する。

2. 終了日

「押出成形セメント板取付け」は、「耐火被覆」の施工前に終了させる。

3. 2月末までの完成出来高

2月末までの完成出来高の合計[円]は、2月までの実績の合計である。

4. 完成出来高の累計

4月末までの完成出来高の累計（パーセント）は、次の手順で求める。
①記載されていない出来高を、出来高表に記入する。
②「4月までの実績の合計との差÷総工事金額×100（パーセント)」が解答となる。

解答例3

1. 作業名	アンカーボルト設置

ワンポイントアドバイス ここ3年ほどは鉄骨造が出題されている。各工程を見ながら、工事手順を覚えていく。基礎の工事完了段階で、鉄骨のアンカーボルトを設置する。

2. 終了日	3月下旬

ワンポイントアドバイス 外部シールおよび外部サッシ取付が4月上旬からスタートすることになっているので、外壁の押出成形セメント板は3月下旬には終了しておく必要がある。

3. 2月末までの完成出来高	1,950万円

ワンポイントアドバイス 1月と2月の実績欄の金額を計算間違いがないようにする。1月は900万円、2月は1,050万円。

4. 完成出来高の累計	70パーセント

ワンポイントアドバイス 2月までは1,950万、3月 1,220万、4月 1,580万円、これに加えて「出来高表には、押出成形セメント板の出来高は記載していない」とある。押出成形セメント板は3月末に終了しているので、外壁工事分として600万－100万＝500万円をプラスする必要がある。1950＋1220＋1580＋500＝5,250万となり、5,250万÷7,500万（総工事金額）＝0.7で70パーセントとなる。

例題4　平成30年度　2級建築施工管理技術検定 実地試験〔問題3〕

鉄骨造3階建て事務所ビルの建設工事における右の工程表と出来高表に関し，次の1．から3．の問いに答えなさい。

工程表は工事着手時点のものであり，予定出来高曲線を破線で表示している。

また，出来高表は，4月末時点のものを示している。

ただし，鉄骨工事における耐火被覆の工程は未記入であり，総工事金額の月別出来高及びスタッド溶接と耐火被覆の出来高は記載していない。

〔工事概要〕

用　　　途：事務所

構造・規模：鉄骨造　地上3階建て　延べ面積450m^2

基　　　礎：直接基礎

山　留　め：自立山留め

鉄 骨 工 事：建方は，移動式クレーンにて行う。
　　　　　　耐火被覆は，耐火材巻付け工法，外周部は合成工法

仕　上　げ：屋根は，合成高分子系ルーフィングシート防水
　　　　　　外壁は，ALC パネル張り，仕上塗材仕上げ
　　　　　　内装は，壁，天井は軽量鉄骨下地せっこうボード張り
　　　　　　　　　　床はフリーアクセスフロア，タイルカーペット仕上げ

1．工程表の土工事・基礎工事の**A**に該当する作業名を記述しなさい。

2．耐火被覆作業の**開始日**を月次と旬日で定めて記入しなさい。
　ただし，**解答の旬日は，上旬，中旬，下旬**とする。

3．出来高表から，総工事金額に対する4月末までの**完成出来高の累計**をパーセントで記入しなさい。

工　程　表

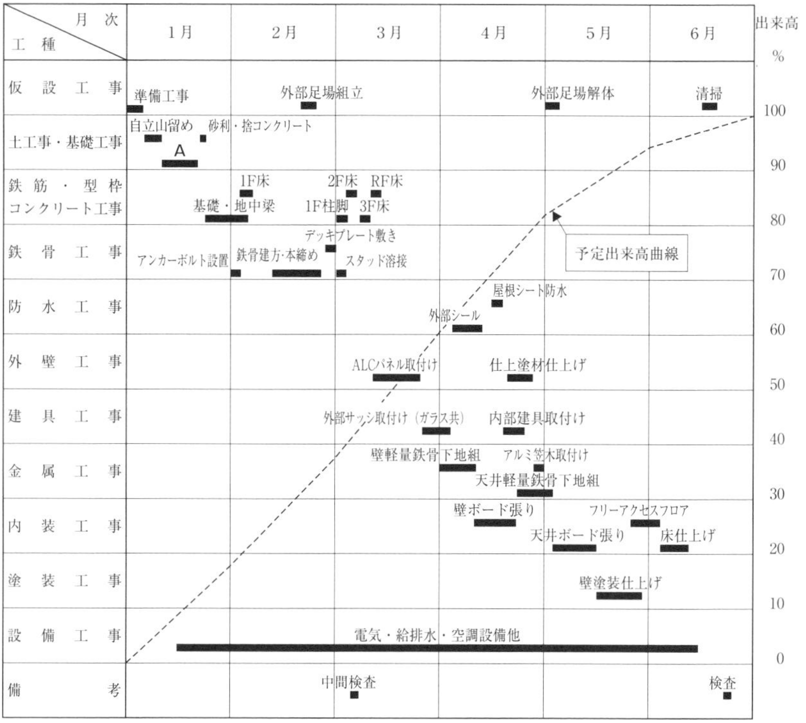

工種＼月次	1月	2月	3月	4月	5月	6月
仮設工事	準備工事	外部足場組立			外部足場解体	清掃
土工事・基礎工事	自立山留め、A、砂利・捨コンクリート					
鉄筋・型枠コンクリート工事	基礎・地中梁	1F床	1F柱脚、2F床、3F床、RF床			
鉄骨工事		アンカーボルト設置、鉄骨建方・本締め、デッキプレート敷き	スタッド溶接			
防水工事				外部シール、屋根シート防水		
外壁工事			ALCパネル取付け	仕上塗材仕上げ		
建具工事			外部サッシ取付け（ガラス共）	内部建具取付け		
金属工事				壁軽量鉄骨下地組、アルミ笠木取付け、天井軽量鉄骨下地組		
内装工事				壁ボード張り	天井ボード張り、フリーアクセスフロア	床仕上げ
塗装工事					壁塗装仕上げ	
設備工事	電気・給排水・空調設備他					
備考			中間検査			検査

出来高 %：0、10、20、30、40、50、60、70、80、90、100

予定出来高曲線

出　来　高　表

単位　万円

工種	工事金額	予定 実績	1月	2月	3月	4月	5月	6月
仮設工事	400	予定	50	100	50	50	100	50
		実績	50	100	50	50		
土工事・基礎工事	550	予定	550					
		実績	550					
鉄筋・型枠コンクリート工事	800	予定	400	150	250			
		実績	400	100	300			
鉄骨工事	1,100	予定		900				
		実績		900				
防水工事	100	予定				100		
		実績				100		
外壁工事	600	予定			550	50		
		実績			550	50		
建具工事	500	予定			200	300		
		実績			200	300		
金属工事	200	予定				200		
		実績				200		
内装工事	650	予定				200	250	200
		実績				200		
塗装工事	100	予定					100	
		実績						
設備工事	1,000	予定	50	50	150	350	300	100
		実績	50	50	150	250		
総工事金額	6,000	予定						
		実績						

1. 作業名

山留めの後で、基礎・地中梁の前の工事となっている。例題1、例題2のPointをよく理解すること。

2. 耐火被覆作業の開始日

「耐火被覆」は、「スタッド溶接」の施工後に開始できる。

3. 完成出来高の累計

4月末までの完成出来高の累計（パーセント）は、次の手順で求める。
①記載されていない出来高を、出来高表に記入する。
②「4月までの実績の合計との差÷総工事金額×100（パーセント）」が解答となる。

解答例4

1. 作業名	根切り
ワンポイントアドバイス	山留めの後で、基礎・地中梁の前の工事となっている。
2. 耐火被覆作業の開始日	3月下旬
ワンポイントアドバイス	耐火被覆の工事は外壁工事完了後開始となっている。よってALCパネル工事完了後の3月下旬が正しい。
3. 完成出来高の累計	80パーセント
ワンポイントアドバイス	1月～4月までの出来高（実績）の累計。鉄骨工事のうち耐火被覆、スタッド溶接の金額が未形状、これは3月に実施しており＋200万の計上が必要。1,050（1月）＋1,150（2月）＋1,250（3月）＋1,150（4月）＋200（鉄骨工事未計上分）=4,800万。4,800万 ÷ 6,000万（総工事金額）=0.8なので80パーセントとなる。

第4章 法規

第二次検定問題4の法規は、建設業法、建築基準法、労働安全衛生法がそれぞれ1問ずつ、計3問が出題される。また、建築基準法と建設リサイクル法も出題されている（各10年のうち3度出題）。

誤っている語句・数値を選び、正しい語句・数値に訂正する問題が続いていたが、昨年度より空欄に当てはまる正しい語句・数値を4つの選択肢より選ぶ問題（1問につき2つの空欄×3問）に変更された。

しかし、出題される法規や条文の出題傾向に変わりはない。過去に出題された条文をしっかり読み込んで記憶する必要がある。

例題1　令和3年度　2級建築施工管理技術検定 第二次検定〔問題4〕

次の1．から3．の各法文において，[　　]に**当てはまる正しい語句又は数値**を，下の該当する枠内から**1つ**選びなさい。

1．建設業法（検査及び引渡し）

第24条の4　元請負人は，下請負人からその請け負った建設工事が[①]した旨の通知を受けたときは，当該通知を受けた日から[②]日以内で，かつ，できる限り短い期間内に，その[①]を確認するための検査を完了しなければならない。

2（　略　）

①	①完了	②終了	③完成	④竣工

②	①7	②14	③20	④30

2．建築基準法（工事現場における確認の表示等）

第89条　第6条第1項の建築，大規模の修繕又は大規模の模様替の工事の[③]は，当該工事現場の見易い場所に，国土交通省令で定める様式によって，建築主，設計者，工事施工者及び工事の現場管理者の氏名又は名称並びに当該工事に係る同項の確認があった旨の表示をしなければならない。

2　第6条第1項の建築，大規模の修繕又は大規模の模様替の工事の　③　は，当該工事に係る　④　を当該工事現場に備えておかなければならない。

③	①建築主	②設計者	③施工者	④現場管理者

④	①設計図書	②請負契約書	③施工体系図	④確認済証

3．労働安全衛生法（事業者等の責務）

第3条　（　略　）

2（　略　）

3　建設工事の注文者等仕事を他人に請け負わせる者は，施工方法，　⑤　等について，安全で衛生的な作業の　⑥　をそこなうおそれのある条件を附さないように配慮しなければならない。

⑤	①人員配置	②工期	③労働時間	④賃金

⑥	①環境	②継続	③計画	④遂行

1．建設業法（検査及び引き渡し）　建設業法24条の4

元請負人は、下請負人からその請け負った建設工事が①完成した旨の通知を受けたときは、当該通知を受けた日から②20日以内で、かつ、できる限り短い期間内に、その①完成を確認するための検査を完了しなければならない。

2．建築基準法（工事現場における確認の表示等）　第89条

第6条第1項の建築、大規模の修繕又は大規模の模様替の工事の③施工者は、当該工事現場の見易い場所に、国土交通省令で定める様式によつて、建築主、設計者、工事施工者及び工事の現場管理者の氏名又は名称並びに当該工事に係る同項の確認があつた旨の表示をしなければならない。
2　第6条第1項の建築、大規模の修繕又は大規模の模様替の工事の③施工者は、当該工事に係る④設計図書を当該工事現場に備えておかなければならない

3．労働安全衛生法（事業者等の責務）　労働安全衛生法　第3条

3　建設工事の注文者等仕事を他人に請け負わせる者は、施工方法、⑤工期等について、安全で衛生的な作業の⑥遂行をそこなうおそれのある条件を附さないように配慮しなければならない。

解答例1

問　題	枠	正しい語句又は数値
1.	①	③完成
	②	③20
2.	③	③施工者
	④	①設計図書
3.	⑤	②工期
	⑥	④遂行

例題2　令和2年度　2級建築施工管理技術検定 実地試験〔問題4〕

次の各法文の下線部の語句について，誤っている**語句又は数値の番号**を**1つ**あげ，それに対する**正しい語句又は数値**を記入しなさい。

1．建設業法

主任技術者及び監理技術者は，工事現場における建設工事を適正に実施するため，当該建設工事の施工①計画の作成，原価②管理，品質管理その他の技術上の管理及び当該建設工事の施工に従事する者の技術上の指導③監督の職務を誠実に行わなければならない。

2．建築基準法施行令

建築工事等において深さ2.0①m以上の根切り工事を行なう場合においては，地盤が崩壊②するおそれがないとき，及びその周辺の状況により危害防止上支障がないときを除き，山留めを設けなければならない。この場合において，山留めの根入れは，周辺の地盤の安定を保持③するために相当な深さとしなければならない。

3．労働安全衛生法

建設業に属する事業の元方事業者は，土砂等が崩壊するおそれのある場所，機械等が転倒するおそれのある場所その他の厚生労働省令で定める場所において関係請負人①の労働者が当該事業の仕事の作業を行うときは，当該関係請負人①が講ずべき当該場所に係る損害②を防止するための措置が適正に講ぜられるように，技術③上の指導その他の必要な措置を講じなければならない。

1. 建設業法　第26条の4（主任技術者及び監理技術者の職務等）

主任技術者及び監理技術者は、工事現場における建設工事を適正に実施するため、当該建設工事の施工計画の作成、②工程管理、品質管理その他の技術上の管理及び当該建設工事の施工に従事する者の技術上の指導監督の職務を誠実に行わなければならない。

2. 建築基準法施行令　第136条の3の4項（根切り工事、山留め工事等を行う場合の危害の防止）

建築工事等において深さ① 1.5m以上の根切り工事を行う場合においては、地盤が崩壊するおそれがないとき、及びその周辺の状況により危害防止上支障がないときを除き、山留めを設けなければならない。
この場合において、山留めの根入れは、周辺の地盤の安定を保持するために相当な深さとしなければならない。

3. 労働安全衛生法　第29条の2（元方事業者の講ずべき措置等）

建設業に属する事業の元方事業者は、土砂等が崩壊するおそれのある場所、機械等が転倒するおそれのある場所その他の厚生労働省令で定める場所において関係請負人の労働者が当該事業の仕事の作業を行うときは、当該関係請負人が講ずべき当該場所に係る②危険を防止するための措置が適正に講ぜられるように、技術上の指導その他の必要な措置を講じなければならない。

解答例2

問　題	誤っている番号	正しい語句
1.	②	工程
2.	①	1.5
3.	②	危険

例題3　令和元年度　2級建築施工管理技術検定 実地試験〔問題4〕

次の各法文の下線部の語句について，誤っている**語句の番号**を**1つ**あげ，それに対する**正しい語句**を記入しなさい。

1．建設業法（第19条の2　第1項）

請負人は，請負契約の履行①に関し，工事現場に現場代理人を置く場合においては，当該現場代理人の権限②に関する事項及び当該現場代理人の行為についての設計者③の請負人に対する意見の申出の方法（第3項において「現場代理人に関する事項」という。）を，書面により設計者③に通知しなければならない。

2．建築基準法施行令（第136条の3　第3項）

建築工事等において建築物その他の工作物に近接して根切り①工事その他土地の掘削を行なう場合においては，当該工作物の外壁②又は地盤を補強して構造耐力の低下を防止し，急激な排水を避ける等その傾斜又は倒壊による危害③の発生を防止するための措置を講じなければならない。

3．労働安全衛生法（第60条）

事業者は，その事業場の業種が政令で定めるものに該当するときは，新たに職務につくこととなった職長①その他の作業中の労働者②を直接指導又は監督する者（作業主任者を除く。）に対し，次の事項について，厚生労働省令で定めるところにより，安全又は衛生のための教育を行わなければならない。

1　作業方法の決定及び労働者の安全に関すること。
③

2　労働者に対する指導又は監督の方法に関すること。

3　前2号に掲げるもののほか，労働災害を防止するために必要な事項で，厚生労働省令で定めるもの。

Point　こう解く！

1．建設業法（第19条の2　第1項）

請負人は、請負契約の履行に関し、工事現場に現場代理人を置く場合においては、当該現場代理人の権限に関する事項及び当該現場代理人の行為についての③注文者の請負人に対する意見の申出の方法（第3項において「現場代理人に関する事項」という。）を、書面により注文者に通知しなければならない。

2．建築基準法施行令（第136条の3　第3項）

建築工事等において建築物その他の工作物に近接して根切り工事その他土地の掘削を行う場合においては、当該工作物の②基礎又は地盤を補強して構造耐力の低下を防止し、急激な排水を避ける等その傾斜又は倒壊による危害の発生を防止するための措置を講じなければならない。

3．労働安全衛生法（第60条）

事業者は、その事業場の業種が政令で定めるものに該当するときは、新たに職務につくこととなった職長その他の作業中の労働者を直接指導又は監督する者（作業主任者を除く。）に対し、次の事項について、厚生労働省令で定まるところにより、安全又は衛生のための教育を行わなければならない。

1　作業方法の決定及び労働者の③配置に関すること。
2　労働者に対する指導又は監督の方法に関すること。
3　前2号に掲げるもののほか、労働災害を防止するために必要な事項で、厚生労働省令で定めるもの

解答例

問　題	誤っている番号	正しい語句
1	③	注文者
2	②	基　礎
3	③	配　置

例題4　平成30年度　2級建築施工管理技術検定 実地試験〔問題4〕

次の各法文において，それぞれ下線部の**誤っている語句又は数値の番号を1つ**あげ，それに対する**正しい語句又は数値**を記入しなさい。

1．建設業法（第24条の4　第1項）

元請負人は，下請負人①からその請け負った建設工事が完成した旨の通知を受けたときは，当該通知を受けた日から20②日以内で，かつ，できる限り短い期間内に，その完成を確認するための準備③を完了しなければならない。

2．建築基準法（第90条　第1項）

建築物の建築，修繕，模様替①又は除却のための工事の設計者②は，当該工事の施工に伴う地盤の崩落，建築物又は工事用の工作物③の倒壊等による危害を防止するために必要な措置を講じなければならない。

3．労働安全衛生法（第61条　第1項）

事業者は，クレーンの運転その他の業務で，政令で定めるものについては，都道府県労働局長の当該業務に係る免許①を受けた者又は都道府県労働局長の登録を受けた者が行う当該業務に係る監理②講習を修了した者その他厚生労働省令で定める資格③を有する者でなければ，当該業務に就かせてはならない。

1. 建設業法　第24条の4　第1項

（検査及び引き渡し）には、「元請負人は、下請負人からその請け負った建設工事が完成した旨の通知を受けた時は、当該通知を受けた日から20日以内で、かつ、できる限り短い期間内に、その完成を確認するための③検査を完了しなければならない。」と記されている。

2. 建築基準法　第90条　第1項

（工事現場の危害の防止）には、「建築物の建築、修繕、模様替又は除却のための工事の③施工者は、当該工事の施工に伴う地盤の崩落、建築物又は工事用の工作物の倒壊等による危害を防止するために必要な措置を講じなければならない。」と記されている。

3. 労働安全衛生法　第61条　第1項

（就業制限）には、「事業者は、クレーンの運転その他の業務で、政令で定めるものについては、都道府県労働局長の当該業務に係る免許を受けた者又は都道府県労働局長の登録を受けた者が行う当該業務に係る②技能講習を修了した者その他厚生労働省令で定める資格を有する者でなければ、当該業務に就かせてはならない。」と記されている。

解答例

問　題	誤っている番号	正しい語句
1	③	検　査
2	②	施工者
3	②	技　能

第5章
建築施工

問題5は、建築施工に関する最も不適当な語句または数値の選び、適当な語句や数値との組合せを選ぶ問題である。受検種別ごとの出題となっており、建築（問題5A）／躯体（問題5B）／仕上げ（問題5C）の受検種別ごとに出題問題は異なる。

専門性が要求されるが、学科をしっかり勉強していれば解ける問題のレベルである。例題の解説は、建築工事監理指針および公共建築工事標準仕様書等を参照している。

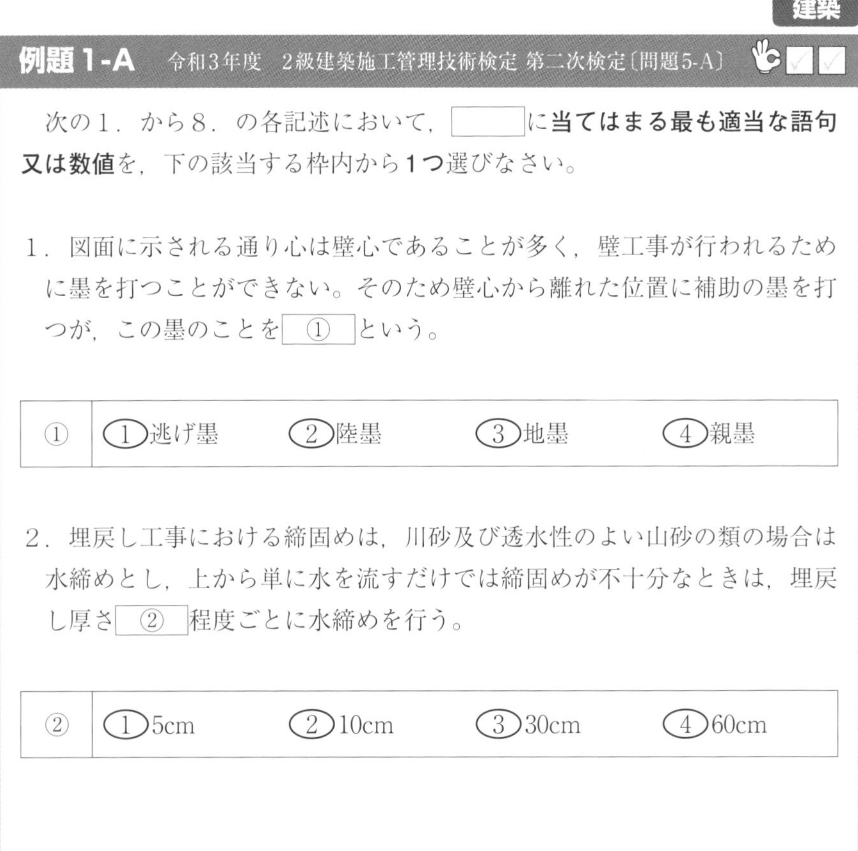

建築

例題1-A 令和3年度　2級建築施工管理技術検定 第二次検定〔問題5-A〕

次の1．から8．の各記述において，[　　]に**当てはまる最も適当な語句又は数値**を，下の該当する枠内から**1つ**選びなさい。

1．図面に示される通り心は壁心であることが多く，壁工事が行われるために墨を打つことができない。そのため壁心から離れた位置に補助の墨を打つが，この墨のことを[①]という。

①	①逃げ墨	②陸墨	③地墨	④親墨

2．埋戻し工事における締固めは，川砂及び透水性のよい山砂の類の場合は水締めとし，上から単に水を流すだけでは締固めが不十分なときは，埋戻し厚さ[②]程度ごとに水締めを行う。

②	①5cm	②10cm	③30cm	④60cm

3．鉄筋工事における鉄筋相互のあきは，粗骨材の最大寸法の1.25倍，25mm及び隣り合う鉄筋の平均径の［ ③ ］のうち最大のもの以上とする。

③	①1.0倍	②1.25倍	③1.5倍	④2.0倍

4．鉄骨工事における柱脚アンカーボルトの締付けは，特記がない場合，ナット回転法で行い，ボルト頭部の出の高さは，ねじが2重ナット締めを行っても外に［ ④ ］以上出ることを標準とする。

④	①1山	②2山	③3山	④4山

5．ウレタンゴム系塗膜防水の通気緩衝シートの張付けに当たって，シートの継ぎ目は，［ ⑤ ］とし，下地からの浮き，端部の耳はね等が生じないように注意して張り付ける。

⑤	①50cm重ね	②100cm重ね	③目透し	④突付け

6．大理石は，模様は色調などの装飾性を重視することが多いため，磨き仕上げとすることが多く，壁の仕上げ材に使用する場合は［ ⑥ ］を用いることが多い。

⑥	①本磨き	②水磨き	③粗磨き	④ブラスト

7．塗装工事において，塗膜が平らに乾燥せず，ちりめん状あるいは波形模様の凹凸を生じる現象を［ ⑦ ］といい，厚塗りによる上乾きの場合などに起こりやすい。

⑦	①だれ	②しわ	③にじみ	④はじき

8．内装工事において使用される［ ⑧ ］せっこうボードは，両面のボード用原紙と心材のせっこうに防水処理を施したもので，屋内の台所や洗面所などの壁や天井の下地材として使用される。

⑧	①強化	②シージング	③化粧	④構造用

1．墨

①**逃げ墨**とは、障害物のせいで実際に墨出しできない場合に、一定の距離を記載して打つ墨（印）のこと。寄り墨ともいう。②陸墨とは、水平を表示する基準高さの墨のこと。原則的に1階又は基準レベル位置より確認することにより誤差を小さくする。③地墨とは、工事に必要な線形や寸法などを表示するために、捨てコンクリートや基礎に記される印のことをいう。④親墨とは、建築物などに墨出しをする際の基準として最初に出す墨のこと。**元墨**とも呼び、基準墨になる。

2．水締め

締固めは、川砂及び透水性のよい山砂の類の場合は**水締め**とし、透水性の悪い山砂の類及び粘土質の場合はまき出し厚さ**約300mm程度**ごとにローラー、ランマー等で締め固めながら埋め戻す。

3．鉄筋工事における鉄筋相互のあき

鉄筋相互のあきは、次の値のうち最大のもの以上とする。

・粗骨材の粗骨材の最大寸法の1.25倍
・25mm
・隣り合う鉄筋の径の平均の1.5倍

1級建築でも頻出の鉄板の内容である。確実に覚えておくこと。

4. 柱脚アンカーボルトの締付け

ボルト頭部の出の高さは、二重ナット締めを行っても**外にねじが3山以上出る事を標準**とする。

5. 通気緩衝シートの張付け

通気緩衝シートは、接着剤を塗布し、塗布した接着剤のオープンタイムを確認して接着可能時間内に、隙間や重なり部をつくらないように**シート相互を突き付けて張付け**、ローラー転圧をして接着させる。

6. 大理石の磨き仕上げ

大理石を壁で使用する際は、**平滑でつやがあり**石材本来の色や柄が出る①**本磨き**がよいと考えられる。
③**粗磨き**は、光沢がなくざらついた感じになる。②**水磨き**は、光沢が少なめでつやがなく、仕上げがやや粗い。

7. しわ

塗装の際、塗膜の乾燥、硬化時においてちりめん状あるいは**波形模様の凸凹を生じる現象**を②**しわ**という（リフティングともいう）。
①**だれ**は、垂直面に施工した塗材が乾燥までに部分的に流れて**厚さに不均一を生じる現象**。複層仕上塗材の上塗材には半円状、つらら状、波紋状などの模様となって現れる。

8. せっこうボード

①強化せっこうボードは、心材のせっこうに無機質繊維などを混入したもの（防火・準耐火・耐火・遮音構造）。
②**シージングせっこうボード**は、**両面の紙と心材のせっこうに防水処理を施したもの**（湿気のある屋内の壁、天井下地など）。
③化粧せっこうボードは、ボードに化粧加工した紙やシートを張り合わせたもの（仕上げ処理不要の壁・天井仕上げ）。
④構造用せっこうボードは、くぎ側側面抵抗を向上させたもの（耐力壁用の面材として）。

解答例1-A

問題	枠	最も適当な語句又は数値
1.	①	①逃げ墨
2.	②	③30cm
3.	③	③1.5倍
4.	④	③3山
5.	⑤	④突付け
6.	⑥	①本磨き
7.	⑦	②しわ
8.	⑧	②シージング

例題 1-B　令和3年度　2級建築施工管理技術検定 第二次検定〔問題5-B〕

次の1．から4．の各記述において，　　　に**当てはまる最も適当な語句又は数値**を，下の該当する枠内から**1つ**選びなさい。

1．建築物の高さ及び位置の基準となるものを ① という。高さの基準は隣接の建築物や既存の工作物に，位置の基準は一般に建築物の縦，横2方向の通り心を延長して設ける。工事測量を行うときの基準のため，工事中に動くことのないよう2箇所以上設けて，随時確認できるようにしておく。

また，建築物の位置を定めるため建築物の外形と内部の主要な間仕切の中心線上に，ビニルひも等を張って建築物の位置を地面に表すことを ② という。このとき，建築物の隅には地杭を打ち地縄を張りめぐらす。

①	(1)親墨	(2)逃げ墨	(3)ベンチマーク	(4)ランドマーク
②	(1)縄張り	(2)水貫	(3)遣方	(4)いすか切り

2．鉄筋工事において，コンクリートの中性化や火災等の高温による鉄筋への影響を考えた鉄筋を覆うコンクリートの厚さを「かぶり厚さ」といい，建築基準法施行令で規定されており，原則として，柱又は梁にあっては ③ mm以上，床にあっては20mm以上となっている。

また，かぶり厚さを保つためにスペーサーが用いられ，スラブ筋の組立時には， ④ のスラブ用スペーサーを原則として使用する。

③	(1)25	(2)30	(3)35	(4)40
④	(1)木レンガ	(2)モルタル製	(3)鋼製	(4)プラスチック製

3．コンクリート工事において，日本産業規格（JIS）では，レディーミクストコンクリートの運搬時間は，原則として，コンクリートの練混ぜを開始してからトラックアジテータが荷卸し地点に到着するまでの時間とし，その時間は ⑤ 分以内と規定されている。このため，できるだけ運搬時間が短くなるレディーミクストコンクリート工場の選定をする。

また，コンクリートの練混ぜ開始から工事現場での打込み終了までの時間は外気温が25℃未満の場合 ⑥ 分以内，25℃以上の場合90分以内とする。

⑤	①60	②70	③80	④90
⑥	①60	②120	③150	④180

4．木造在来軸組構法において，屋根や上階の床などの荷重を土台に伝える鉛直材である柱は，2階建てでは，1階から2階までを通して1本の材を用いる通し柱と，各階ごとに用いる ⑦ とがある。

一般住宅の場合，柱の断面寸法は，通し柱は， ⑧ cm角， ⑦ では10.5cm角のものが主に使用されている。

⑦	①継柱	②止柱	③間柱	④管柱
⑧	①10.5	②12	③13.5	④15

Point こう解く！

1. ①建築物の高さ及び位置の基準、②建築物の位置を地面に表すこと

①③ベンチマークは、建築物等の高低及び位置の基準。
②①縄張りは、建築物の位置を決定するために、建築物外周の柱心、壁芯が分かるよう縄などを張ること。③遣方は、基礎に先立ち、建築物の位置及び水平の基準を明確にするための仮設物。

2. ③かぶり厚さ、④スペーサー

③鉄筋に対するコンクリートの**かぶり厚さ**は、耐力壁以外の壁又は床にあっては**2cm**以上、耐力壁、柱又は梁にあっては**3cm**（②**30mm**）以上、直接土

に接する壁、柱、床若しくははり又は布基礎の立上り部分にあっては4cm以上、基礎（布基礎の立上り部分を除く。）にあっては捨コンクリートの部分を除いて6cm以上としなければならない。※建築基準法施行令　第79条
スラブのスペーサーは、**コンクリート打込み時の鉄筋の脱落を考慮**し、原則として③**鋼製**とする。

3. ⑤レディーミクストコンクリートの運搬時間、⑥打込み終了までの時間

⑤レディーミクストコンクリートの運搬時間は、生産者が練混ぜを開始してから運搬車が荷卸し地点に到着するまでの時間とし、その時間は④**90分**（1.5時間）**以内**とする。※JIS A5308より
⑥コンクリートの練混ぜから打込み終了までの時間は、外気温が**25℃以下の場合は**②**120分以内**とし、**25℃を超える場合は90分以内**とする。**4. ⑦管柱、⑧通し柱**
各階ごとに建っている柱は④**管柱**という。通し柱は②**12cm**角、管柱は10.5cm角のものが使用される。

解答例1-B

問題	枠	最も適当な語句又は数値
1.	①	③ベンチマーク
	②	①縄張り
2.	③	②30
	④	③鋼製
3.	⑤	④90
	⑥	②120
4.	⑦	④管柱
	⑧	②12

例題 1-C　令和3年度　2級建築施工管理技術検定 第二次検定〔問題5-C〕

次の1．から4．の各記述において，[　　]に**当てはまる最も適当な語句又は数値**を，下の該当する枠内から**1つ**選びなさい。

1．改質アスファルトシート防水トーチ工法において，改質アスファルトシートの張付けは，トーチバーナーで改質アスファルトシートの[①]及び下地を均一にあぶり，[①]の改質アスファルトシートを溶融させながら均一に押し広げて密着させる。改質アスファルトシートの重ねは，2層の場合，上下の改質アスファルトシートの接合部が重ならないように張り付ける。

出隅及び入隅は，改質アスファルトシートの張付けに先出ち，幅[②]mm程度の増張りを行う。

①	①表面	②裏面	③両面	④小口面

②	①100	②150	③200	④250

2．セメントモルタルによるタイル張りにおいて，密着張りとする場合，タイルの張付けは，張付けモルタル塗付け後，タイル用振動機（ビブラート）を用い，タイル表面に振動を与え，タイル周辺からモルタルがはみ出すまで振動機を移動させながら，目違いのないよう通りよく張り付ける。

張付けモルタルは，2層に分けて塗り付けるものとし，1回の塗付け面積の限度は，$2m^2$以下，かつ[③]分以内に張り終える面積とする。また，タイル目地詰めは，タイル張付け後[④]時間経過した後，張付けモルタルの硬化を見計らって行う。

③	①10	②20	③30	④40

④	①8	②12	③16	④24

3．軽量鉄骨天井下地において，鉄筋コンクリート造の場合，吊りボルトの取付けは，埋込みインサートにねじ込んで固定する。野縁の吊下げは，取り付けられた野縁受けに野縁を［⑤］で留め付ける。

平天井の場合，目の錯覚で天井面が下がって見えることがあるため，天井下地の中央部を基準レベルよりも吊り上げる方法が行われている。この方法を［⑥］といい，室内張りのスパンに対して，1/500から1/1,000程度が適当とされている。

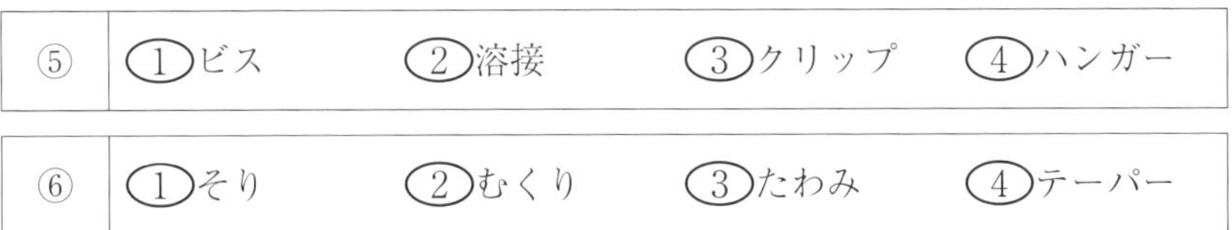

⑤	①ビス	②溶接	③クリップ	④ハンガー
⑥	①そり	②むくり	③たわみ	④テーパー

4．床カーペット敷きにおいて，［⑦］カーペットをグリッパー工法で敷き込む場合，張り仕舞いは，ニッキッカー又はパワーストレッチャーを用い，カーペットを伸展しながらグリッパーに引っ掛け，端はステアツールを用いて溝に巻き込むように入れる。

グリッパーは，壁際からの隙間をカーペットの厚さの約［⑧］とし，壁周辺に沿って均等にとり，釘又は接着剤で取り付ける。

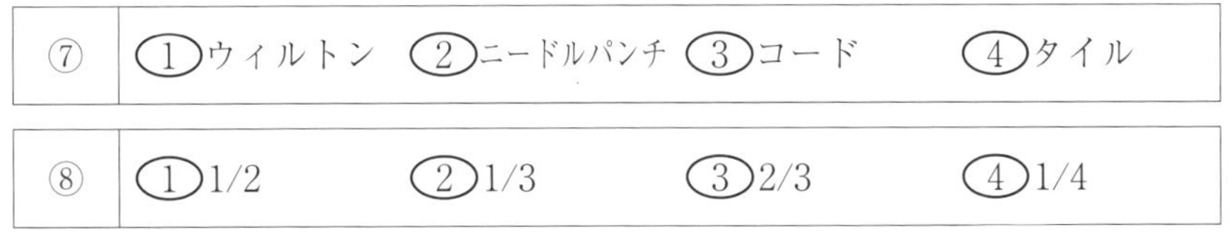

⑦	①ウィルトン	②ニードルパンチ	③コード	④タイル
⑧	①1/2	②1/3	③2/3	④1/4

1. ①改質アスファルトシートの貼付け、②出隅及び入隅

①改質アスファルトシートの張付けは、トーチバーナーで改質アスファルトシート②**裏面**及び下地を均一にあぶり、裏面の改質アスファルトを溶融さ

せながら均一に押し広げて密着させる。
②出隅及び入隅は、改質アスファルトシート張付けに先立ち、③**幅200mm程度**の増張り用シートを張り付ける。

2. ③張付けモルタル、④タイル目地詰め

③張付けモルタルは２層に分けて塗り付けるものとし、１層目はこて圧をかけて塗り付ける。なお、張付けモルタルの１回の塗付け面積の限度は、張付けモルタルに触れると手に付く状態のままタイル張りが完了できることとし、$2m^2$/人以内、かつ、②**20分**以内に張り終える面積とする。
④タイル張付け後、④**24時間以上経過**した後、張付けモルタルの硬化を見計らって、目地詰めを行う。

3. ⑤野縁の吊下げ、⑥むくり

⑤野縁の吊下げは、吊りボルト下部の野縁受ハンガーに野縁受を取り付け、これに**野縁を**③**クリップで留め付ける**。※建築工事監理指針より
⑥部屋の中央を若干高くすることを②**むくり**といい、感覚的に平面に見えることが知られている。

4. ⑦⑧グリッパー工法

⑦グリッパー工法を利用するのは織じゅうたん又はタフテッドカーペットである。選択肢を考慮すると、織りカーペットの１種である①**ウィルトンカーペット**が正解となる。
⑧また、グリッパーは壁際からの隙間をカーペット厚さの約③**2/3**とし、壁周辺に沿って均等にとり、釘又は接着剤で取り付ける、とされている。

5 建築施工

解答例 1-C

問題	枠	最も適当な語句又は数値
1.	①	②裏面
	②	③200
2.	③	②20
	④	④24
3.	⑤	③クリップ
	⑥	②むくり
4.	⑦	①ウィルトン
	⑧	③2／3（分数で）

例題2-A　令和2年度　2級建築施工管理技術検定 実地試験〔問題5-A〕

次の1．から8．の各記述において，**下線部の語句又は数値**が**適当なもの**には○印を，**不適当なものには適当な語句又は数値**を記入しなさい。

1．建築物の基礎をべた基礎とする場合にあっては，原則として一体の鉄筋コンクリート造とし，木造の建築物の土台の下にあっては，連続した立上り部分を設け，立上り部分の高さは地上部分で20cm①以上とする。

2．合板型枠の締付け金物を締めすぎると，内端太，外端太が内側に押され，せき板が外側②に変形する。締めすぎへの対策としては，内端太（縦端太）を締付けボルトにできるだけ近接させて締め付ける。

3．コンクリートの1層の打込み厚さは，締固めに用いる棒形振動機部分の長さ以下とし，挿入に際しては先に打ち込んだコンクリートの層に棒形振動機の先端が入るようにし，引き抜く際にはコンクリートに穴を残さないように加振しながら急いで③引き抜かなければならない。

4．木造の建築物にあっては，地震力などの水平荷重に対して，建築物にねじれ④を生じないように，筋かい等を入れた軸組を，張り間方向及び桁行方向にそれぞれにつり合いよく配置する。

5．シーリング工事における鉄筋コンクリート外壁の打継ぎ目地，ひび割れ誘発目地，建具回り目地等で動きの小さいノンワーキングジョイントの場合の目地構造は，2面接着⑤を標準とする。

6．金属板葺き屋根工事における下葺きに使用するアスファルトルーフィングは，軒先より葺き進め，隣接するルーフィングの重ね幅は，シート短辺部（流れ方向）は200mm以上，長辺部（長手方向）は100mm⑥以上とする。

7．仕上塗材の吹付け塗りにおける吹付けの基本動作は，スプレーガンのノズルを常に下地面に対して直角又はやや下向き⑦に保つようにし，縦横2方向に吹くなど模様むらが生じないように吹き付ける。

8．壁紙張りにおいて，表面に付いた接着剤や手垢等を放置しておくとはがれ⑧の原因となるので，張り終わった部分ごとに直ちに拭き取る。

Point こう解く!

1. べた基礎の立上り部分の高さ

建築基準法施行令の第38条3項及び4項の規定に基づき、建築物の基礎の構造方法及び構造計算の基準を**告示1347号**で次のように定めている。『建築物の基礎をべた基礎とする場合、立上り部分の高さは**地上部分で30cm以上**と、立上り部分の厚さは12cm以上と、基礎の底盤の厚さは12cmとすること。』

2. せき板の変形

型枠の中にコンクリートを打設する際、「**側圧**」といわれる**外に膨らむ力**が作用する。それを防ぐために、型枠の外側から締め付けるので、締め過ぎると内側に変形する。

3. コンクリートの１層の打込み厚さ

振動時間はコンクリート表面にセメントペーストが浮き上がるときを標準とし、コンクリートに穴を残さないように加振しながら**徐々に**引き抜く。

4. ねじれ

建築基準法施行令 第46条に、『構造耐力上主要な部分である壁、柱及び横架材を木造とした建築物にあつては、すべての方向の水平力に対して安全であるように、各階の張り間方向及びけた行方向に、それぞれ壁を設け又は筋かいを入れた軸組を釣合いよく配置しなければならない。』と規定されている。ここには**ねじれ**と書かれていないが、水平力に対して安全であるように、ということから、**ねじれ**が正しいことが分かる。

5. ノンワーキングジョイントの場合の目地構造

目地に変位が発生するワーキングジョイントの場合は**2面接着**、**目地の変位がないか極めて少ないノンワーキングジョイントに適用するのは3面接着**である。

6. アスファルトルーフィングの重ね幅

下葺材のアスファルトルーフィングは、上下の**重ね幅（長手）は100mm以上**、**左右の重ね幅は200mm以上**とする。また棟部は棟の両側に250mm以上折掛けとしたのち、棟頂部あら一枚もので左右300mm以上の増張りを行う。

7. 吹付けの基本動作

材料が下地面に対して直角に吹き付けられるように、スプレーガンのノズルをやや**上向き**に保ち、絶対に吹下げはしないこと。※建築用塗材仕上げハンドブックより

8. しみ

張り終わった箇所ごとに、表面に付いた接着剤や手あか等を直ちにふき取る。特に建具、枠回り、鴨居、ジョイント部等は、放置しておくと**しみの原因**になるので注意する。

解答例2-A

問題	下線部の語句又は数値	○印、適当な語句又は数値
①	20	30
②	外側	内側
③	急いで	徐々に
④	ねじれ	○
⑤	2面	3面
⑥	100	○
⑦	下向き	上向き
⑧	はがれ	しみ

例題2-B 令和2年度　2級建築施工管理技術検定 実地試験〔問題5-B〕

次の1．から4．の各記述において，下線部の語句又は数値が**適当なものには○印を，不適当なものには適当な語句又は数値**を記入しなさい。

1．既製コンクリート杭地業におけるセメントミルク工法において，杭径が300～500mmの場合は，杭径よりも<u>200mm</u>①程度大きいオーガーヘッドを使用する。

また，掘削は，安定液を用いて孔壁の崩壊を防止しながら，杭心に合わせて鉛直に行い，予定の支持層に達した後，根固め液及び杭周固定液を注入しながらアースオーガーを引き抜いていき，その後，既製コンクリート杭を掘削孔内に建て込む。

この施工法は，既製コンクリート杭の<u>打込み</u>②工法に分類される。

2．鉄骨工事におけるトルシア形高力ボルトを使用する接合部の組立てにおいて，接合部の材厚の差などにより，接合部に<u>1</u>③mmを超える肌すきがある場合には，フィラープレートを用いて肌すきを埋める。

締付け後の検査は，一次締付け後に付けたマーキングのずれやピンテールの破断などを確認し，ナットの回転と共にボルトや座金も一緒に回転する<u>軸回り</u>④を生じているボルトは，新しいボルトセットと交換する。

3．コンクリート工事において，公称棒径45mmの棒形振動機を締固めに用いる場合，コンクリートの1層の打込み厚さは，棒形振動機部分の長さである60～80cm以下とし，棒形振動機の挿入間隔は90cm以下とする。
⑤
また，棒形振動機は，コンクリート表面にセメントペーストが浮き上がる時まで加振し，加振時間は1箇所当り5～45秒程度とするのが一般的である。
⑥

4．市街地における，鉄筋コンクリート造建築物の躯体の解体工事を行う場合は，建物の周囲に外部足場を架設し，コンクリート片の飛散防止や騒音防止のためメッシュシートを足場外面に隙間なく取り付ける。
⑦
また，階上解体作業による解体をする場合は，屋上に揚重した解体重機で最上階から解体し，各階の解体は中央部から先行して解体していく。解体で発生したコンクリート小片などを利用してスロープをつくり，解体重機を下の階に移動させて順次地上階まで解体していく。
⑧

こう解く！
Point

1．①オーガーヘッドの杭径、②既製コンクリート杭の工法

①アースオーガーヘッド径は、杭径**＋100mm程度**とする。※公共建築工事標準仕様書より

②埋込み工法にはプレボーリング・中掘り・回転と大きく３種の工法がある。セメントミルク工法は**プレボーリング工法の1つ**で、プレボーリング根固め工法ともいう。打込み工法は、**打撃工法**や**プレボーリング併用打撃工法**のことである。

2. ③トルシア形高力ボルトの接合部、④締付け後の検査

③板厚の差等による1mm以下の隙間はあまり問題とされないが、1mmを超える場合はフィラープレートを用いる。フィラープレートの厚さは1.6mm以上とするのが普通である。
④ナットの回転とともに**ボルトや座金も一緒に回転すること**を**共回り**という。軸回りとは、ナットが回転せずにボルトが回転してピンテールが破断すること。

3. ⑤棒形振動機の挿入間隔、⑥加振時間

⑤公称棒径**45mmの棒形振動機の長さは60cm ～ 80cm**である。一層の打込み厚さは上記以下とする。鉛直に挿入して加振し、挿入間隔は**60cm程度**とする。
⑥加振時間は**1箇所5秒～ 15秒**の範囲とするのが一般的である。

4. ⑦騒音防止、⑧各階の解体

⑦騒音・粉じん等の対策は、建築物解体工事標準仕様書に以下の（ア）から（ウ）の記述がある。適用は特記による。特記がなければ（ア）による。なお、シート類は防炎処理されたものとする。

（ア）**防音パネル**は、隙間なく取り付ける。
（イ）**防音シート**は、重ねと結束を十分に施し、隙間なく取り付ける。
（ウ）**養生シート**等は、隙間なく取り付ける。

よって**防音シート**もしくは**防音パネル**が正解となる。養生シートでも問題ないような気もするが、この2つで覚えておく方が安全である。
⑧建物の解体は「階上作業による解体では、外壁を残しながら**中央部分を先行して解体する**こととした。」と1級建築施工管理技士の学科試験でも出題されている。中央からの解体が正解。

解答例2-B

問題	番号	下線部の語句又は数値	○印、適当な語句又は数値
1.	①	200	100
	②	打込み	埋込み
2.	③	1	○
	④	軸回り	共回り
3.	⑤	90	60
	⑥	45	15
4.	⑦	メッシュシート	防音シート
	⑧	中央	○

例題2-C　令和2年度　2級建築施工管理技術検定 実地試験〔問題5-C〕

次の1．から4．の各記述において，下線部の語句又は数値が**適当なもの**には**○印**を，**不適当なものには適当な語句又は数値**を記入しなさい。

1．アスファルト防水の密着工法において，平場のアスファルトルーフィング類の張付けに先立ち，コンクリート打継ぎ部は，幅50mm程度の絶縁用テープを張った上に幅200mm（①）以上のストレッチ（②）ルーフィングを増張りする。

　アスファルトルーフィング類の張付けは，空隙，気泡，しわ等が生じないよう均一に押し均して下層に密着させる。

2．金属製屋根折板葺における重ね型折板は，各山ごとにタイトフレームに固定ボルト締めとし，折板の流れ方向の重ね部を緊結するボルトの間隔は，900mm（③）程度とする。

　棟の納まりについては，棟包みを設け，タイトフレームに固定ボルト等で取り付ける。折板の水下（④）には，先端部に雨水を止めるために止水面戸を設け，折板及び面戸に穴をあけないようポンチング等で固定する。

3．軽量鉄骨壁下地において，コンクリートの床，梁下及びスラブ下に固定するランナーは，両端部から50mm内側をそれぞれ固定し，中間部は1,800mm（⑤）程度の間隔で固定する。

　また，ランナーの継ぎ手は重ね継ぎとし，ともに端部より50mm内側を
⑥
打込みピンで固定する。打込みピンは，低速式びょう打銃による発射打込みびょうを用い，使用に当たっては，安全管理に十分注意する。

4．フローリングボード張りにおいて，下張り用合板の上に接着剤を併用してフローリングボードを釘打ちで張り込む場合，張込みに先立ち，フローリングボードの割り付けを行い，接着剤を下張り用合板に塗布し，通りよく敷きならべて押さえ，雌ざねの付け根から隠し釘留めとする。
⑦
　下張り用合板は，乱に継ぎ，継ぎ手部は根太心で突付けとし150mm程
⑧
度の間隔で釘打ちとする。

Point こう解く！

1．ストレッチルーフィング

一般の平場のルーフィングの張付けに先立ち、②**ストレッチルーフィング**を用いて次の増張りを行う。コンクリート打継ぎ部及びひび割れ部は、**幅50mm程度の絶縁用テープ**を貼った上に、**幅①300mm以上のストレッチルーフィング**を増張りする。

2．③ボルトの間隔、④折板の水上

③折板は各山ごとにタイトフレームに固定し、折板の重ね部に使用する緊結ボルトの間隔は600mm程度とする。
④棟の納まり部分の棟包みには止水面戸を設けるとあるので、ここは**折板の水上**の箇所にあたる。

3. ⑤ランナーの間隔、⑥継ぎ手

ランナーの固定間隔は⑤**900**mm程度。軽量鉄骨壁下地のランナーの継手は⑥**突付け継ぎ**とし、端部より50mm内側に固定する。

4. ⑦雄ざね、⑧継ぎ手部

⑦張込みに先立ち、板の割付けを行い、通りよく敷き並べて、雄ざねの付け根から隠し釘留めとする。
⑧床板張りの釘間隔は中間部の場合200mm程度、継手部は150mm程度とする。

解答例2-C

問題	番号	下線部の語句又は数値	○印、適当な語句又は数値
1.	①	200	300
	②	ストレッチ	○
2.	③	900	600
	④	水下	水上
3.	⑤	1,800	900
	⑥	重ね	突付け
4.	⑦	雌ざね	雄ざね
	⑧	150	○

例題3-A　令和元年度　2級建築施工管理技術検定 実地試験〔問題5-A〕

次の1．から8．の各記述において，下線部の語句又は数値が**適当なもの**には○印を，**不適当なものには適当な語句又は数値**を記入しなさい。

1．一般に1階床の基準墨は，上階の基準墨の基になるので特に正確を期す必要がある。2階より上では，通常建築物の四隅の床に小さな穴を開けておき，自動レベル①により1階から上階に基準墨を上げていく。この作業を墨の引通しという。

2．鉄筋の継手は，硬化したコンクリートとの付着により鉄筋の応力を伝達する機械式②継手と，鉄筋の応力を直接伝達するガス圧接継手や溶接継手などに大別される。

3．鉄骨のアンカーボルトに二重ナットを使用する場合，一般にボルト上部の出の高さは，ナット締め後のネジ山がナット面から2③山以上とする。

4．建設リサイクル法の対象となる木造住宅の解体工事においては，分別④解体の計画書を作成し，原則として屋根葺き材の撤去は手作業で行う。

5．アスファルト防水において，立上りのルーフィング類を平場と別に張り付ける場合，平場と立上りのルーフィング類は，重ね幅を100mm⑤以上とって張り重ねる。

6．外壁の陶磁器質タイルを密着張りとする場合，張付けモルタルを塗り付けた後，タイルを下部⑥から一段おきに水糸に合わせて張り付け，その後，その間を埋めていくように張り付ける。

7．型板ガラスは，片側表面にいろいろな型模様をつけたガラスで，外部建具に用いる場合，型模様面を，一般に室外⑦側にして取り付ける。

8．内装工事で使用されるシージング⑧せっこうボードは，両面のボード用原紙と心材のせっこうに防水処理を施したもので，屋内の台所や洗面所などの壁や天井の下地材として使用される。

Point こう解く！

1．墨の引通し

建物などの垂直を確認する測定具を下げ振りという。墨出しについては、建築工事監理指針で言及されている。

2．継手

鉄筋の継手工法には、重ね継手、ガス圧接継手、機械式継手、溶接継手がある。重ね継手は、短い鉄筋を重ねて１本のように配置して、**コンクリートと一体化することにより、鉄筋に生じる力を伝達する方法**である。

3．ボルト上部の出の高さ

ボルト上部の出の高さは、二重ナット締めを行っても外にねじが３山以上出ることを標準とする。

4. 計画書

床面積が80平米以上の建築物の解体は**建設リサイクル法**の対象となっており、事前調査に基づく調査に基づく**分別解体**等の計画の作成が必要である。

5. ルーフィング類の重ね幅

立上りと平場のアスファルトルーフィング類を別々に張り付ける場合、立上り部のアスファルトルーフィング類は、各層とも平場のアスファルトルーフィング類に**150mm以上**張り掛ける。ちなみに通常のアスファルトルーフィング類の重ね幅は、幅、長手方向とも原則として**100mm以上**である。

6. 外壁の陶磁器質タイルの密着張り

密着張りは、タイル張り付けを**上部より下部へ**と張り進めるが、まず1段置きに水糸に合わせて張り、そのあと間を埋めるように張る。

7. 型板ガラスの型模様面

一般的知識として、内部側が模様の入った凸凹面、外部側がつるっとした表面となる。

8. せっこうボード

シージングせっこうボードは、普通せっこうボードと比較して、吸水時の強度低下が生じにくいので、湿気のある屋内の壁や天井下地に利用する。

解答例3-A

問題	下線部の語句又は数値	○印、適当な語句又は数値
1.	自動レベル	下げ振り
2.	機械式	重ね
3.	2	3
4.	分別	○
5.	100	150
6.	下部	上部
7.	室外	室内
8.	シージング	○

例題3-B　令和元年度　2級建築施工管理技術検定 実地試験〔問題5-B〕

次の1．から4．の各記述において，下線部の語句又は数値が**適当なものには○印**を，**不適当なものには適当な語句又は数値**を記入しなさい。

1．土工事において，軟弱な粘土質地盤を掘削する場合に，根切り底面付近の地盤が山留壁の背面から回り込むような状態で膨れ上がる現象を液状化①という。

また，砂質地盤を掘削する場合に，根切り底面付近の砂質地盤に上向き②の浸透流が生じ，この水流によって砂が沸騰したような状態で根切り底を破壊する現象をボイリングという。

2．鉄筋（SD345）のガス圧接継手において，同径の鉄筋を圧接する場合，圧接部のふくらみの直径は鉄筋径dの1.4倍以上とし，かつ，その長さを鉄筋径dの1.0③倍以上とする。

また，圧接面のずれは鉄筋径dの$\frac{1}{4}$以下，圧接部における鉄筋の中心軸の偏心量は鉄筋径dの$\frac{1}{4}$④以下，圧接部の折曲がりは2度以下，片ふくらみは鉄筋径dの$\frac{1}{5}$以下とする。

ただし，dは異形鉄筋の呼び名に用いた数値とする。

3．鉄筋コンクリート造でコンクリートを打ち継ぐ場合，打継ぎ部の位置は，構造部材の耐力への影響が最も少ない位置に定めるものとし，梁，床スラブ及び屋根スラブの鉛直打継ぎ部は，スパンの中央又は端から1/4⑤付近に設け，柱及び壁の水平打継ぎ部は，床スラブ及び梁の上端に設ける。

また，打継ぎ部の形状は，構造部材の耐力の低下が少なく，コンクリート打込み前の打継ぎ部の処理が円滑に行え，かつ，新たに打ち込みコンクリートの締固めが容易に行えるものとし，柱及び梁の打継ぎ面は主筋に平行⑥となるようにする。

4．鉄骨工事における露出形式の柱脚ベースプレートの支持方法であるベースモルタルの後詰め中心塗り工法は，一般にベースプレートの面積が小さく⑦，全面をベースモルタルに密着させることが困難な場合や建入れの調整を容易にするために広く使われている。

また，ベースモルタルの厚さは100⑧mm以下，中心塗り部分の大きさは200～300mmの角形又は円形とし，建て方中に柱脚に作用する応力に見合うものとする。

Point こう解く！

1．ヒービング、ボイリング

①軟弱粘性土地盤を掘削するとき、山留め壁背面の土の重量によって掘削底面内部に滑り破壊が生じ、底面が押し上げられて膨れ上がる現象を**ヒービング**という。液状化は、地震の際に、地下水位の高い砂地盤が振動により液体状になる現象。②ボイリングは、**上向き**の水流のため砂地盤の支持力がなくなる現象。

2. 圧接部のふくらみ、圧接面のずれは

③ふくらみの長さは母材鉄筋径の**1.1倍**以上、直径は同様に**1.4倍**以上。④圧接面のずれは鉄筋径または公称直径の**1/4以下**、圧接部における相互の鉄筋中心軸の偏心量は鉄筋径又は公称直径の**1/5以下**とする。1級建築施工管理技士でも頻出の問題。

3. スラブの鉛直打継ぎ部、打継ぎ面

⑤梁及びスラブにおいては、そのスパンの中央又は端から**1/4**の付近に設け、柱及び壁においては、スラブ、壁梁又は基礎の上端に設ける。⑥打継ぎ面を部材の圧縮力を受ける方向と**直角**にする。

4. ベースプレートの面積、ベースモルタルの厚さ

⑦ベースプレートが**大きい**場合は、モルタルとの密着性に問題が出ることがあるため、後詰め中心塗り工法が普通である。⑧また、中心塗りモルタルは、大きさ200～300mmの角形又は円形とし、塗厚は**50mm**が一般的である。

解答例3-B

問題	番号	下線部の語句又は数値	○印、適当な語句又は数値
1.	①	液状化	ヒービング
	②	上向き	○
2.	③	1.0	1.1
	④	$\frac{1}{4}$	$\frac{1}{5}$
3.	⑤	$\frac{1}{4}$	○
	⑥	平行	直角
4.	⑦	小さく	大きく
	⑧	100	50

例題3-C　令和元年度　2級建築施工管理技術検定 実地試験〔問題5-C〕

次の1．から4．の各記述において，下線部の語句又は数値が**適当なもの**には**○印**を，**不適当なものには適当な語句又は数値**を記入しなさい。

1．鉄筋コンクリート造の外壁面をセメントモルタルによる磁器質タイル張りとする場合のタイル接着力試験は，夏季を除き，タイル施工後2週間以上経過してから行うのが一般的である。

　また，タイル接着力試験では，試験体のタイルの目地部分をダイヤモンドカッターで<u>モルタル</u>①面まで切り込みを入れ，周囲と絶縁した後，引張試験を行い，引張接着強度と破壊状況を確認する。

　なお，試験体のタイルの数は，100m^{2}ごと及びその端数につき1個以上，かつ，全体で<u>2</u>②個以上とする。

2．木工事において，製材を加工して内装部材に使用する場合，角材の両面を仕上げる時は，両面合せて5mm程度の削り代を見込んだ<u>仕上がり</u>③寸法の製材を使用する。

　また，敷居や鴨居に溝じゃくりを行う際に，溝じゃくりを行う面に木の表裏がある場合，木の性質として，<u>木裏</u>④側にそる傾向があるため，<u>木裏</u>④側に溝じゃくりを行う。

3．JIS（日本工業規格／現日本産業規格）の建築用鋼製下地材を用いたせっこうボード壁下地の場合，スタッドは，スタッドの高さによる区分に応じたものを使用する。

また，せっこうボード1枚張りの壁の場合のスタッド間隔は，450mm程度として上下ランナーに差し込み，半回転させて取り付ける。
⑤

なお，スタッドの建込み間隔の精度は，±15mm以下として，せっこうボードを張り付ける。
⑥

4．塩化ビニル系床シートの熱溶接工法では，床シート張り付け後12時間以上の接着剤の硬化時間を置き溶接作業にかかる。
⑦

また，床シートの溶接部は，床シート厚さの1/2～2/3程度の深さでV字又はU字に溝を切り，熱溶接機を用いて床シートと溶接棒を同時に溶融させて，余盛りができる程度に加圧しながら溶接する。
⑧

なお，余盛りは，溶接部が冷却した後に削り取る。

Point こう解く！

1．タイル接着力試験、試験体のタイルの数

①試験体はタイルの周辺をカッターで**コンクリート面**まで切断したものとする。②試験体の個数は、**100m² ごと及びその端数につき1個以上、かつ、全体で3個以上**とする。

2．角材の両面仕上げ、木の表裏

③**仕上がり寸法**は実寸であり、実際にカンナなどで加工した後の寸法をいう。**ひき立て寸法**は工場出荷時のまだ未加工状態の寸法を指す。上記の場合、削り代を見込んでいるのでひき立て寸法が正しい。④一般的に、木を一枚の板にした場合、水分が抜けていくにつれて、**木表側**に反るようになっている。

3. スタッド間隔、建込み間隔の精度

⑤スタッド間隔は、下地張りがない場合は**300mm間隔**とする（下地張りがあれば450mmでよい）。⑥スタッド建込み間隔の制度は**±5mm程度**とする（垂直の精度は±2mm）。

4. 塩化ビニル系床シートの熱溶接工法

⑦溶接作業は、床張り付け後に**12時間以上**経過して硬化を確認してから行い、溝は床シート厚の2/3程度とし、VもしくはU字型の均一な幅とする。⑧そして、熱溶接機を用いて、溶接部を材料温度160から200℃の温度で床シートと溶接棒を**同時に**溶融し、余盛りが断面両端にできる程度に加圧しながら溶接する。

解答例3-C

問題	番号	下線部の語句又は数値	○印、適当な語句又は数値
1.	①	モルタル	コンクリート
	②	2	3
2.	③	仕上がり	ひき立て
	④	木裏	木表
3.	⑤	450	300
	⑥	15	5
4.	⑦	12	○
	⑧	同時	○

例題4-A 平成30年度 2級建築施工管理技術検定 実地試験〔問題5-A〕

次の1. から8. の各記述において，下線部の語句又は数値が**適当なものには○印**を，**不適当なものには適当な語句又は数値**を記入しなさい。

1．建築物の位置を定めるために，建築物の外形と内部の主要な間仕切の中心線上に，縄やビニルひもを張って建築物の位置を地面に表すことを遣方（やりかた）という。このとき，建築物の隅には地杭を打ち，地縄を張りめぐらす。

2．透水性の悪い山砂を埋戻し土に用いる場合の締固めは，建物躯体等のコンクリート強度が発現していることを確認のうえ，厚さ600mm程度ごとにローラーやタンパーなどで締め固める。
入隅などの狭い個所の締固めには，振動コンパクターやタンパーなどを使用する。

3．柱や壁の型枠を組み立てる場合，足元を正しい位置に固定するために，根固めを行う。敷桟で行う場合にはコンクリート漏れ防止に，パッキングを使用する方法やプラスチックアングルを使用する方法などがある。

4．高力ボルトの締付けは，ナットの下に座金を敷き，ナットを回転させることにより行う。ナットは，ボルトに取付け後に等級の表示記号が外側から見える向きに取り付ける。

5．JISによる建築用鋼製下地材を用いた軽量鉄骨天井下地工事において，天井のふところが1.5m以上3m以下の場合は，吊りボルトの水平補強，斜め補強を行う。水平補強の補強材の間隔は，縦横方向に2.7m程度の間隔で配置する。

6．壁下地に用いるセメントモルタルを現場調合とする場合，セメントモルタルの練混ぜは，機械練りを原則とし，上塗りモルタルの調合は，下塗りモルタルに比べ富調合としてセメントと細骨材を十分に空練りし，水を加えてよく練り合わせる。

7. 塗装工事において，所定の塗膜厚さを得られているか否かを確認する方法として，塗料の搬入量から塗装した面積当たりの塗料の塗付け量を推定する方法や，専用測定器により膜厚を測定する方法がある。

8. 断熱工事における吹付け硬質ウレタンフォームの吹付け工法は，その主な特徴として，窓回りなど複雑な形状の場所への吹付けが容易なこと，継ぎ目のない連続した断熱層が得られること，平滑な表面を得にくいこと，施工技術が要求されることなどがあげられる。

1. 縄張り

建築物の位置を決定するために、建築物外周の柱心、壁心が分かるように縄等を張ることを**縄張り**という。**遣方**は、建築物の位置及び水平の基準を明確にするために、必要な箇所に杭を打ってつくる仮設物のこと。

2. 埋戻し土に用いる締固め

締固めは、川砂および透水性のよい山砂の類の場合は**水締め**とし、透水性の悪い山砂の類および粘土質の場合はまき出し厚さ**300mm程度**ごとにローラー、ランマー等で締固めながら埋め戻す。

3. 型枠の根巻き

根巻きは、柱や壁の型枠の組立の際、変形を防ぎ垂直精度を確保するため型枠の根元を固定するものである。**根固め**は、基礎部分を保護するためにその根元をコンクリートなどで固めることである。

4. 高力ボルトの締付け

高力ボルトのナットは、等級の**表示記号**が締付け後外側から見える向きに取り付ける。

5. 軽量鉄骨天井下地

天井のふところが1.5m以上の場合は、吊りボルトの水平補強、斜め補強を行う。**水平補強**は、縦横方向に間隔**1.8m**程度に配置する。**斜め補強**は相対する斜め材を1組とし、縦横方向に**3.6m**程度に配置する。

6. 壁下地のセメントモルタル塗り

モルタルの練り混ぜは機械練りを原則とする。また内壁の場合、セメント：砂：混和材の比は、下塗りの場合は**1:2.5:0.1～0.15**に対して、上塗りは**1:3:0**となっている。上塗りの方はセメント比が少ないので**貧調合**が正しい。

7. 塗装の塗膜厚さ

塗膜厚さは**使用量**から推定は可能だが、**搬入量＝使用量**ではない。

8. 硬質ウレタンフォームの吹付け工法

吹付け硬質ウレタンフォーム断熱材の特徴には、「目地のない連続した断熱層が得られ、曲面や窓枠回りなど複雑な形状に施工が可能」「吹付け層数を変えることにより、断熱層の厚さを調整できる」「**平滑な表面が得にくい**ため、断熱層厚さが不均一になりやすい」などがある。

解答例4-A

No.	設問	正しい語句	No.	設問	正しい語句
1	遣方	縄張り	5	2.7	1.8
2	600	300	6	富調合	貧調合
3	根固め	根巻き	7	搬入量	使用量
4	表示記号	○	8	得にくい	○

例題4-B　平成30年度　2級建築施工管理技術検定 実地試験〔問題5-B〕

次の1．から4．の各記述において，下線部の語句又は数値が**適当なもの**には○印を，**不適当なものには適当な語句又は数値**を記入しなさい。

1．墨出し等に用いる鋼製巻尺は，工事着手前にゲージ合わせ①を行い，同じ精度を有する鋼製巻尺を2本以上用意して，1本は基準鋼製巻尺として保管しておく。

ゲージ合わせ①の際には，それぞれの鋼製巻尺に一定の張力を与えて，相互の誤差を確認する。

建築現場では特に規定しない場合は，通常150N②の張力としている。

2．木構造の在来軸組構法における和小屋において，次の図の束立て小屋組は，小屋梁を約1,800mm間隔にかけ，その上に約900mm間隔に小屋束を立て，小屋束で棟木や母屋などを支える小屋組である。

束立て小屋組の中で，小屋梁を軒桁の上に乗せかけるかけ方を折置組③といい，小屋梁を軒桁の上に乗せかける仕口はかぶとあり掛けで納め，羽子板ボルト締めとする。棟木の継手は，小屋束心より約150mm持出し腰掛あり継ぎ，両面かすがい打ちとする。母屋の断面寸法は90mm④角を標準とし，棟木や母屋には，垂木を取り付けるため垂木欠きを行い，垂木の取付けは母屋の上で，そぎ継ぎとして，釘打ちを行う。

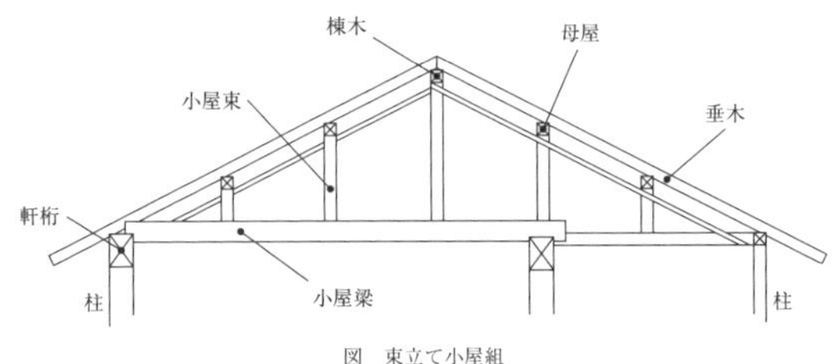

図　束立て小屋組

3．鉄筋相互のあきは，鉄筋とコンクリートの間の付着⑤による応力の伝達が十分に行われ，コンクリートが分離することなく密実に打ち込まれるために必要なものである。

柱や梁の主筋の継手に，ガス圧接継手を採用し，異形鉄筋を用いる場合の鉄筋相互のあきの最小寸法は，隣り合う鉄筋の平均径（呼び名の数値）の1.5倍，粗骨材最大寸法の1.25倍，20mm⑥のうちで，最も大きい値以上とする。

4．レディーミクストコンクリートの運搬時間は，JISにおいて，コンクリートの練混ぜ完了⑦からトラックアジテータが荷卸し地点に到着するまでの時間として90分以内と規定されている。

このため，できるだけ運搬時間が短くなるレディーミクストコンクリート工場の選定をする。

また，コンクリートの練混ぜ完了⑦から工事現場での打込み終了までの時間は，外気温が25℃未満で120分以内，25℃以上で100⑧分以内とする。

打込み継続中の打重ね時間の間隔限度は，外気温が25℃未満のときは150分以内，25℃以上のときは120分以内を目安とし，先に打ち込まれたコンクリートの再振動が可能な時間内とする。

こう解く！
Point

1. 墨出し等に用いる鋼製巻尺

①JIS1級の鋼製巻尺でも1Mにつき0.1mm程度の誤差は許容されているので、通常は工事着手前に**テープ合わせ**を行い、同じ精度を有する巻尺を2本以上用意して、1本は基準巻尺として保管する。②また、それぞれの鋼製巻尺に一定の張力を与えて相互の差を確認する必要がある。建築現場では特に規定しない場合、**通常50N**の張力としている。

2. 和小屋の構造

木造建築における京呂組とは、柱の上にまず桁を渡し、その上に小屋梁を乗せる一般的な小屋組（和小屋）の構造のことである。また、小規模な木造の建物に用いられる折置組がある。

3. 鉄筋相互のあき

⑤鉄筋のあきが不足すると、コンクリートの充填不良が発生するおそれがある。あきを確保することで、鉄筋とコンクリートの間の**付着による応力の伝達**が行われる。
⑥あき寸法は、隣り合う鉄筋の**平均径の1.5倍**、**粗骨材最大寸法の1.25倍**、**25mm**のうちで最大以上のものとする。これは1級でも2級でも必須の知識である。

4. レディーミクストコンクリートの運搬時間、打込み終了までの時間

⑦レディーミクストコンクリートは、練混ぜを**開始**してから荷卸しまでの時間の限度を、原則として**90分以内**と規定している（JIS A5308）。⑧コンクリートジョイントを防ぐために、練混ぜ開始から打込み終了までの時間の限度を外気温が**25℃以下の場合120分**、**25℃以上の場合90分以内**と定めている。
この内容はすべて覚えて、どこが問題になっても対応できるように準備をしておいた方がよい。

解答例4-B

問題	番号	設問	正しい語句
1.	①	ゲージ合わせ	テープ合わせ
	②	150	50
2.	③	折置組	京呂組
	④	90	○
3.	⑤	付着	○
	⑥	20	25
4.	⑦	完了	開始
	⑧	100	90

例題4-C　平成30年度　2級建築施工管理技術検定 実地試験〔問題5-C〕

次の1．から4．の各記述において，下線部の語句又は数値が**適当なもの**には○印を，**不適当なものには適当な語句又は数値**を記入しなさい。

1．改質アスファルトシート防水トーチ工法・露出仕様の場合，改質アスファルトシート相互の接続部の重ね幅は，長手方向及び幅方向とも100mm以上とし，出隅及び入隅には，改質アスファルトシートの張付けに先立ち，幅100mm①程度の増張り用シートを張り付ける。

露出用改質アスファルトシートの幅方向の接合部などで，下側のシートの砂面に上側のシートを接合するときには，下側のシートの砂面をあぶって砂を浮き上がらせる②か，砂をかき取ってから，上側シートの裏面を十分にあぶって重ね合わせる。

2．有機系接着剤による外壁陶磁器質タイル張りにおいては，タイルと接着剤の接着状況を，張付け作業の途中に確認するとよい。

作業の途中に，張り付けた直後のタイルを1枚はがしてみて，タイル裏面に対して接着剤が40③%以上の部分に接着しており，かつ，タイル裏の全面④に均等に接着していることを確認した後，次のタイルの張付け作業にかかる。

3．重ね形折板を用いた折板葺においては，折板をタイトフレームに固定した後，折板の重ね部を900mm⑤程度の間隔で緊結ボルト止めを行う。

軒先の水切れを良くするために雨垂れ⑥を付ける場合は，つかみ箸（ばし）等で軒先先端の溝部分を15°程度折り下げる。

4．軽量鉄骨天井下地の水平精度は，一般に，基準レベルに対して±10mm⑦以下，水平距離3mに対して±3mm以下程度とされている。

平らな天井の場合，目の錯覚で中央部が下がって見えることがある。そのため，天井の中央部を基準レベルよりも吊り上げる方法が行われている。この方法をそり⑧といい，室内天井張りのスパンに対して$\frac{1}{500}$から$\frac{1}{1,000}$程度が適当とされている。

Point こう解く!

1．改質アスファルトシート防水トーチ工法・露出仕様

①一般平場部の改質アスファルトシート相互の重ね幅については、長手方向及び幅方向とも100mm以上とする。また、出隅および入隅は、改質アスファルトシート張付けに先立ち、幅200mm程度の増張り用シートを張り付ける。②露出防水用の改質アスファルトシートの砂面に改質アスファルトシートを重ね合わせる場合、重ね面の**砂面をあぶり、砂を沈めるか、砂をかき取って**改質アスファルトを表面に出した上に張り重ねる。

2．有機系接着剤による外壁陶磁器質タイル張り

タイル張りのプロセス管理として、接着状態の検査はタイルを張り付けた後にタイルをはがし、タイルと接着剤の接着状態を確認する。合否の判定は**タイル裏面への接着剤の接着率が**③**60%以上**、かつタイル④**全面に均等に接着していること**を基準にするのが一般的である。

3．重ね形折板を用いた折板葺

⑤折板は、山ごとにタイトフレームに固定し、折板の重ね部に使用する緊結ボルトの間隔は600mm程度とする。⑥折板の軒先は、先端部分下底に**尾垂れ**をつける（15°程度）。

4. 軽量鉄骨天井下地の水平精度

⑦天井の高さの精度は測定器や水糸などを張り、±10mm以内とするのが望ましい。⑧また、天井面に**むくり**（部屋の中央を若干高くすること）によって、感覚的には平面に見えることが知られている。

解答例4-C

問題	番号	設問	正しい語句
1.	①	100	200
	②	浮き上がらせる	沈める
2.	③	40	60
	④	全面	○
3.	⑤	900	600
	⑥	雨垂れ	尾垂れ
4.	⑦	10	○
	⑧	そり	むくり

付録 模擬試験（第一次検定）

〔No.1〕

換気に関する記述として，**最も不適当なもの**はどれか。

1. 第1種機械換気方式は，地下街や劇場など外気から遮断された大きな空間の換気に適している。
2. 第2種機械換気方式は，室内で発生した汚染物質が他室に漏れてはならない室の換気に適している。
3. 事務室における必要換気量は，在室者の人数でその値が変動し，室の容積に関係しない。
4. 室内外の空気の温度差による自然換気では，温度差が大きくなるほど換気量は多くなる。

解答 2

解説 室内で発生した汚染物質が他室に漏れてはならない室の換気は第3種換気である。

〔No.2〕

照明に関する記述として，**最も不適当なもの**はどれか。

1. 光束は，視感度に基づいて測定された単位時間当たりの光のエネルギー量である。
2. 照度は，単位面積当たりに入射する光束の量である。
3. 輝度は，光源の光の強さを表す量である。
4. グレアは，高輝度な部分や極端な輝度対比などによって感じるまぶしさである。

解答 3

解説 光源の光の強さを表す量は光度（カンデラ）である。輝度は光源の明るさを表す心理物理量の1つで、平面状の光源における概念であるため、点光源では考慮しない。

〔No.3〕

音に関する記述として，**最も不適当なもの**はどれか。

1. 吸音率は，入射する音のエネルギーに対する反射音以外の音のエネルギーの割合である。
2. 床衝撃音には，重くて軟らかい衝撃源による重量衝撃音と，比較的軽量で硬い物体の落下による軽量衝撃音がある。
3. 単層壁の音響透過損失は，一般に，壁体の面密度が高くなるほど，大きくなる。
4. 劇場の後方部は，エコーを防ぐため，壁や天井に反射板を設置する。

解答　4

解説　反射板は残響防止目的で設けるものでなく、逆に生演奏などで反響させることで音に深みや広がりを与える目的で設ける。

〔No.4〕

鉄筋コンクリート構造に関する記述として，**最も不適当なもの**はどれか。

1. 片持ちスラブの厚さは，原則として，持出し長さの$\frac{1}{10}$以上とする。
2. 柱の最小径は，原則として，その構造耐力上主要な支点間の距離$\frac{1}{20}$以上とする。
3. 腰壁やたれ壁が付いた柱は，地震時にせん断破壊を起こしやすい。
4. 大梁は，せん断破壊よりも曲げ降伏が先行するように設計する。

解答　2

解説　普通コンクリートを使用する場合、柱の最小径は，構造耐力上主要な支点間距離の$\frac{1}{15}$以上とする。

〔No.5〕

鉄骨構造の一般的な特徴に関する記述として，鉄筋コンクリート構造と比べた場合，**最も不適当なもの**はどれか。

1. 骨組の部材は，工場で加工し，現場で組み立てるため，工期を短縮しやすい。
2. 骨組の部材は，強度が高いため，小さな断面の部材で大きな荷重に耐えることができる。
3. 構造体は，剛性が大きく，振動障害が生じにくい。
4. 同じ容積の建築物では，構造体の軽量化が図れる。

解答 3

解説 鉄骨造は、剛性が小さく、振動障害が大きい。

〔No.6〕

鉄骨構造に関する記述として，**最も不適当なもの**はどれか。

1. ガセットプレートは，節点に集まる部材相互の接合のために設ける部材である。
2. 添え板（スプライスプレート）は，梁のウェブの座屈防止のために設ける補強材である。
3. ダイアフラムは，柱と梁の接合部に設ける補強材である。
4. 合成梁に用いる頭付きスタッドは，鉄骨梁と鉄筋コンクリート床スラブが一体となるように設ける部材である。

解答 2

解説 添え板は、鉄骨部材の継手に取り付ける鋼板で、高力ボルトで挟み込に応力を伝えるもの。梁のウェブの座屈防止のために設ける補強材はスチフナーである。

〔No.7〕

杭基礎に関する記述として，**最も不適当なもの**はどれか。

1. 場所打ちコンクリート杭工法には，アースオーガーを使用するプレボーリング拡大根固め工法がある。
2. SC杭（外殻鋼管付きコンクリート杭）は，一般に継杭の上杭として，PHC杭（遠心力高強度プレストレストコンクリート杭）と組み合わせて用いられる。
3. 鋼杭は，地中での腐食への対処法として，塗装やライニングを行う方法，肉厚を厚くする方法等が用いられる。
4. 既製杭工法には，鋼管の先端を加工した鋼管杭本体を回転させて地盤に埋設させる回転貫入工法がある。

解答 1

解説 プレボーリング拡大根固め工法は掘削孔に根固め液を注入、その中にPC杭を建込みするので、場所打ちコンクリート杭ではない。

〔No.8〕

建築物の構造設計における荷重及び外力に関する記述として，**最も不適当なもの**はどれか。

1. 固定荷重は，建築物各部自体の体積にその部分の材料の単位体積質量及び重力加速度を乗じて計算する。
2. 積雪荷重は，雪下ろしを行う慣習のある地方では，低減することができる。
3. 地震力は，建築物の固定荷重又は積載荷重を減ずると小さくなる。
4. 風圧力は，地震力と同時に作用するものとして計算する。

解答 4

解説 風圧力と地震力は別々に作用するものとして計算するのが一般的である。

〔No.9〕

図に示す単純梁に集中荷重P_1及びP_2が作用したとき，支点Aの鉛直方向の反力の値の大きさとして，**正しいもの**はどれか。

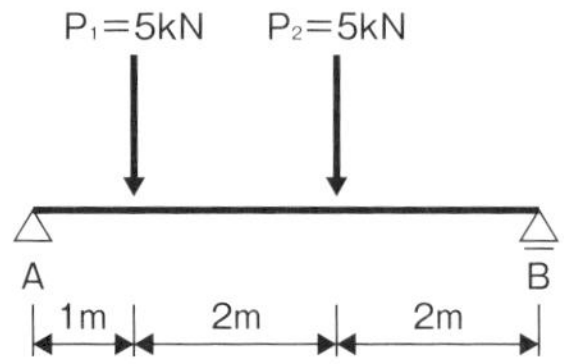

1. 4kN
2. 5kN
3. 6kN
4. 8kN

解答 3

解説 VA=0より、5×1+5×3−VB×5=0
5VB=20　　VB=4kN
VA=−5−5+4=6kN　である。

〔No.10〕

図に示す単純梁に等変分布荷重が作用したときの曲げモーメント図として，**正しいもの**はどれか。

ただし，曲げモーメントは，材の引張側に描くものとする。

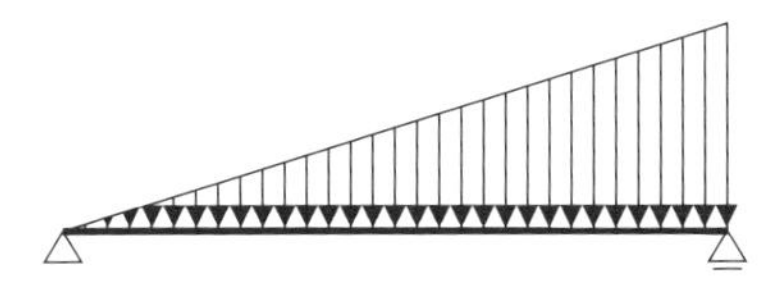

1.

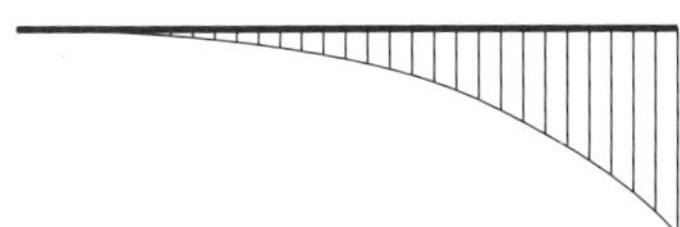

2.

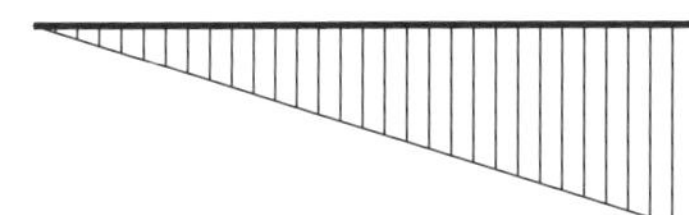

3.

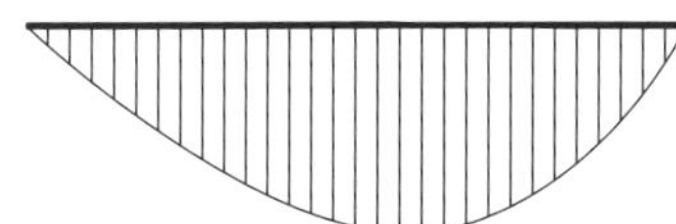

4.

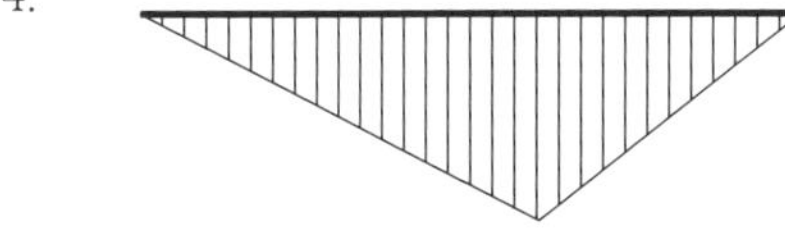

解答 3

解説 等分布荷重なのでモーメント図は曲線になる。右側はローラー端なので3.が該当する。1.は右側が固定端の場合である。

〔No.11〕

鋼の一般的な性質に関する記述として，**最も不適当なもの**はどれか。

1. 鋼は炭素含有量が多くなると，ねばり強さや伸びが大きくなる。
2. 鋼は弾性限度内であれば，引張荷重を取り除くと元の状態に戻る。
3. 鋼は炭素含有量が多くなると，溶接性が低下する。
4. 鋼は熱処理によって，強度などの機械的性質を変化させることができる。

解答 1

解説 鋼は炭素含有量が多くなると固く脆くなる。

〔No.12〕

木材の一般的な性質に関する記述として，**最も不適当なもの**はどれか。

1. 木材の乾燥収縮の割合は，年輪の接線方向が最も大きく，繊維方向が最も小さい。
2. 木材の強度は，繊維飽和点以下では，含水率の減少とともに低下する。
3. 木材の強度は，繊維方向と平行に加力した場合が最も高い。
4. 針葉樹は，広葉樹に比べ，一般的に軽量で加工がしやすい。

解答 2

解説 木材の強度は一般的に、含水率の減少とともに上昇する。

〔No.13〕

JIS（日本産業規格）に規定する建具の性能試験における性能項目に関する記述として，**不適当なもの**はどれか。

1. 開閉力とは，開閉操作に必要な力の程度をいう。
2. 水密性とは，風雨による建具室内側への水の浸入を防ぐ程度をいう。
3. 遮熱性とは，熱の移動を抑える程度をいう。
4. 結露防止性とは，建具表面の結露の発生を防ぐ程度をいう。

解答　3

解説　遮熱性とは、日射などによる熱量の侵入・放出を遮る性能。屋内の熱移動を抑えることができる性能は、断熱性である。

〔No.14〕

防水材料に関する記述として，**最も不適当なもの**はどれか。

1. アスファルトルーフィングは，有機天然繊維を主原料とした原紙にアスファルトを浸透，被覆し，表面側のみに鉱物質粒子を付着させたものである。
2. 網状アスファルトルーフィングは，天然又は有機合成繊維で作られた粗布にアスファルトを浸透，付着させたものである。
3. ストレッチルーフィングは，有機合成繊維を主原料とした不織布原反にアスファルトを浸透，被覆し，表裏両面に鉱物質粒子を付着させたものである。
4. アスファルトフェルトは，有機天然繊維を主原料とした原紙にアスファルトを浸透させたものである。

解答　1

解説　アスファルトルーフィングは、有機天然繊維を主原料とした原紙にアスファルトを浸透・被覆し、表裏全面に鉱物質粉末を付着させたものである。表面側のみではない。

※**問題番号**〔No.15〕～〔No.17〕までの**3問題**は，**全問題を解答**してください。

〔No.15〕

構内舗装工事に関する記述として，**最も不適当なもの**はどれか。

1. アスファルト舗装の表層から路盤までの厚さは，路床土の設計CBR の値が大きいほど薄くできる。
2. クラッシャランとは，岩石を割り砕いたままで，ふるい分けをしていない砕石のことである。
3. コンクリート舗装に用いるコンクリートのスランプの値は，一般の建築物に用いるものより大きい。
4. 路床は，地盤が軟弱な場合を除いて，現地盤の土をそのまま十分に締め固める。

解答 3

解説 コンクリート舗装と建物で比較すると、複雑な建物の方がスランプが大きい、流動性のあるものを用いる。舗装用はその必要がない。

〔No.16〕

日本工業規格（JIS）に規定する構内電気設備の名称とその配線用図記号の組合せとして，**不適当なもの**はどれか。

1. 情報用アウトレット ……
   （LANケーブル端子）
2. 蛍光灯 ……
3. 換気扇 ……
4. 分電盤 ……

解答 4

解説 4は配電盤である。分電盤は斜め線で下三角が黒塗りである。

〔No.17〕

建築設備とそれに関連する用語の組合せとして，**最も関係の少ないもの**はどれか。

1. 給水設備 …… ヒートポンプ
2. 排水設備 …… トラップ
3. 電気設備 …… バスダクト
4. 空気調和設備 …… 2重ダクト

解答 1

解説 ヒートポンプは給湯設備と関係性が深い。

※問題番号〔No.18〕～〔No.32〕までの15問題のうちから12問題を選択し，解答してください。

〔No.18〕

地盤の標準貫入試験に関する記述として，**最も不適当なもの**はどれか。

1. 貫入量100mmごとの打撃回数を記録し，1回の貫入量が100mmを超えた打撃は，その貫入量を記録した。
2. 本打ちの貫入量200mmに対する打撃回数が30回であったので，その深さのN値を30とした。
3. 本打ちの打撃回数は，特に必要がなかったので，50回を限度として打撃を打ち切った。
4. 本打ちは，ハンマーの落下高さを760mmとし，自由落下させた。

解答 2

解説 標準貫入試験は、30cm貫入するのに打撃何回かかるかを調査する試験である。徐々に入っているなら200mmなら貫入量が不足しているし、200mm以上貫入しない場合でも50回は打撃して、N値を50、それ以降は貫入不能と記録し、試験を終了する。

〔No.19〕

鉄筋のかぶり厚さに関する記述として，**最も不適当なもの**はどれか。

1. 大梁の最小かぶり厚さは，梁主筋の外側表面から確保する。
2. D29以上の梁主筋のかぶり厚さは，主筋の呼び名に用いた数値の1.5倍以上とする。
3. 直接土に接する梁と布基礎の立上り部のかぶり厚さは，ともに40mm以上とする。
4. 杭基礎におけるベース筋の最小かぶり厚さは，杭頭から確保する。

解答 1

解説 最小かぶり厚さは、梁主筋からの距離ではない。通常スターラップ筋が梁の外側を巻いているので、そのスターラップ筋の外側表面から確保する。

〔No.20〕

型枠の締付け金物等に関する記述として，**最も不適当なもの**はどれか。

1. 独立柱の型枠の組立てには，セパレータやフォームタイが不要なコラムクランプを用いた。
2. 打放し仕上げとなる外壁コンクリートの型枠に使用するセパレータは，コーンを取り付けないものを用いた。
3. 外周梁の側型枠の上部は，コンクリートの側圧による変形防止のため，スラブ引き金物を用いて固定した。
4. 型枠脱型後にコンクリート表面に残るセパレータのねじ部分は，ハンマーでたたいて折り取った。

解答 2

解説 打ち放し仕上げとする場合、セパ穴処理を美しく仕上げるために、コーンを取り付ける必要がある。

〔No.21〕

コンクリートの調合に関する記述として，**最も不適当なもの**はどれか。

1. コンクリートに含まれる塩化物は，原則として塩化物イオン量で 0.30kg/m^{3}以下とする。
2. 単位セメント量は，水和熱及び乾燥収縮によるひび割れを防止する観点からは，できるだけ少なくする。
3. 単位水量は，最大値を185kg/m^{3}とし，所定の品質が確保できる範囲内で，できるだけ少なくする。
4. 細骨材率は，乾燥収縮によるひび割れを少なくするためには，高くする。

解答 4

解説 細骨材率を高くすると、流動化しやすいスランプ値の大きなコンクリートとなる。水分量も多くなるので乾燥収縮によるひび割れが発生しやすい。細骨材率は低くする方が乾燥収縮は少なくなる。

〔No.22〕

高力ボルト摩擦接合に関する記述として，**最も不適当なもの**はどれか。

1. ナット側の座金は，座金の内側面取り部がナットに接する側に取り付ける。
2. ナット回転法による本締めにおいて，ナットの回転量が不足しているボルトは，所定の回転量まで追締めする。
3. ナットとボルトが共回りを生じた場合は，新しいボルトセットに取り替える。
4. ボルトの締付けは，ボルト群ごとに継手の周辺部より中央に向かう順序で行う。

解答 4

解説 ボルトの締付けは、中央から周辺部へ締め付ける。

〔No.23〕

在来軸組構法の木工事における継手の図の名称として，**不適当なもの**はどれか。

1. 目違い継ぎ

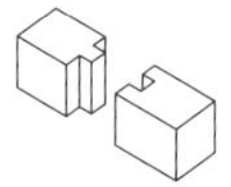

3. 腰掛け蟻継ぎ

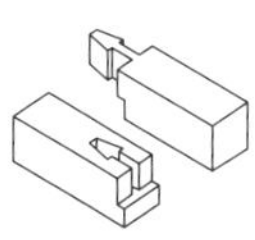

2. そぎ継ぎ

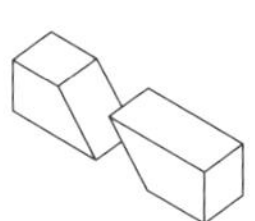

4. 台持ち継ぎ

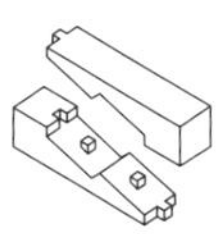

解答 3

解説 3.は腰掛け鎌継ぎである。

〔No.24〕

鉄筋コンクリート造建築物の解体工事に関する記述として，**最も不適当なもの**はどれか。

1. 地上作業による解体は，地上から解体重機で行い，上階から下階へ床，梁，壁，柱の順に解体していく。
2. 階上作業による解体は，屋上に揚重した解体重機で最上階から解体し，解体で発生したコンクリート塊を利用してスロープをつくり，解体重機を下階に移動させながら行う。
3. 外周部の転倒解体工法では，外周部を転倒させる床に，事前にコンクリート塊や鉄筋ダンゴなどをクッション材として積んでおく。
4. 外周部の転倒解体工法では，最初に柱脚部の柱主筋をすべて切断し，次に壁下部の水平方向，壁及び梁端部の垂直方向の縁切りを行った後に転倒させる。

解答 4

解説 柱脚部の柱主筋の切断は最終に実施する。壁筋その他の切断解体を先行させる。基本的に解体工事の措置は、組み立てる順番の逆である。

〔No.25〕

塩化ビニル樹脂系ルーフィングシート防水接着工法に関する記述として，**最も不適当なもの**はどれか。

1. ルーフィングシート相互の接合部は，重ね面を溶剤溶着とし，端部は液状シール材を用いて処理した。
2. プライマーは，ALCパネル下地であったため，塗布しなかった。
3. 防水層の立上り末端部は，押え金物で固定し，不定形シール材を用いて処理した。
4. ルーフィングシートの張付けは，エポキシ樹脂系接着剤を用い，下地面のみに塗布した。

解答 2

解説 ALCでも接着剤のプライマーは必要。ジョイント部分には絶縁テープが必要だが、塗布するプライマーが不要ではない。

〔No.26〕

鉄筋コンクリート造の外壁乾式工法による張り石工事に関する記述として，**最も不適当なもの**はどれか。

1. 入隅で石材がのみ込みとなる部分は，目地位置より20mmを表面仕上げと同様に仕上げた。
2. ファスナー部分は，固定のため，張り石と躯体のすき間に取付け用モルタルを充填した。
3. 石材間の一般目地は，目地幅を10mmとしてシーリング材を充填した。
4. 幅木は，衝撃対策のため，張り石と躯体のすき間に裏込めモルタルを充填した。

解答 2

解説 乾式工法では基本的にモルタル充填の工法は採用しない。

〔No.27〕

ステンレス板の表面仕上げの説明として，**最も不適当なもの**はどれか。

1. No. 2Bは，冷間圧延して熱処理，酸洗した後，適度な光沢を与えるために軽い冷間圧延をした仕上げである。
2. ヘアラインは，冷間圧延して光輝熱処理を行い，さらに光沢を上げるために軽い冷間圧延をした仕上げである。
3. エッチングは，化学処理により研磨板に図柄や模様を施した仕上げである。
4. 鏡面は，研磨線がなくなるまでバフ仕上げをした最も反射率の高い仕上げである。

解答 2

解説 ヘアライン仕上げ（HL）は一方向へ髪の毛程度の細いラインが出るようにして磨いた仕上げ方法。150～200番の研磨ベルトで長く連続した研磨目をつけた表面として仕上げる。冷間圧延して光輝熱処理を行い、さらに光沢を上げるために軽い冷間圧延をした仕上げは、鏡面仕上げの手前状態（BA）である。

〔No.28〕

仕上塗材仕上げに関する記述として，**最も不適当なもの**はどれか。

1. 各工程ごとに用いる下塗材，主材及び上塗材は，同一製造所のものとした。
2. 仕上塗材の付着性の確保や目違いの調整のため，下地コンクリート面にセメント系下地調整塗材を使用した。
3. シーリング面への仕上塗材仕上げは，塗重ね適合性を確認し，シーリング材の硬化後に行った。
4. 複層仕上塗材の仕上げ形状を凹凸状とするため，主材基層，主材模様及び上塗りをローラー塗り工法とした。

解答 4

解説 凹凸状で仕上げる場合、通常は主材、模様、上塗り共に吹き付けで仕上げる。ローラーでは塗りムラが発生する恐れがある。

〔No.29〕

建具金物に関する記述として，**最も不適当なもの**はどれか。

1. モノロックは，内外の握り玉の同一線上で施解錠ができる錠で，押しボタンやシリンダーが設けられている。
2. グラビティヒンジは，扉側と枠側のヒンジ部の勾配を利用し，常時開又は常時閉鎖の設定ができる。
3. ピボットヒンジは，床に埋め込まれる扉の自閉金物で，自閉速度を調整できる。
4. ドアクローザは，開き戸の自閉機能と閉鎖速度制御機能を有している。

解答　3

解説　ピボットヒンジは、扉の上下に用いてある丁番の一種である。床に埋め込んであるのは「フロアヒンジ」である。

〔No.30〕

塗装工事の素地ごしらえに関する記述として，**最も不適当なもの**はどれか。

1. 透明塗料塗りをする木部面に著しい色むらがあったため、着色剤を用いて色むら直しを行った。
2. けい酸カルシウム板面の吸込み止めは，穴埋めやパテかいの後に塗布した。
3. ALCパネル面の吸込み止めは，下地調整前に全面に塗布した。
4. 鉄鋼面の錆及び黒皮は，サンドブラストで除去した。

解答　2

解説　ケイカル板の吸込み止めは素地ごしらえ、穴埋め等の前に行う。

〔No.31〕

床のフローリング張りに関する記述として，**最も不適当なもの**はどれか。

1. 体育館の壁とフローリングボードの取合いは，すき間が生じないように突き付けた。
2. 根太張り工法で釘打ちと併用する接着剤は，エポキシ樹脂系接着剤とした。
3. 根太張り用のフローリングボードは，根太上に接着剤を塗布し，雄ざねの付け根から隠し釘留めとした。
4. 張込み完了後の表面に生じた目違いは，養生期間を経過した後，サンディングした。

解答 1

解説 体育館は床の振動等が発生することが考えられ、壁を床仕上げと隙間無く仕上げると壁に振動等が伝わりやすく好ましくない。10mm程度の隙間を設けてゴムパッキンやシール材で処置する。

〔No.32〕

外壁の押出成形セメント板張りに関する記述として，**最も不適当なもの**はどれか。

1. パネルの取付け金物（Zクリップ）は，下地鋼材にかかり代を30mm以上確保して取り付けた。
2. パネルの取付け金物（Zクリップ）は，取付けボルトがルーズホールの中心に位置するように取り付けた。
3. 幅600mmのパネルに設ける欠込み幅は，300mm以下とした。
4. 工事現場でのパネルへの取付けボルトの孔あけは，振動ドリルを用いて行った。

解答 4

解説 押出成形セメント板への加工は、振動や衝撃を与えると破損の原因となりやすい。

※問題番号〔No.33〕～〔No.42〕までの10問題は，全問題を解答してください。

〔No.33〕

事前調査や準備作業に関する記述として，**最も不適当なもの**はどれか。

1. 敷地境界標石があったが，関係者立会いの上，敷地境界の確認のための測量を行うこととした。
2. 地業工事で振動が発生するおそれがあるため，近隣の商店や工場の業種の調査を行うこととした。
3. 相互チェックできるように木杭ベンチマークを複数設けたため，周囲の養生柵を省略することとした。
4. 既存の地下埋設物を記載した図面があったが，位置や規模の確認のための掘削調査を行うこととした。

解答 3

解説 ベンチマークは絶対に動かないようにする工夫が必要。また、複数設けた場合はどれが基準になるのかわからなくなるので、絶対に動かない既存築造物などに設けることが望ましい。

〔No.34〕

仮設計画に関する記述として，**最も不適当なもの**はどれか。

1. ガスボンベ置場は，小屋の壁の1面は開放とし，他の3面の壁は上部に開口部を設けることとした。
2. 工事現場の敷地周囲の仮囲いに設置する通用口には，内開き扉を設けることとした。
3. 所定の高さを有し，かつ，危害を十分防止し得る既存の塀を，仮囲いとして使用することとした。
4. 工事ゲートの有効高さは，鉄筋コンクリート造の工事のため，最大積載時の生コン車の高さとすることとした。

解答 4

解説 生コン車は空荷の方が車高が高い。車高が最も低い最大積載時の高さとすると、荷降ろし後でゲートに抵触する恐れがある。

〔No.35〕

建築工事に係る提出書類とその提出先に関する記述として，**不適当なもの**はどれか。

1. 掘削深さが10m以上である地山の掘削を行うため，建設工事計画届を労働基準監督署長に提出した。
2. 仮設のゴンドラを設置するため，ゴンドラ設置届を労働基準監督署長に提出した。
3. 延べ面積が$10m^2$を超える建築物を除却するため，建築物除却届を労働基準監督署長に提出した。
4. 常時10人の労働者が従事する事業で附属寄宿舎を設置するため，寄宿舎設置届を労働基準監督署長に提出した。

解答 3

解説 建築物除却届は建築主事を経由して都道府県知事に提出する。

〔No.36〕

建築工事の工程計画及び工程管理に関する記述として，**最も不適当なもの**はどれか。

1. 工事に必要な実働日数に作業休止日を考慮した日数を，暦日という。
2. 工程計画は，所定の工期内で，所定の品質を確保し，経済的に施工できるよう作成する。
3. 作業員や資機材等の投入量が一定量を超えないように工程を調整することを，山崩しという。
4. 横軸に工期を取り，出来高累計を縦軸とした進捗度グラフは，一般に直線となる。

解答 4

解説 出来高は着工時から前期は工期進捗より低いが、完了間近になるほど出来高は多くなる。よって下側カーブの曲線になるのが一般的である。

〔No.37〕

バーチャート工程表に関する記述として，**最も不適当なもの**はどれか。

1. 各作業の全体工期への影響度が把握しにくい。
2. 各作業の開始時期，終了時期及び所要期間を把握しやすい。
3. 工程表に示す作業を増やしたり，作業を細分化すると，工程の内容が把握しやすくなる。
4. 主要な工事の節目をマイルストーンとして工程表に付加すると，工程の進捗状況が把握しやすくなる。

解答 3

解説 バーチャート工程表は単純な工程表で他の工程との関連性は把握しにくい。細分化するほど困難である。

〔No.38〕

品質管理の用語に関する記述として，**最も不適当なもの**はどれか。

1. 見える化は，問題，課題，対象等を，いろいろな手段を使って明確にし，関係者全員が認識できる状態にすることである。
2. QCDSは，計画，実施，点検，処置のサイクルを確実，かつ，継続的に回してプロセスのレベルアップをはかる考え方である。
3. 特性要因図は，結果の特性と，それに影響を及ぼしている要因との関係を魚の骨のような図に体系的にまとめたものである。
4. 5Sは，職場の管理の前提となる整理，整頓，清掃，清潔，しつけ（躾）について，日本語ローマ字表記で頭文字をとったものである。

解答 2

解説 PDCAの誤り。Plan（計画）→Do（実行）→Check（点検）→Action（処置）のサイクルの頭文字である。QCDSは製品の品質評価の指標で、品質（Quality）、価格（Cost）、入手性（Delivery）、サポート（Service）の略である。設問とは明らかに異なる指標である。

〔No.39〕

品質管理のための試験に関する記述として，**最も不適当なもの**はどれか。

1. 鉄骨工事において，高力ボルト接合の摩擦面の処理状況の確認は，すべり係数試験によって行った。
2. 地業工事において，支持地盤の地耐力の確認は，平板載荷試験によって行った。
3. 鉄筋工事において，鉄筋のガス圧接部の確認は，超音波探傷試験によって行った。
4. 既製コンクリート杭地業工事において，埋込み杭の根固め液の確認は，針入度試験によって行った。

解答 4

解説 針入度試験はアスファルトの試験。根固め液の確認試験は、基本的にセメントの試験である。

〔No.40〕

レディーミクストコンクリートの受入時の試験に関する記述として，**最も不適当なもの**はどれか。

1. 圧縮強度の試験は，コンクリート打込み日ごと，打込み工区ごと，かつ，150m^{3}以下の単位ごとに行った。
2. スランプ試験は，1cm単位で測定した。
3. 粗骨材の最大寸法が20mmの高流動コンクリートは，スランプフロー試験を行った。
4. 普通コンクリートの空気量の許容差は，±1.5%とした。

解答 2

解説 スランプ試験は、0.5cm単位で測定する。

〔No.41〕

作業主任者を選任すべき作業として,「労働安全衛生法」上,**定められていないもの**はどれか。

1. 支柱高さが3mの型枠支保工の解体の作業
2. 鉄筋の組立ての作業
3. 高さが5mのコンクリート造の工作物の解体の作業
4. 解体工事における石綿の除去作業

解答 2

解説 鉄筋の組立てに対する作業主任者は定められていない。

〔No.42〕

建築工事の足場に関する記述として,**最も不適当なもの**はどれか。

1. 単管足場の脚部は,敷角の上に単管パイプを直接乗せて,根がらみを設けた。
2. 単管足場の建地の間隔は,けた行方向1.8m以下,はり間方向1.5m以下とした。
3. 単管足場の建地の継手は,千鳥となるように配置した。
4. 単管足場の地上第一の布は,高さを1.85mとした。

解答 1

解説 単管足場の脚部は滑動を防止する必要がある。敷板の上に柱脚ベースを釘打ち固定して単管パイプを支える。単管パイプ自身を直接建てることは誤り。

※問題番号〔No.43〕～〔No.50〕までの8問題のうちから6問題を選択し，解答してください。

〔No.43〕

建築確認手続き等に関する記述として，「建築基準法」上，**誤っているもの**はどれか。

1. 建築確認申請が必要な工事は，確認済証の交付を受けた後でなければ，することができない。
2. 建築確認申請が必要な工事の施工者は，設計図書を工事現場に備えておかなければならない。
3. 建築主は，建築確認を受けた工事を完了したときは，建築主事又は指定確認検査機関の完了検査を申請しなければならない。
4. 建築主は，工事現場の見やすい場所に，国土交通省令で定める様式によって，建築確認があった旨の表示をしなければならない。

解答 4

解説 建築確認の表示をしなければならないのは、工事施工者である。建築主ではない。

〔No.44〕

次の記述のうち，「建築基準法」上，**誤っているもの**はどれか。

1. 戸建住宅の階段の蹴上げは，23cm 以下とする。
2. 最下階の居室の床が木造である場合における床の上面の高さは，原則として直下の地面から45cm 以上とする。
3. 集会場の客用の屋内階段の幅は，120cm 以上とする。
4. 階段に代わる傾斜路の勾配は，$\frac{1}{8}$を超えないものとする。

解答 3

解説 集会場の客用の屋内階段の幅は、140cm以上とする。

〔No.45〕

建設業の許可に関する記述として,「建設業法」上, **誤っているもの**はどれか。

1. 特定建設業の許可は, 国土交通大臣又は都道府県知事によって与えられる。
2. 建築工事業で一般建設業の許可を受けている者が, 建築工事業で特定建設業の許可を受けた場合, 一般建設業の許可は効力を失う。
3. 建設業の許可を受けようとする者は, 営業所ごとに所定の要件を満たした専任の技術者を置かなければならない。
4. 一般建設業と特定建設業の許可の違いは, 発注者から直接請け負うことができる工事の請負代金の額の違いによる。

解答 4

解説 下請工事に出す工事費用の総額の違いである。

〔No.46〕

工事現場における技術者に関する記述として,「建設業法」上, **誤っているもの**はどれか。

1. 請負代金の額が6,000万円の共同住宅の建築一式工事を請け負った建設業者が, 工事現場に置く主任技術者は, 専任の者でなければならない。
2. 発注者から直接建築一式工事を請け負った建設業者は, 下請代金の総額が6,000万円未満の下請契約を締結して工事を施工する場合, 工事現場に主任技術者を置かなければならない。
3. 主任技術者を設置する工事で専任が必要とされるものでも, 密接な関係のある2以上の建設工事を同一の建設業者が同一の場所において施工するものについては, これらの工事を同じ主任技術者が管理することができる。
4. 建築一式工事に関し10年以上実務の経験を有する者は, 建築一式工事における主任技術者になることができる。

解答 1

解説 主任技術者に代えて監理技術者等の専任が求められる。

〔No.47〕

次の記述のうち，「労働基準法」上，**誤っているもの**はどれか。

1. 親権者又は後見人は，未成年者に代って労働契約を締結することができる。
2. 使用者は，満18歳に満たない者について，その年齢を証明する戸籍証明書を事業場に備え付けなければならない。
3. 未成年者は，独立して賃金を請求することができる。
4. 使用者は，原則として満18歳に満たない者を午後10時から午前5時までの間において使用してはならない。

解答 1

解説 労働契約は本人と直接結ぶ必要がある。未成年でも同じ。代理契約などすると違法な労働契約を本人に無断で締結される恐れがある。給与も直接本人に支払う。代理受領も不可。

〔No.48〕

主要構造部が鉄骨造である建築物の建設工事の現場において，店社安全衛生管理者を選任しなければならない常時就労する労働者の最小人員として，「労働安全衛生法」上，**正しいもの**はどれか。

ただし，統括安全衛生責任者が選任される場合を除くものとする。

1. 10人
2. 20人
3. 30人
4. 50人

解答 2

解説 店社安全衛生管理者の選任が必要な現場の規模は、常時20人以上30人未満の現場である。統括安全衛生責任者が選任される場合は不要である。

〔No.49〕

建設工事に係る次の資材のうち,「建設工事に係る資材の再資源化等に関する法律（建設リサイクル法）」上，特定建設資材に**該当しないもの**はどれか。

1. 木造住宅の新築工事に伴って生じた木材の端材
2. 木造住宅の新築工事に伴って生じたせっこうボードの端材
3. 駐車場の解体撤去工事に伴って生じたコンクリート平板
4. 駐車場の解体撤去工事に伴って生じたアスファルト・コンクリート塊

解答 2

解説 せっこうボードは産業廃棄物として処理する必要がある。リサイクル可能な特定建設資材の定義に該当しない。

〔No.50〕

次の建設作業のうち,「騒音規制法」上，特定建設作業に**該当しないもの**はどれか。

ただし，作業は開始した日に終わらないものとする。

1. 環境大臣が指定するものを除く，原動機の定格出力が80 kWのバックホウを使用する作業
2. 環境大臣が指定するものを除く，原動機の定格出力が70 kWのトラクターショベルを使用する作業
3. くい打機をアースオーガーと併用するくい打ち作業
4. 圧入式を除く，くい打くい抜機を使用する作業

解答 3

解説 杭打機、杭抜き機は騒音規制法の対象建設機材であるが、アースオーガーと併用する場合は除外される。

※次の5問題は，応用能力問題です。

〔No.51〕

鉄筋の加工及び継手に関する記述として，**最も不適当なもの**はどれか。

1. 鉄筋間隔とは，隣り合う鉄筋の中心間距離をいう。
2. 最上階の柱頭の四隅にある主筋端部は，異形鉄筋を使用すればフックを必要としない。
3. 柱のスパイラル筋の柱頭及び柱脚端部の定着は，1.5巻き以上の添え巻きとし，末端部にはフックを設ける。
4. 重ね継手長さの算出に用いる鉄筋径は，異形鉄筋の場合，鉄筋の公称直径を用いる。

解答 2、4

解説 最上階の柱頭の四隅にはフックを設けること。重ね継手長さは、使用する鉄筋の呼び名を用いる。

〔No.52〕

鉄骨の建方に関する記述として，**不適当なものを2つ選べ**。

1. 玉掛け用ワイヤロープでキンクしたものは，キンクを直してから使用した。
2. 仮ボルトの本数は，強風や地震等の想定される外力に対して，接合部の安全性の検討を行って決定した。
3. 油が付着している仮ボルトは，油を除去して使用した。
4. 建方時に用いた仮ボルトを，本締めに用いるボルトとして使用した。

解答 1、4

解説 ワイヤロープでキンクしたものは使用しない。仮ボルトを、本締めに用いない。

〔No.53〕

ウレタンゴム系塗膜防水に関する記述として，**不適当なものを2つ選べ。**

1. 下地コンクリートの入隅を丸面，出隅を直角に仕上げた。
2. 防水層の施工は，立上り部，平場部の順に施工した。
3. 補強布の張付けは，突付け張りとした。
4. 仕上塗料は，刷毛とローラー刷毛を用いてむらなく塗布した。

解答 1、3

解説 入隅を直角、出隅を丸面。補強布の重ね継ぎとし、重ね幅50㎜以上とする。

〔No.54〕

塗装における素地ごしらえに関する記述として，**不適当なものを2つ選べ。**

1. 木部面に付着した油汚れは，溶剤で拭き取った。
2. 木部の節止めに，ジンクリッチプライマーを用いた。
3. 鉄鋼面の錆及び黒皮の除去は，ブラスト処理により行った。
4. 鉄鋼面の油類の除去は，錆を除去した後に行った。

解答 2、4

解説 節止めは、セラックニスを塗布する。ジンクリッチプライマーは、金属の腐食を防ぐ。鉄鋼面は、油類除去の後に、錆落としを行う。

〔No.55〕

床のフローリングボード張りに関する記述として，**不適当なものを2つ選べ。**

1. フローリングボードに生じた目違いは，パテかいにより平滑にした。
2. フローリングボード張込み後，床塗装仕上げを行うまで，ポリエチレンシートを用いて養生をした。
3. フローリングボードの下張り用合板は，長手方向が根太と直交するように割り付けた。
4. 隣り合うフローリングボードの木口の継手位置は，すべて揃えて割り付けた。

解答 1、4

解説 フローリングボードに生じた目違いは、サンディングして削り取る。隣り合うフローリングボード張付けの際、板の短辺の継手が揃わないようにする。

出典

No.1	令和２年度 ２級建築施工管理技術検定試験（後期） 学科試験問題〔No.1〕
No.2	令和２年度 ２級建築施工管理技術検定試験（後期） 学科試験問題〔No.2〕
No.3	令和１年度 ２級建築施工管理技術検定試験（後期） 学科試験問題〔No.3〕
No.4	令和２年度 ２級建築施工管理技術検定試験（後期） 学科試験問題〔No.4〕
No.5	令和２年度 ２級建築施工管理技術検定試験（後期） 学科試験問題〔No.5〕
No.6	令和２年度 ２級建築施工管理技術検定試験（後期） 学科試験問題〔No.6〕
No.7	令和２年度 ２級建築施工管理技術検定試験（後期） 学科試験問題〔No.7〕
No.8	令和２年度 ２級建築施工管理技術検定試験（後期） 学科試験問題〔No.8〕
No.9	令和２年度 ２級建築施工管理技術検定試験（後期） 学科試験問題〔No.9〕
No.10	令和２年度 ２級建築施工管理技術検定試験（後期） 学科試験問題〔No.10〕
No.11	令和２年度 ２級建築施工管理技術検定試験（後期） 学科試験問題〔No.12〕
No.12	令和２年度 ２級建築施工管理技術検定試験（後期） 学科試験問題〔No.13〕
No.13	令和２年度 ２級建築施工管理技術検定試験（後期） 学科試験問題〔No.13〕
No.14	令和２年度 ２級建築施工管理技術検定試験（後期） 学科試験問題〔No.14〕
No.15	令和２年度 ２級建築施工管理技術検定試験（後期） 学科試験問題〔No.15〕
No.16	令和１年度 ２級建築施工管理技術検定試験（前期） 学科試験問題〔No.16〕
No.17	令和１年度 ２級建築施工管理技術検定試験（前期） 学科試験問題〔No.17〕
No.18	令和１年度 ２級建築施工管理技術検定試験（前期） 学科試験問題〔No.18〕
No.19	令和１年度 ２級建築施工管理技術検定試験（前期） 学科試験問題〔No.19〕
No.20	令和１年度 ２級建築施工管理技術検定試験（前期） 学科試験問題〔No.20〕
No.21	令和１年度 ２級建築施工管理技術検定試験（前期） 学科試験問題〔No.21〕
No.22	令和１年度 ２級建築施工管理技術検定試験（前期） 学科試験問題〔No.22〕
No.23	令和１年度 ２級建築施工管理技術検定試験（前期） 学科試験問題〔No.23〕
No.24	令和１年度 ２級建築施工管理技術検定試験（前期） 学科試験問題〔No.24〕
No.25	令和１年度 ２級建築施工管理技術検定試験（前期） 学科試験問題〔No.25〕
No.26	令和１年度 ２級建築施工管理技術検定試験（前期） 学科試験問題〔No.26〕
No.27	令和１年度 ２級建築施工管理技術検定試験（前期） 学科試験問題〔No.27〕
No.28	令和１年度 ２級建築施工管理技術検定試験（前期） 学科試験問題〔No.28〕
No.29	令和１年度 ２級建築施工管理技術検定試験（前期） 学科試験問題〔No.29〕
No.30	令和１年度 ２級建築施工管理技術検定試験（前期） 学科試験問題〔No.30〕
No.31	令和１年度 ２級建築施工管理技術検定試験（前期） 学科試験問題〔No.31〕
No.32	令和１年度 ２級建築施工管理技術検定試験（前期） 学科試験問題〔No.32〕
No.33	令和１年度 ２級建築施工管理技術検定試験（前期） 学科試験問題〔No.33〕
No.34	令和１年度 ２級建築施工管理技術検定試験（前期） 学科試験問題〔No.34〕

No.35	令和1年度 2級建築施工管理技術検定試験（前期） 学科試験問題〔No.35〕
No.36	令和1年度 2級建築施工管理技術検定試験（前期） 学科試験問題〔No.36〕
No.37	令和1年度 2級建築施工管理技術検定試験（前期） 学科試験問題〔No.37〕
No.38	令和1年度 2級建築施工管理技術検定試験（前期） 学科試験問題〔No.38〕
No.39	令和1年度 2級建築施工管理技術検定試験（前期） 学科試験問題〔No.39〕
No.40	令和1年度 2級建築施工管理技術検定試験（前期） 学科試験問題〔No.40〕
No.41	令和1年度 2級建築施工管理技術検定試験（前期） 学科試験問題〔No.41〕
No.42	令和1年度 2級建築施工管理技術検定試験（前期） 学科試験問題〔No.42〕
No.43	令和1年度 2級建築施工管理技術検定試験（前期） 学科試験問題〔No.43〕
No.44	令和1年度 2級建築施工管理技術検定試験（前期） 学科試験問題〔No.44〕
No.45	令和1年度 2級建築施工管理技術検定試験（前期） 学科試験問題〔No.45〕
No.46	令和1年度 2級建築施工管理技術検定試験（前期） 学科試験問題〔No.46〕
No.47	令和1年度 2級建築施工管理技術検定試験（前期） 学科試験問題〔No.47〕
No.48	令和1年度 2級建築施工管理技術検定試験（前期） 学科試験問題〔No.48〕
No.49	令和1年度 2級建築施工管理技術検定試験（前期） 学科試験問題〔No.49〕
No.50	令和1年度 2級建築施工管理技術検定試験（前期） 学科試験問題〔No.50〕
No.51	平成26年度 2級建築施工管理技術検定試験（前期） 学科試験問題〔No.41〕改
No.52	令和4年度 2級建築施工管理技術検定試験（前期） 学科試験問題〔No.40〕
No.53	令和4年度 2級建築施工管理技術検定試験（前期） 学科試験問題〔No.41〕
No.54	令和4年度 2級建築施工管理技術検定試験（前期） 学科試験問題〔No.42〕
No.55	令和3年度 2級建築施工管理技術検定試験（前期） 学科試験問題〔No.42〕

索引

数字／アルファベット

あ

か

さ

た

な

は

ま

や

ら

著者紹介

中島 良明（なかしま よしあき）

大阪工業大学工学部建築学科卒業。中堅ゼネコンで現場管理を担当後、修成建設専門学校（大阪）で建築科教員として主に施工・計画・材料・設計を指導。各種教育機関にて1級・2級建築施工管理技士試験対策の講師をつとめる。

1級建築施工管理技士、1級土木施工管理技士

山元 辰治（やまもと　たつじ）

大阪工業大学工学部建築科卒業。大阪市立都島工業高等学校教員、修成建設専門学校（大阪）で建築科教員、現在、大阪府立西野田工科高等学校建築都市工学系にて構造、製図等を中心に指導。各種教育機関にて1級、2級建築施工管理技士試験対策の講師をつとめる。

高等学校教諭第1種、経済産業省1級建築CAD利用技術者

参考文献

公共建築工事標準仕様書（建築工事編／国土交通省）

公共建築改修工事標準仕様書（建築工事編／国土交通省）

建築工事標準仕様書1～27／日本建築学会

装丁　小口翔平 ＋ 阿部早紀子（tobufune）
DTP　株式会社明昌堂

建築土木教科書
2級建築施工管理技士 第一次・第二次検定 合格ガイド 第3版

2015年　6月15日 初版　第1刷発行
2019年　2月21日 第2版　第1刷発行
2023年　2月20日 第3版　第1刷発行
2024年　7月15日 第3版　第3刷発行

著　者　中島良明（なかしまよしあき）、山元辰治（やまもとたつじ）
発行人　佐々木幹夫
発行所　株式会社 翔泳社（https://www.shoeisha.co.jp）
印刷／製本　株式会社ワコー

ISBN978-4-7981-7775-5　Printed in Japan